Die Managerschmieden

Annette Doll
Alexander P. Hansen

Die Managerschmieden

Studieren an privaten Hochschulen macht sich bezahlt

Annette Doll
Bonn, Deutschland

Alexander P. Hansen
Bonn, Deutschland

ISBN 978-3-658-21249-0   ISBN 978-3-658-21250-6   (eBook)
https://doi.org/10.1007/978-3-658-21250-6

Die Deutsche Nationalbibliothek verzeichnet diese Publikation in der Deutschen Nationalbibliografie; detaillierte bibliografische Daten sind im Internet über http://dnb.d-nb.de abrufbar.

© Springer Fachmedien Wiesbaden GmbH, ein Teil von Springer Nature 2019
Das Werk einschließlich aller seiner Teile ist urheberrechtlich geschützt. Jede Verwertung, die nicht ausdrücklich vom Urheberrechtsgesetz zugelassen ist, bedarf der vorherigen Zustimmung des Verlags. Das gilt insbesondere für Vervielfältigungen, Bearbeitungen, Übersetzungen, Mikroverfilmungen und die Einspeicherung und Verarbeitung in elektronischen Systemen.
Die Wiedergabe von Gebrauchsnamen, Handelsnamen, Warenbezeichnungen usw. in diesem Werk berechtigt auch ohne besondere Kennzeichnung nicht zu der Annahme, dass solche Namen im Sinne der Warenzeichen- und Markenschutz-Gesetzgebung als frei zu betrachten wären und daher von jedermann benutzt werden dürften.
Der Verlag, die Autoren und die Herausgeber gehen davon aus, dass die Angaben und Informationen in diesem Werk zum Zeitpunkt der Veröffentlichung vollständig und korrekt sind. Weder der Verlag noch die Autoren oder die Herausgeber übernehmen, ausdrücklich oder implizit, Gewähr für den Inhalt des Werkes, etwaige Fehler oder Äußerungen. Der Verlag bleibt im Hinblick auf geografische Zuordnungen und Gebietsbezeichnungen in veröffentlichten Karten und Institutionsadressen neutral.

Titelfoto: Alexander P. Hansen, Bonn

Springer ist ein Imprint der eingetragenen Gesellschaft Springer Fachmedien Wiesbaden GmbH und ist ein Teil von Springer Nature
Die Anschrift der Gesellschaft ist: Abraham-Lincoln-Str. 46, 65189 Wiesbaden, Germany

Geleitwort

Bildung ist ein öffentliches Gut. Eine hohe Allgemeinbildung ist unerlässlich für eine moderne demokratische Gesellschaft. Aber während die antiken Staatsdenker, Aristoteles und Platon etwa, noch meinten, dass Bildung und Erziehung in die Hand des Staates gehören, haben wir heute ein anderes Verständnis davon, wer das öffentliche Gut Bildung produzieren darf. Dieses Verständnis basiert auf dem Wissen, dass Vielfalt Chancen birgt und die Dynamik unseres Hochschulsystems mit zusätzlichen Impulsen verstärkt.

Wir haben in Deutschland in den vergangenen dreieinhalb Jahrzehnten den Hochschulsektor Schritt für Schritt für private Träger geöffnet. Den Anfang machte 1983 die private Universität Witten/Herdecke. Seither sind rund 120 weitere private Hochschulen gegründet worden. Dieses Buch zieht eine beeindruckende Bilanz dieses Prozesses und stellt die Resultate detailliert und wissenschaftlich aufbereitet vor.

Vorweg ein Ergebnis aus bildungspolitischer Sicht: Es findet keine Verdrängung von öffentlichen Hochschulen durch private statt. Vielmehr stellen die privaten Hochschulen eine willkommene Ergänzung zu den rund 300 Hochschulen in öffentlicher Trägerschaft dar. Das zeigt eine Zahl: Mit jährlichen Zuschüssen von rund 100 Mio. EUR stößt die öffentliche Hand im Bereich der privaten Hochschulen weitere Ausgaben von rund 1,8 Mrd. EUR an. Damit wird eine beträchtliche Expansion des Hochschulwesens ermöglicht. Rund 220.000 Studenten finden so einen Studienplatz. BAföG, Stipendien, Studienkredite und nachgelagerte Studiengebühren sorgen dabei dafür, dass das Studium an einer privaten Hochschule nicht vom Geldbeutel der Eltern abhängt.

Es hat sich damit eine öffentliche-private Partnerschaft und Arbeitsteilung etabliert: Die privaten Hochschulen haben sich auf eher kürzere und weniger kostenintensive Studiengänge spezialisiert. Staatliche Hochschulen bieten solche Studiengänge auch, sichern darüber hinaus aber auch die volkswirtschaftlich wichtige Ausbildung von Naturwissenschaftlern, Ingenieuren und Medizinern, die oft langwierig ist und teure Laborausstattung u. Ä. voraussetzt. Einerseits im Wettbewerb miteinander stehend und andererseits durch Kooperationen miteinander verbunden, bilden private und staatliche Hochschulen gemeinsam den Fach- und Führungskräftenachwuchs für Deutschland aus.

Dazu gebe ich gerne ein sächsisches Beispiel: Leipzig. Dort gibt es die über 600 Jahre alte Universität, mit einer starken Wirtschaftsfakultät und einer ebenso traditionsreichen wie topaktuellen Lehre und Forschung in der Medizin, den Naturwissenschaften und der Informatik. Obwohl eine nicht technische Hochschule, wird die Universität Leipzig vom Gründungsradar des Stifterverbands der Deutschen Wissenschaft unter den 20 gründungsstärksten großen Hochschulen in Deutschland geführt und kommt auf ähnlich viele Gründungen je 100 Studierende wie die Technische Universität München.

Unter den kleinen Hochschulen führt der Gründungsradar auf Platz 1 die private HHL Leipzig Graduate School of Management an. Vor 120 Jahren als Handelshochschule Leipzig gegründet, ist die HHL die Wiege der deutschen Betriebswirtschaftslehre und wissenschaftlichen Managementausbildung. 1992 wurde sie mit Unterstützung des Freistaates Sachsen neu gegründet. Sie hat sich seitdem zu einer der besten Managerschmieden in Deutschland und Europa entwickelt, mit einer internationalen Studenten- und Professorenschaft und einem starken unternehmerischen Netzwerk.

Die HHL kooperiert mit der Wirtschaftsfakultät der Universität Leipzig (genauso wie vor 120 Jahren), ist Teil des von der Universität Leipzig geführten Gründernetzwerks SMILE und hat mit dem SpinLab in der ehemaligen Leipziger Baumwollspinnerei einen erfolgreichen Business Accelerator geschaffen. Bis heute waren Alumni der HHL an der Gründung von über 250 Start-ups beteiligt, mit einer beachtlichen Erfolgsquote von 90 %.

Die HHL als private Hochschule ist damit nicht nur eine wichtige Ergänzung der sächsischen Hochschullandschaft, sondern auch ein wichtiger Akteur im sächsischen Innovationssystem. Das wiederum hat sich dank dieser öffentlich-privaten Zusammenarbeit und massiver öffentlicher Investitionen in Forschung und Entwicklung als „Innovation Leader" unter den EU-Regionen etabliert. Und Sachsen arbeitet sich weiter an die Spitze vor.

Von Benjamin Franklin stammt der Satz: „Eine Investition in Wissen bringt noch immer die besten Zinsen." Das gilt aus der einzelwirtschaftlichen Sicht für die Studenten an öffentlichen und privaten Hochschulen, und es gilt mit Blick auf Innovationskraft und wirtschaftliche Entwicklung auch aus gesamtwirtschaftlicher Sicht. Bildung ist, ob öffentlich oder privat „produziert", ein öffentliches Gut mit hoher sozialer Rendite.

Michael Kretschmer
Ministerpräsident des Freistaates Sachsen
Dresden, im Mai 2018

Vorwort

Endlich ist es so weit! Sowohl als Vater als auch als Honorarkonsul der Bundesrepublik Deutschland habe ich schon lange auf dieses Buch gewartet. Die Vorbereitung von vier Kindern auf eine internationale Karriere erfordert von Eltern immer wieder die Auswahl des richtigen Ausbildungsprogramms. Als Vertreter des Auswärtigen Dienstes habe ich es mir zu einer meiner Hauptaufgaben gemacht, akademischen Austausch zwischen Deutschland und Kanada zu intensivieren.

Im Gegensatz zu meiner Wahlheimat Kanada hat Deutschland kaum Bodenschätze und ist daher sehr gut beraten, in allen Bereichen der Wissenschaft, der Lehre und der aktiven Berufsausbildung weltweit einen Spitzenplatz einzunehmen. Das duale Studium mit festen Praxiseinsätzen und Hochschulstudium ist weltweit in seiner Einzigartigkeit außerordentlich anerkannt. Jedoch ist in diesem System eine Lücke entstanden zwischen der praxisorientierten Lehre und den auf Forschung ausgerichteten Universitäten. Der Bereich der gezielt auf Managementberufe ausgerichteten akademischen Ausbildung wurde in Ländern wie den USA deutlich besser besetzt, bis dann in den 1980er-Jahren auch in Deutschland die ersten privaten Hochschulen gegründet wurden.

Der anfängliche Nischenplatz der privaten Hochschulen wird mit dem Überschreiten der zehn Prozent Marke der akademischen Ausbildungsplätze verlassen und damit werden diese zu einem wichtigen und nicht mehr wegzudenkenden Bestandteil des deutschen Ausbildungssystems. Viele international tätige Wirtschaftsunternehmen haben von Beginn an großes Interesse an den gezielt auf ihren Managerbedarf ausgerichteten Ausbildungsprogrammen gehabt. Mit großem Interesse begleite ich diesen spannenden Sektor indirekt von Anfang an, da schon mein Onkel, Dr. Jochen Burchard, als ehemaliger CEO eines großen internationalen Unternehmens federführend an der Finanzierung der ersten deutschen privaten Hochschule Witten/Herdecke beteiligt war.

Auch viele andere Unternehmen erkannten schnell das Potenzial privater Hochschulen und unterstützten diese privaten Institute sowohl durch Sponsoring als auch durch direkte Beteiligungen. Eine durchaus gewünschte Folge für die Studenten waren oftmals Praktikumsplätze und die direkte Übernahme in den Betrieb.

Hierdurch erlebt dieser Sektor ein starkes und nachhaltiges Wachstum. Der überzeugende Erfolg der Absolventen, die gezielt auf die Arbeitsmarktbedürfnisse der weltweit operierenden Unternehmen vorbereitet wurden, untermauert den im Titel des Buches aufgegriffenen Begriff der „Managerschmieden" eindrucksvoll.

Den beiden in diesem Bereich international außerordentlich erfahrenen Autoren ist ein schon länger dringend notwendiger Ratgeber mit diesem Buch gelungen. Er gibt hilfreiche Kriterien an die Hand, um sich im Dschungel der Angebote privater Hochschulen qualitätsorientiert zurecht zu finden. Der aufmerksame Leser erhält konkrete Tipps aus der Praxis, die aktuelles Expertenwissen aus Lehre, Arbeitswelt und von ehemaligen Studenten einbeziehen. Durchaus komplexe Zusammenhänge werden verständlich so aufbereitet, dass eine faktenbasierte Auseinandersetzung mit den Vor- und Nachteilen eines Studiums an einer privaten Hochschule in Deutschland sehr gut möglich wird.

Das Buch als solches ist natürlich analog, „tickt" jedoch durchaus digital und verliert nie den Blick auf Wirtschaft und Arbeitswelt aus den Augen. So findet auch eine Auseinandersetzung mit „Industrie 4.0" und dem „Internet der Dinge" statt. Die Autoren sehen dabei die Chancen für eine verantwortungsvolle Digitalisierung von Lehre, Forschung, Bildung und Wissenschaft.

Aus meiner nun schon fast 20-jährigen Tätigkeit in Kanada weiß ich, dass auch hier die akademische Bildung für das ganze Land als wesentliche Zukunftsperspektive gesehen wird, um aus der starken Abhängigkeit des mit Bodenschätzen geprägten Handels mit anderen Ländern herauszukommen und eine bessere Balance zu erreichen. So hat die kanadische Regierung das Ziel im Rahmen ihrer Internationalisierungsstrategie ausgegeben, die Zahl der Studierenden an den circa 124 Universitäten und Colleges bis 2020 auf 450.000 zu steigern. Dabei muss dem Betrachter klar sein, dass Studenten in Nordamerika über die höheren Studiengebühren einen viel höheren Anteil der sonst durch die Provinzregierung gewährten Ausbildungsfinanzierung übernehmen, als wir das aus Deutschland kennen. Ein interessanter weiterer Aspekt zur Erreichung des Ziels einer stärkeren Durchdringung der Bevölkerung mit Akademikern ist, dass das in Deutschland oft so gelobte kanadische Einwanderungssystem ganz klar Antragsteller mit hoher akademischer Ausbildung bevorzugt. Durch diese Form der Selektion verschafft sich eine Gesellschaft erhebliche Einsparungen, da bei einer derart ausgesuchten Einwanderungspolitik eigene Ausbildungskosten deutlich geringer anfallen. Gleichzeitig wird der auch in Kanada bestehende Fachkräftemangel gelindert.

Das Buch bedient die gesamte Klaviatur eines vielfältig gewordenen privaten Hochschulmarktes in Deutschland. So reicht die Spannbreite von exklusiven Ausbildungsangeboten bis zu den vielen praxisorientierten Bachelor- und Masterstudiengängen sowie von klassischer akademischer Weiterbildung zur digital gestützten.

Den Autoren ist es hervorragend gelungen, tatsächlich ein Gesamtbild des weiter wachsenden und bedeutender werdenden privaten Bildungsmarktes in Deutschland zu zeichnen. Aus meiner kanadischen Sicht ist noch anzumerken, dass das „Timing" dieses Buches kaum besser hätte sein können, da der Abschluss des Handelsabkommens CETA zu einem sicher deutlich höheren Interesse kanadischer Studenten an europäischen und damit auch deutschen Ausbildungen führen wird.

Dieses erste Buch seiner Art erscheint damit genau zur richtigen Zeit und wird u. a. vielen Studenten, Eltern, Professoren, Unternehmen und deren Personalabteilungen, Politikern und Vertretern des Auswärtigen Dienstes der Bundesrepublik Deutschland in der ganzen Welt ein äußerst hilfreiches Werkzeug sein, das sie nicht mehr missen möchten.

Viel Erfolg!

Hubertus Liebrecht
Honorarkonsul
Bundesrepublik Deutschland
Calgary, im Mai 2018

Danksagung

Dieses Buch wäre ohne die Unterstützung vieler am Thema interessierter Menschen nicht möglich gewesen.

An erster Stelle möchten wir uns bei unserer Lektorin, Frau Irene Buttkus, bedanken. Mit ihrer Geduld, ihrer Beweglichkeit und ihrem Sprachgefühl war sie die bestmögliche lektorale Begleitung.

Die vielen Praxisbeispiele sind nur durch die Unterstützung einiger in Ausbildung engagierter Unternehmen, von Alumni der verschiedenen Hochschulen und die Beiträge der Hochschulleitungen realisierbar gewesen. Für diese Beiträge bedanken wir uns herzlich bei allen Beteiligten.

Bei unseren Töchtern Clara M. Sellen und Larissa A. S. Hansen bedanken wir uns für ihre Diskussionsbeiträge, für das Praxisbeispiel bei Clara und die Erstellung mehrerer Grafiken bei Larissa.

Herrn Hubertus Liebrecht, deutscher Honorarkonsul in Calgary, danken wir für seinen kundigen und wertvollen Blick von außen auf das behandelte Thema. Das Geleitwort des sächsischen Ministerpräsidenten Michael Kretschmer bildet den idealen Auftakt für das Buch. Dies schätzen wir besonders.

Inhaltsverzeichnis

1	**Private Hochschulen im Wandel**.	1
1.1	Der Überblick.	2
1.2	Wissen ist Wohlstand.	11
1.3	Education to go.	21
1.4	Global Education Made in Germany.	26
	Literatur.	31
2	**Studieren an privaten Hochschulen**.	35
2.1	Der Zugang zu privaten Hochschulen.	36
2.2	So finden Sie die richtige Studienform an einer privaten Hochschule.	40
2.3	Das Studium vor Ort, das Präsenzstudium an einer privaten Hochschule.	42
2.4	Das duale Studium.	46
2.5	Das Fernstudium an einer privaten Hochschule.	58
2.5.1	Reines Onlinestudium.	63
2.5.2	Fernstudium mit weniger als 50 % Präsenzzeiten.	65
2.5.3	Blended Learning.	66
	Literatur.	70
3	**Studiengänge an privaten Hochschulen**.	73
3.1	Hintergrund.	74
3.1.1	Verfahren länderübergreifender Qualitätssicherung privater Hochschulen.	75
3.1.2	Fächerüberblick und internationaler Vergleich.	78
3.2	**Neigungen und Ziele**.	81
3.3	**Rechts-, Wirtschafts- und Sozialwissenschaften**.	83
3.3.1	Rechtswissenschaften.	84
3.3.2	Wirtschaftswissenschaften.	87
3.3.3	Sozialwissenschaften.	94
3.4	**Humanmedizin/Gesundheitswissenschaften**.	101
3.4.1	Humanmedizin.	102
3.4.2	Gesundheitswissenschaften.	103
3.5	**Sprach- und Kulturwissenschaften**.	106
3.5.1	Sprachwissenschaften.	110
3.5.2	Kulturwissenschaften.	111
3.6	**Ingenieurwissenschaften**.	116
3.7	**Mathematik, Naturwissenschaften**.	118
3.7.1	Mathematik.	119
3.7.2	Naturwissenschaften.	120
3.8	**Kunst, Kunstwissenschaften**.	123
3.8.1	Kunst.	124
3.8.2	Kunstwissenschaft.	125
3.9	**Regionale Verteilung des Studienangebots**.	126
	Literatur.	129

4	**Die passende private Hochschule für Ihr Studium und Ihre beruflichen Ziele**	131
4.1	Verschiedene Hochschulformen im Überblick	132
4.1.1	Die Aufwerter, die flexiblen und die berufsorientierten privaten Fachhochschulen	137
4.1.2	Private Verwaltungsfachhochschulen	140
4.1.3	Private Kunsthochschulen	142
4.1.4	Die Spezialisten und die Humboldtianer	142
4.2	Verdienstmöglichkeiten mit erfolgreichem Studienabschluss	147
	Literatur	153
5	**Leben und Lernen: Tipps für eine gelungene Selbstorganisation**	155
5.1	Studienorte	156
5.2	Die Lebenshaltungskosten	158
5.3	Die Studiengebühren an privaten Hochschulen in Deutschland	167
5.4	Finanzierungsmöglichkeiten	168
5.5	Erfolgreiche Lernstrategien	173
5.5.1	Die verschiedenen Lerntypen beim Studieren	175
5.5.2	Schlaf und Pausen für das effektive Lernen nutzen	179
	Literatur	182
6	**Ausblick auf ein erfülltes Berufsleben**	185
6.1	**Ihr Einstieg ins Berufsleben**	186
6.2	**Das Berufsleben erfolgreich gestalten**	195
6.2.1	Soft Skills trainieren	195
6.2.2	Halbwertzeit des Wissens erfordert lebenslanges Lernen	197
6.3	Fazit	202
	Literatur	205

Serviceteil

Anhang zum Online-Weiterlesen und Recherchieren ... 208
Glossar ... 209
Sachverzeichnis ... 213

Über die Autoren

Dr. Annette Doll
ist eine erfahrene Dozentin und eine erfolgreiche Managerin in der Wissenschaft. Sie kennt das deutsche, europäische und nordamerikanische Hochschulsystem aus dem Effeff. Seit Jahren unterstützt sie im In- und Ausland mit erprobten Strategien aus der Praxis Menschen auf ihrem Weg zu einem erfolgreichen Studium und einem erfüllten Berufsleben.

Dr. Alexander P. Hansen
kennt durch seine Manager-, Berater-, Lehr- und Forschungstätigkeiten in Australien, Deutschland, Frankreich, Indien, Indonesien, Japan und den USA Bildungssysteme weltweit. Das Zusammenspiel von Ausbildung und Wirtschaft kennt er aus langjähriger Praxis. Er hat eine Professur an einer der größten indischen privaten Universitäten und ist Autor und Herausgeber zahlreicher internationaler Bücher.

Abkürzungsverzeichnis

AAQ	Schweizerische Agentur für Akkreditierung und Qualitätssicherung	ESG	Standards and Guidelines for Quality Assurance in the European Higher Education Area
AC	Assessment Center	EVALAG	Evaluationsagentur Baden-Württemberg
ACQUIN	Akkreditierungs-, Certifizierungs- und Qualitätssicherungsinstitut		
AHPGS	Akkreditierungsagentur für Studiengänge im Bereich Gesundheit & Soziales	FIBAA	Foundation for International Business Administration Accreditation
AKAST	Agentur für Qualitätssicherung & Akkreditierung kanonischer Studiengänge	FuB	Staatliche Versicherung der DDR
		HRK	Hochschulrektorenkonferenz
AMBA	Association of MBAs		
AQAS	Agentur für Qualitätssicherung durch Akkreditierung von Studiengängen	IPEX	IPEX-Bank GmbH – Tochter der KfW
		ISCED	International Standard Classification of Education
AR	Augmented Reality		
		KfW	Kreditanstalt für Wiederaufbau
B2B	Business to Business	KMK	Kultusministerkonferenz
B2C	Business to Consumer		
BMBF	Bundesministerium für Bildung und Forschung	MOOC	Massive Open Online Course
		NC	Numerus Clausus
DEG	Deutsche Investitions- und Entwicklungsgesellschaft mbH	NPO	Non-Profit-Organisation
DIHK	Deutscher Industrie- und Handelskammertag	OECD	Organisation for Economic Co-operation and Development
ECA	European Consortium for Accreditation in Higher Education	VR	Virtual Reality
ECTS	European Credit Transfer System	WBT	Web Based Training
EEG	Elektroenzephalogramm		
ENQA	European Association for Quality Assurance in Higher Education	ZEvA	Zentrale Evaluations- und Akkreditierungsagentur Hannover

Private Hochschulen im Wandel

1.1 Der Überblick – 2

1.2 Wissen ist Wohlstand – 11

1.3 Education to go – 21

1.4 Global Education Made in Germany – 26

Literatur – 31

Zusammenfassung

Dieser Ratgeber hilft Ihnen bei der Entscheidung für das Studium Ihrer Wahl. Wir zeigen Ihnen, wie Sie ohne Numerus Clausus viele Fächer – sogar Medizin – ohne Wartezeiten in Deutschland studieren können. Dazu begleiten wir Sie durch einen dynamischen Teil der deutschen Hochschullandschaft, den die etwa 120 privaten Hochschulen ausmachen. In diesem ersten Kapitel liefern wir Ihnen Hintergrundinformationen zu der rasanten Entwicklung der privaten Hochschulen in Deutschland. Wir erläutern, warum sie nun einen festen Platz in der deutschen Hochschullandschaft haben und wie Sie bei Ihrer Studienwahl davon profitieren können, auch vor dem Hintergrund digitaler Entwicklungen im Bereich der Lehre. Abschließend erfahren Sie, wie die deutschen privaten Hochschulen im internationalen Vergleich positioniert sind.

1.1 Der Überblick

Dies ist ein Ratgeber, um Ihnen die Studienwahl zu erleichtern. Dabei konzentrieren wir uns in diesem Buch auf staatlich anerkannte private Hochschulen. Das erste Kapitel liefert Ihnen Hintergrundinformationen, weshalb sich immer mehr Menschen für ein Studium an privaten Hochschulen in Deutschland entscheiden. Ausgehend von diesem Trend geben wir Ihnen Tipps, wie Sie die Studienangebote der privaten Hochschulen in die aktuelle deutsche Hochschullandschaft einordnen können. Ganz praktisch wird es im zweiten Kapitel „Studieren an privaten Hochschulen". Wir erklären, welche verschiedenen Studienformate an privaten Hochschulen angeboten werden. Testen Sie selbst, welcher Studientyp Sie sind! Die vielfältigen Studienangebote an privaten Hochschulen werden im dritten Kapitel besprochen. Und Sie finden hilfreiche Hinweise und einen Überblick zu den Inhalten der angebotenen Studienfächer. Im vierten Kapitel geben wir Ihnen praktische Hinweise, die Ihnen die Suche nach der richtigen Hochschule erleichtern. Zudem finden Sie aktuelle Informationen zu den Gehältern, die Sie mit einem Abschluss in den jeweiligen Studienfächern und Branchen erwarten können. Tipps zum Leben und Lernen während Ihres Studiums und zu dessen Finanzierung verraten wir Ihnen in Kapitel fünf des Ratgebers. Mit einem Ausblick auf ein erfülltes Berufsleben rundet das sechste Kapitel unser Informationspaket zum Studieren an privaten Hochschulen in Deutschland ab. Starten Sie mit vielen Tipps von erfolgreichen Managern, Experten und Trainern erfolgreich in Ihre Karriere!

1.1 · Der Überblick

Weltweit gibt es derzeit etwa 200 Mio. Studierende an etwa 22.000 Hochschulen. Die Studierendenzahl in Deutschland war im Wintersemester 2016/2017 mit über 2,8 Mio. so hoch wie nie zuvor. Etwa die Hälfte eines Geburtenjahrgangs in Deutschland studiert (Dräger und Ziegele 2015). Das akademisch ausgebildete Fachkräftepotenzial wird deshalb in den nächsten Jahren weiter spürbar steigen. Gründe sind u. a. die mit der europäischen Integration des Hochschulraums einhergegangene Studienreform (Bologna-Prozess, siehe Unterkapitel 1.2), die demografische Entwicklung sowie eine steigende Bildungsbeteiligung in Deutschland. Politik und Hochschulen haben auf diese Entwicklung reagiert und Kapazitäten geschaffen: Die zusätzlichen Studienangebote sollen dazu beitragen, auch in Zukunft ausreichend hoch qualifizierte Fachkräfte und wissenschaftlichen Nachwuchs in Deutschland ausbilden zu können. Der Wissenschaftsrat bewertet es jedoch in einem Positionspapier vom April 2018 als besonders problematisch, dass sich die Betreuungsrelationen von Professuren zu Studierenden seit 2007 weiter verschlechtert haben. Einig sind sich Bund und Länder aktuell darüber, dass sie die Qualität von Studium und Lehre sowie den Studienerfolg erhöhen müssen (Wissenschaftsrat 2018). Ein weiteres politisches Ziel ist es nun auch, mehr beruflich Qualifizierten den Weg in die Hochschulen zu eröffnen. Wie gerade private Hochschulen zu diesen beiden Zielen einen erheblichen Beitrag leisten, dazu später mehr.

Der wachsende Trend zum Studium führte auch zu vielen Hochschulneugründungen in Deutschland. Die Anzahl der staatlichen und der staatlich anerkannten Hochschulen ist in den vergangenen 20 Jahren auf 399 (2017) mit insgesamt 18725 Studiengängen gestiegen (Hochschulrektorenkonferenz 2017). Die größten Steigerungsraten hatten dabei private Hochschulen in Deutschland, die inzwischen auf 159 (davon sind 39 kirchliche Hochschulen[1]) angewachsen sind. Mehr als jede dritte Hochschule ist aktuell in privater Trägerschaft. Zudem wuchs in Deutschland im Zeitraum von 1995–2016 der relative Anteil von Studierenden an privaten Hochschulen deutlich stärker als es im Vergleichszeitraum bei den staatlichen Hochschulen der Fall war (siehe ◘ Abb. 1.1).

Anfang 2018 waren annähernd zehn Prozent aller Studierenden an einer privaten Hochschule eingeschrieben. Dieses ungewöhnlich starke Wachstum ist u. a. auf die Service-,

> Aufgrund der besseren Lesbarkeit wird in den Texten dieses Buches der Einfachheit halber nur die männliche Form verwendet. Die weibliche Form ist selbstverständlich immer mit eingeschlossen.
>
> In Deutschland studiert heute etwa die Hälfte eines Geburtenjahrgangs.

---

1 Hochschulen in kirchlicher Trägerschaft werden hier aufgrund ihrer spezifischen Ausrichtung nicht näher behandelt.

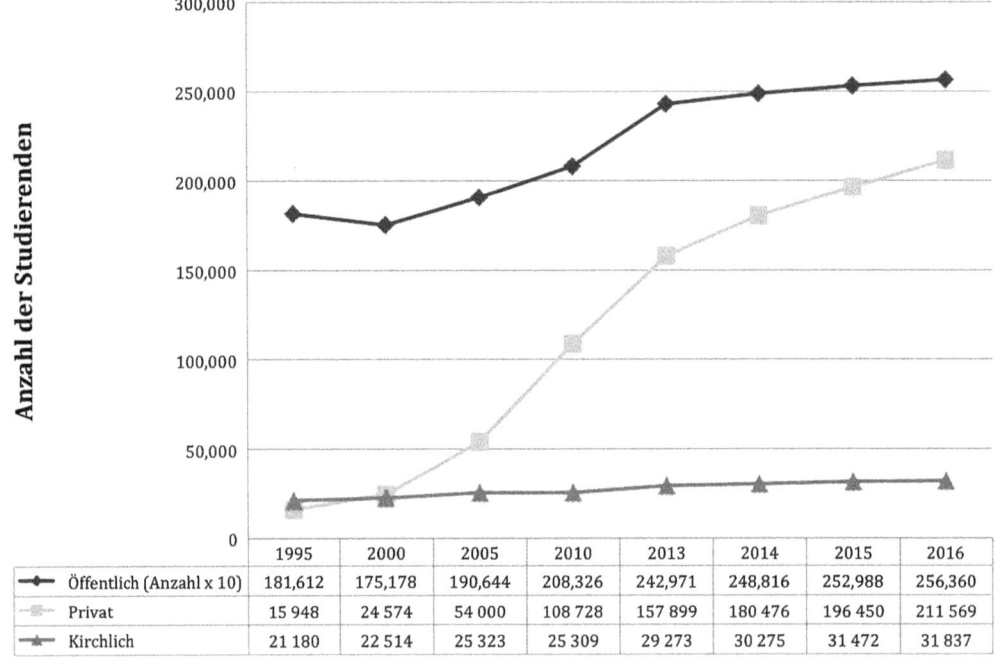

Abb. 1.1 Studierende nach Hochschultypen in den Jahren 1995 bis 2016. Die Anzahl der Studierenden an öffentlichen Hochschulen ist der Anschaulichkeit halber als eine Zehntelfraktion der absoluten Anzahl dargestellt. (Statistisches Bundesamt 2017)

Der Anteil der privaten Hochschulen in Deutschland liegt etwa bei 40 %.

Praxis- und Bedarfsorientierung sowie auf zeitlich und räumlich flexible Studienangebote privater Hochschulen zurückzuführen. Diese Aspekte werden in Kapitel zwei näher beleuchtet.

Inzwischen macht der Anteil der privaten Hochschulen in Deutschland rund 40 % aus. Stiftungen gehören nach dem Bund (1,7 Mrd. EUR), der Wirtschaft (1,3 Mrd. EUR) und der Europäischen Union (600 Mio. EUR) mit Zuwendungen in Höhe von rund 400 Mio. EUR ebenfalls zu wichtigen alternativen Finanzierungsquellen für Hochschulen. Diese Mittel fließen an private wie auch an öffentliche Hochschulen (Bundesverband Deutscher Stiftungen 2016). Das aktuellste Beispiel für das Engagement einer bedeutenden Stiftung in der deutschen Hochschulgeschichte stellt die Schaffung von 20 neuen wirtschaftswissenschaftlichen Professuren mit kompletter Ausstattung und Infrastruktur dar. Sie werden der Technischen Universität München (TUM) von der gemeinnützigen Dieter Schwarz Stiftung gGmbH dauerhaft gestiftet werden.

Immer mehr Menschen nehmen in Deutschland, aber auch weltweit ein Studium auf. Mit dieser wachsenden Nachfrage nach Studienangeboten geht eine zunehmende Heterogenität der Studierenden einher. Unterschiedlich sind die Bildungsverläufe je nach Alter, nationaler und kultureller

1.1 · Der Überblick

Herkunft und Schichtzugehörigkeit. Mit der steigenden Zahl von Studierenden ist deren Vielfalt größer geworden und damit auch das Bedürfnis nach einem passenden Studienangebot. Dieser Bedarf wurde insbesondere von privaten Hochschulen aufgegriffen. Mit diesem Buch zeigen wir, wie es den privaten Hochschulen gelingt, Nachfrage auf dem Bildungsmarkt zu erkennen und passende Studienangebote anzubieten (Engelke et al. 2017).

Und eines ist klar: Ein Studium rentiert sich langfristig. Der durchschnittliche Lebensverdienst liegt bei Personen mit einem Hochschulabschluss bei rund 2,3 Mio. EUR (Schmillen und Stüber 2014). Sie verdienen im Laufe ihres Lebens damit rund eine Million Euro mehr als eine Person mit Berufsausbildung (◘ Abb. 1.2). Heute hat mehr als jeder fünfte Erwerbstätige in Deutschland einen Hochschulabschluss. Und wichtig ist: Trotz weiter steigender Anzahl von Personen mit einem Hochschulabschluss finden (fast) alle einen passenden Job. Ökonomen sprechen bei einer Arbeitslosenquote von nur 2,6 % bei Akademikern im Jahr 2017 von Vollbeschäftigung. Der Trend zur Akademisierung setzt sich rasant fort. Dies spiegelt den fortschreitenden Strukturwandel in Deutschland hin zu einer wissensbasierten Dienstleistungs- und Informationsgesellschaft wider (Beckmann und Lindner 2017).

> Ein Studium rentiert sich langfristig.

> Unter Akademikern in Deutschland herrscht Vollbeschäftigung.

Seit einigen Jahren ist im Kontext stark gewachsener Studierendenzahlen im deutschen Hochschulbereich die Entwicklung eines Wettbewerbs an Studien- und Lehrangeboten deutlich zu erkennen. Private Bildungseinrichtungen müssen sich durch die zuständigen Landesministerien als Hochschule anerkennen lassen, um den staatlichen Hochschulen gleichgestellt zu sein. Das Hochschulrahmengesetz wird durch die entsprechenden Landesgesetze ergänzt. Die verschiedenen Rechtsformen der Hochschulen in privater Trägerschaft lassen erkennen, dass ein Teil der Träger kommerzielle Interessen verfolgt. Die Rechtsform der GmbH ist dafür gut geeignet. Denn sie beschränkt die Haftung der Investoren auf das eingesetzte Kapital. Die Aktiengesellschaft (AG) gilt als typische Unternehmensform von Wirtschaftsunternehmen mit großem Kapitalbedarf.

> Um staatlichen Hochschulen gleichgestellt zu sein, müssen sich private Hochschulen durch die zuständigen Landesministerien anerkennen lassen.

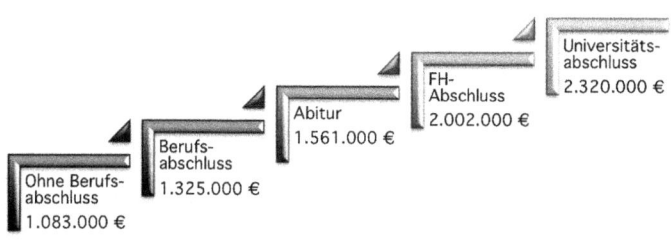

◘ **Abb. 1.2** Lebensverdienste nach Qualifikation. (Schmillen und Stüber 2014)

Beide Rechtsformen werden in diesem Segment genutzt. Bei der Aktiengesellschaft stellt sich die kapitalgesellschaftliche Konzeption, die auf Vermögensvereinigung und Vermögensmehrung gerichtete Zielsetzung, am deutlichsten dar. Die Rechtsform der gemeinnützigen GmbH, des Vereins und der Stiftung werden dagegen meist von gemeinnützigen Organisationen gewählt. Oft werden mit einer dieser Organisationsformen die Ausbildung bestimmter Personengruppen oder die Verbreitung bestimmter wissenschaftlicher beziehungsweise weltanschaulicher Ansätze verfolgt. Wirtschaftlichkeit und Liquidität spielen jedoch auch für nicht gewinnorientierte Hochschulen eine Rolle (Buschle und Haider 2016).

Unter den privaten Universitäten hat die Dresden International University (DIU) eine Sonderstellung, da sie mit der öffentlichen Exzellenz Universität TU Dresden über die TUDAG (Technische Universität Dresden AG) verbunden ist. Alleiniger Aktionär der TUDAG ist die Gesellschaft von Freunden und Förderern der TU Dresden e. V. (GFF), sodass mit den Gewinnen der TUDAG über die GFF die TU Dresden unterstützt wird. Somit ist hier staatliche und private Hochschulbildung eng miteinander verknüpft.

Unternehmen wie die Career Partner GmbH, die Cognos AG, die Klett Gruppe, Laureate International Universities, die SRH Higher Education gGmbH und andere halten große Marktanteile innerhalb des lukrativ gewordenen privaten Bildungssektors in Deutschland. Sie bilden Holdings für Teilunternehmen, die für den Kunden als einzelne private Hochschulen in Deutschland sichtbar werden. Von diesen sind wiederum viele auch im Bereich der beruflichen Weiterbildung aktiv. Dies ist ein Bereich, der von der Mehrheit der öffentlichen Hochschulen noch kaum bedient wird. Neugründungen, aber auch Übernahmen privater Hochschulen durch finanzkräftige Unternehmensgruppen oder Investmentfonds, zeigen, dass dieser Markt einträglich und umkämpft ist. Jedoch nicht zuletzt auch eine Reihe von Schließungen privater Hochschulen machen deutlich, dass aufgrund von teilweise erheblichen Managementproblemen und mangelnden Qualitätsstandards nicht alle Hochschulen am Markt Bestand haben. So hatte eine der Qualitätskontrollen – diese werden vom Wissenschaftsrat im Auftrag des Bundes und der Länder bei privaten Hochschulen regelmäßig durchgeführt – zu Beginn des Jahres 2018 ergeben, dass die Hochschule für Telekommunikation Leipzig den wissenschaftlichen Maßstäben einer Hochschule nicht entspricht. Der Wissenschaftsrat gelangte somit zu einer negativen Akkreditierungsentscheidung. Der in Köln ansässige Wissenschaftsrat ist das wichtigste wissenschaftspolitische Beratungsgremium in Deutschland. Seit 2001 testet er u. a. im Auftrag der Politik, ob die unternehmerische, aber insbesondere auch die wissenschaftliche Leistungsfähigkeit von pri-

1.1 · Der Überblick

vaten Hochschulen gesichert ist. Er gibt daher Empfehlungen an die Bundesländer, welche Einrichtung staatlich anerkannt werden sollte – und welche nicht. Mit diesem Kontrollverfahren werden die Studierenden sowie ihre künftigen Arbeitgeber geschützt. Neben der Organisationsstruktur werden auch das Verhältnis zwischen der Hochschule und ihren Betreibern sowie die Personalausstattung der Hochschule unter die Lupe genommen. Denn dies ist wichtig für die Beantwortung der Frage, ob eine Einrichtung den Anspruch an eine staatlich anerkannte Hochschule erfüllen kann (Himmelrath 2015).

Mittlerweile sind die Hochschulen in privater Trägerschaft zu einem festen Bestandteil des deutschen Hochschulsystems geworden. Sie ergänzen das Angebot an Studiengängen und bieten Alternativen zum öffentlichen Hochschulbereich. Auch die Anzahl der Hochschulstandorte hat insbesondere im Segment der privaten Hochschulen stark zugenommen. Jeder Studieninteressierte in Deutschland kann daher heutzutage im Umkreis von circa 60 km eine Präsenzhochschule finden (Hüning et al. 2017).

> Private Hochschulen sind fester Bestandteil des deutschen Hochschulsystems.

Dieses Buch lenkt als erster Ratgeber den Blick auf die enorm gewachsenen Studienangebote der staatlich anerkannten privaten Hochschulen in Deutschland. Durch ihre staatliche Anerkennung ist davon auszugehen, dass private Hochschulen den staatlichen systematisch weder unter- noch überlegen sind (Engelke et al. 2017). Wir wollen unseren Lesern Fakten an die Hand geben, welche Gründe es geben kann, sich für ein Studium an einer privaten Hochschule zu entscheiden.

Private Hochschulen sind auch Managerschmieden. Dies gilt insbesondere – aber nicht ausschließlich – für die Business, Law und Governance Schools unter den privaten Hochschulen. Das belegen auch eindrucksvolle Karriereverläufe ehemaliger Studierender, die Sie in diesem Buch finden werden. Private Hochschulen sind aber inzwischen mehr: Mit über 2000 Studiengängen decken sie längst einen großen Teil des akademischen Spektrums ab. Rechts-, Wirtschafts- und Sozialwissenschaften sind zwar mit über 61 % immer noch die nachgefragtesten Studienangebote. Aber inzwischen ist das gesamte Portfolio privater Hochschulen sehr differenziert. Es reicht von den Gesundheitswissenschaften über Psychologie und den MINT Fächern (Mathematik, Ingenieurwissenschaften, Naturwissenschaften und Technik) bis hin zu Kunst, Sport, Design und Mode.

> Rechts-, Wirtschafts- und Sozialwissenschaften sind die nachgefragtesten Studienangebote privater Hochschulen.

Staatlich finanzierte Hochschulen bieten solche Studiengänge auch an. Sie sichern aber darüber hinaus auch die volkswirtschaftlich wichtige Ausbildung in den Naturwissenschaften, den Ingenieurwissenschaften, der Medizin und den meisten Lehramtsfächern. Diese ist oft langwierig und setzt teure Laborausstattung voraus, die in Deutschland von der Gemeinschaft aller Steuerzahlenden finanziert wird.

Ein Wort an die Fachleute: Die Notwendigkeit und Sinnhaftigkeit der in Deutschland staatlich finanzierten freien Forschung und der darauf basierenden Lehre ist unstrittig.

Dass der Forschungsoutput privater Hochschulen bisher wesentlich geringer ist als der von staatlichen Hochschulen, ist ebenso evident. Einige der forschungsorientierten privaten Hochschulen sind in den Wettbewerb um Drittmittel eingestiegen: einmal um ihre Finanzierungsbasis zu verbreitern, andererseits aber insbesondere auch deshalb, da der wettbewerbliche Aspekt der Einwerbung von Mitteln für Forschung Hinweise auf die wissenschaftliche Qualität einer Einrichtung gibt. Dabei handelt es sich um eine kleine Gruppe von Universitäten sowie Business, Law und Governance Schools, die sich durch Forschungsorientierung und eine international wettbewerbsfähige Fakultät auszeichnen. Deren Studienangebote orientieren sich an internationalen Akkreditierungsstandards und guten Plätzen in nationalen und internationalen Hochschulrankings. Einige von ihnen sind Stiftungshochschulen, die neben der Einnahmequelle Studiengebühren auch aus einem Stiftungsvermögen schöpfen können. Angeboten werden von dieser Gruppe privater Hochschulen insbesondere stark nachgefragte Studienfächer, wie beispielsweise Betriebswirtschaftslehre (BWL) und Jura. Denn gerade in diesen Fächern ist die Studiensituation an öffentlichen Hochschulen durch sehr hohe Studierendenzahlen und entsprechend hohe Abbrecherquoten geprägt. Dem setzt diese Gruppe der Business, Law und Governance Schools in Deutschland ein BWL- oder Jurastudium unter sehr guten Rahmenbedingungen entgegen: sehr kleine Lerngruppen und eine hervorragende individuelle Betreuung der Studierenden sowie ein hohes akademisches Niveau verbunden mit hochaktuellen und nachfrageorientierten Studienangeboten. Mit teils sehr aufwendigen Auswahlverfahren soll sichergestellt werden, dass die Studierenden auch für diese Studienfächer geeignet sind. Als Konsequenz sind die Examensergebnisse in der Regel sehr gut. Dies ist in Jura besonders wichtig, da für eine gut bezahlte Position die Anforderung eines Prädikatsexamens besteht. Darüber hinaus macht sich die aktive Pflege eines Netzwerkes von Freunden und Fördernden durch die jeweiligen privaten Business, Law und Governance Schools positiv für die Studierenden bemerkbar. Auch dadurch verbessern sich die Karrierechancen der Absolventen dieser Hochschulen, die in Kapitel vier dieses Ratgebers näher beschrieben werden.

> Ein Studium an einer privaten Hochschule muss nicht am Geldbeutel scheitern.

Und – ein Studium an einer dieser Hochschulen muss nicht am Geldbeutel scheitern. Auch private Hochschulen bieten verschiedene Möglichkeiten an, die Studienbeiträge zu zahlen. So gibt es in vielen Fällen beispielsweise das Angebot, die Studiengebühren erst nach dem Studium und nach Erreichen eines bestimmten Mindesteinkommens zu zahlen. Informationen zu verschiedenen Finanzierungsmöglichkeiten eines Studiums in Deutschland finden Sie in Kapitel fünf unseres Ratgebers.

Die zweite Gruppe der privaten Hochschulen ist zahlenmäßig größer. Diese Hochschulen zeichnen sich durch eine große Programmvielfalt aus, mit der sie schnell auf Arbeitsmarkt- und Bildungstrends reagieren. Mit ihren Studienangeboten wenden sie sich an Menschen, die das Bedürfnis nach stark praxisorientierten Bachelor- und Masterabschlüssen haben und an einer klaren Berufsorientierung interessiert sind. Für eine hochwertige Ausbildung von Studierenden zum Bachelor oder Master setzt diese Gruppe von privaten Hochschulen auf etabliertes und erprobtes Wissen. Angeboten werden auch Studiengänge, die ehemalige Ausbildungsberufe akademisch aufgewertet haben. So zum Beispiel in den Bereichen Gesundheit, IT, Medien und Gestaltung, aber auch im kaufmännischen Bereich. Außerdem ist ein Teil dieser Gruppe von privaten Hochschulen oft regional aufgestellt, arbeitet eng mit der Wirtschaft am Standort zusammen und wird auch nicht selten von ihr unterstützt. Dies ist oft zum gegenseitigen Nutzen: für die Absolventen und ihre zukünftigen Arbeitgeber. Diese zweite Gruppe der privaten Hochschulen bietet aber auch viele Studiengänge an, die ein Studium in Teilzeit oder berufsbegleitend ermöglichen. Dazu erfahren Sie mehr in den Kapiteln zwei bis vier mehr.

Die Qualität der akademischen Ausbildung muss sich neben der wissenschaftlichen Güte der angebotenen Studiengänge auch an der Leistungsfähigkeit in den Bereichen Lehre, Wissenstransfer, Internationalität, Digitalisierung und lebenslange Weiterbildung messen lassen. Bei immer weiter steigenden Studierendenzahlen und nicht ausreichender Finanzierung im Bereich der Lehre und des Studiums an öffentlichen Hochschulen ist ein Wettbewerb um ein gutes Studienangebot an die Studierenden in Deutschland entstanden. Je vielfältiger die Bedürfnisse der Studierenden sind, desto vielfältiger müssen auch die Angebote des Hochschulsystems werden. Nur ganz wenige Hochschulen – egal, ob staatlich oder privat – schaffen es, in Bezug auf ihre Forschungsstärke, ihre Kooperationen mit der regionalen Wirtschaft, ihre Lehre und im Bereich berufsbegleitender Weiterbildung gleichermaßen auf einem Spitzenniveau zu sein. Viele private Hochschulen fokussieren sich daher auf spezifische Studierendenbedürfnisse und bilden individuelle und überwiegend auf die Lehre ausgerichtete Hochschulprofile heraus (Dräger und Ziegele 2014, 2015).

> Vielfältige Bedürfnisse der Studierenden erfordern vielfältige Angebote der Hochschulen.

Das Buch redet nicht dem Bild von „Kaderschmieden" das Wort, da die privaten Hochschulen diesem Bild nicht entsprechen. Es zeigt vielmehr die Facetten eines vielfältig gewordenen privaten Hochschulmarktes in Deutschland auf. Mit ihrem Portfolio von grundständigen, praxisorientierten Studiengängen über traditionelle oder digital gestützte Lehre bis hin zu

> Private Hochschulen bieten eine breite Palette an tertiärer Bildung an.

exklusiven Studienangeboten wird heute eine breite Palette an tertiärer Ausbildung von privaten Hochschulen in Deutschland angeboten.

Neben dem Staat bemühen sich in Deutschland auch Unternehmen in vielfacher Weise darum, akademisch ausgebildeten Nachwuchs zu gewinnen. Im vergangenen Jahr haben je etwa 510.000 Menschen ein Studium und eine Berufsausbildung begonnen. Ausgelöst durch diesen anhaltenden Trend nach akademischen Abschlüssen wurde 2018 zwischen dem Deutschen Industrie- und Handelskammertag (DIHK) und der Hochschulrektorenkonferenz (HRK) über die Rolle der Hochschulen gestritten. Während die HRK den Wert von beruflicher und akademischer Bildung mit ihren jeweils eigenen Stärken und Profilen betonte (Hochschulrektorenkonferenz 2018), forderten die Vertreter der Wirtschaft die Hochschulen auf, ihre Studierenden bestmöglich auf den Übergang ins Arbeitsleben und die Anforderungen einer zunehmend digitalisierten Arbeitswelt vorzubereiten (DIHK 2018). Zumal der überwiegende Anteil der Studierenden heute einen Beruf außerhalb der Wissenschaft anstrebt.

Eine aktuelle Studie des Bundesinstituts für Berufsbildung (BIBB) zeigt (Hofman und König 2017), dass sich gerade duale Studiengänge in den letzten 15 Jahren mit einer Anzahl von heute etwa 1600 Studiengängen mehr als verdreifacht haben. Im Jahr 2017 haben etwa 100.000 der 2,8 Mio. Studenten dual studiert (siehe Kapitel zwei). Insgesamt gaben die Hochschulen 2016 an, mit rund 47.000 Praxispartnern in der Wirtschaft zu kooperieren. Unternehmen investierten 2012 fast 950 Mio. EUR in den Bereich der dualen Ausbildung. Hinzu kamen weitere 45 Mio. EUR in Form von 10.000 Stipendien für Studierende (Konegen-Grenier und Winde 2013). In Deutschland bieten derzeit 213 Hochschulen eine Vielzahl von dualen Studiengängen an. 75 Anbieter davon sind private Hochschulen. Das Innovationspotenzial, das der Privatwirtschaft gemeinhin zugeschrieben wird, spricht man dem privaten Hochschulbereich in Deutschland jedoch nur zögerlich zu, zumal in dem überwiegend staatlich finanzierten Hochschulsystem in Deutschland privat finanzierte Bildungsangebote ebenso beargwöhnt werden wie auch der vor 20 Jahren initiierte Bologna-Prozess (Novotny 2018). Schließlich hat dieser Prozess Bachelor- und Master-Studiengänge erst ermöglicht, die im Portfolio von privaten Hochschulen überwiegen. Die finanzielle Berücksichtigung der von privaten Hochschulen im Hochschulpakt erbrachten Leistungen bleibt daher auch weiterhin ein offener Diskussionspunkt in der deutschen Bildungspolitik. Der Wissenschaftsrat empfahl bereits im Jahr 2012, vonseiten der staatlichen Zuwendungsgeber zu prüfen, ob und wie privaten Hochschulen eine Teilnahme im Wettbewerb um staatliche Programme in

Forschung und Lehre in größerem Maße als bisher ermöglicht werden sollte (Wissenschaftsrat 2012).

Unser Ratgeber erhebt keinen Anspruch auf Tagesaktualität oder Vollständigkeit. Er informiert vielmehr strukturell und exemplarisch. Ein tagesaktuelles, unkommentiertes Kompendium ist beispielsweise der Hochschulkompass der Hochschulrektorenkonferenz (HRK). Dabei handelt es sich um ein web-basiertes Informationsportal, in dem staatliche und staatlich anerkannte private Hochschulen aktuelle Informationen über ihre Studien- und Promotionsmöglichkeiten einstellen und veröffentlichen. Neben den vom Statistischen Bundesamt erfassten privaten Hochschulen gibt es jedoch noch weitere, die hier nicht behandelt werden. Denn wir haben uns aus methodischen Gründen dazu entschlossen, nur die vom Statistischen Bundesamt erfassten Hochschulen zu betrachten. Unser Ratgeber gibt seinen Lesern Kriterien an die Hand, um sich in der Vielfalt der Angebote staatlich anerkannter, qualitätsgesicherter Privathochschulen zurechtzufinden. Das Buch bietet eine Grundlage dafür, das Angebot privater Hochschulen mit seinen Vor- und Nachteilen in die persönlichen Lebens- und Karriereplanungen einzubeziehen.

Das Buch gibt Ihnen zehn Erfolgstipps für die richtige Studienwahl! Und wir sind überzeugt, dass „Education Made in Germany" ein international hochwertiges Produkt ist. Wir zeigen konkrete Strategien, um das Studium erfolgreich zu organisieren, sodass Zeit und Geld sich auszahlen und auch der Spaß am Studium nicht zu kurz kommt. Anhand zahlreicher realer Erfolgsbeispiele von Absolventen geben wir in unserem Ratgeber Erfolgsgeheimnisse preis, die Ihnen helfen, das passende Studium an der richtigen Hochschule zu wählen und den Grundstein für ein erfülltes Berufsleben zu legen.

1.2 Wissen ist Wohlstand

Die gesellschaftliche und wirtschaftliche Entwicklung eines Landes wird stark durch den jeweiligen Bildungs- und Forschungsbereich geprägt. Ausgaben in den Bereichen Bildung und Forschung werden daher als Investition in die Zukunft einer wissensbasierten Gesellschaft angesehen. Im Jahr 2016 investierte Deutschland rund 282 Mrd. EUR an öffentlichen und privaten Mitteln in Bildung und Forschung. Gemessen am Bruttoinlandsprodukt war dies im Jahr 2016 ein Anteil von neun Prozent für Bildungsausgaben in Deutschland. Grundlage dafür ist eine breite Übereinkunft in der Gesellschaft. Wir sind davon überzeugt, dass unser Wohlstand ganz wesentlich auf Wissen basiert – auf Menschen mit Wissen.

Als zentrale Aufgaben des deutschen Hochschulsystems werden derzeit verstanden: einerseits qualitativ hochwertige Forschung zu betreiben und damit verbunden individuelle akademische Bildung anzubieten und andererseits den Bedarf an akademisch gebildeten Fachkräften zu decken. Als „staatsnaher Sektor" unterliegt der Hochschulbereich in Deutschland der politischen Steuerung und ist zugleich im Bildungs- und im Wissenschaftssystem angesiedelt. Wie beispielsweise in Großbritannien, Australien, den Niederlanden oder in Österreich sind auch in Deutschland die staatlichen hochschulpolitischen Akteure die Betreiber von Veränderungen, teilweise unterstützt von den Hochschulrektoren. Seit den 1960er-Jahren gibt es in Deutschland politische Reformbewegungen, die darauf zielen, den Hochschulbereich weg von einer einstigen Eliteausbildung in Richtung eines Massenausbildungssystems zu transformieren. Und damit geht die politische Forderung einer erheblichen Effizienzsteigerung der Lehre einher. Denn der Anteil der Studierenden pro Altersjahrgang wurde immer weiter gesteigert (Schimank 2008). Bis 1980 ging das Anwachsen der Studierenden mit einer erheblichen Anzahl von Universitätsneugründungen einher. Danach entstanden hauptsächlich Fachhochschulen und private Hochschulen. Seit Beginn der 1990er-Jahre wurden die Hochschulen verstärkt mit der wissenschaftspolitischen Forderung nach mehr Wettbewerb konfrontiert. Nun standen die Ausdifferenzierung und Profilbildung auf dem Programm. Als Gründe für die Trendwende wurden die knappen Kassen der Bundesländer, Veränderungen in der Wissensproduktion und globaler Wissensdiffusion und reformierte Bildungsabschlüsse gesehen.

> » Universitäten in Deutschland sollten zu effizienten Organisationen gemacht werden und im Wettbewerb gegeneinander antreten als Hauptlieferanten möglichst vieler gut ausgebildeter (Fach-) Arbeitskräfte und weltweit renommierter Spitzenforschung (Flink et al. 2012).

Hochschulen sollten nun zugleich Eliten- und Massenausbildungssysteme sein. Im Gegenzug zu den Inklusionsdynamiken stellte die 2005 begonnene Exzellenzinitiative des Bundes und der Länder insofern einen Denkwechsel dar, als nun eine begrenzte Gruppe von Forschungsuniversitäten in einem wettbewerblich organisierten Verfahren erhebliche zusätzliche Mittel für Forschung erhalten. In der Folge bildete sich eine Spitzengruppe von (weltweit) besonders sichtbaren deutschen Forschungsuniversitäten heraus. Nach Einschätzung eines internationalen Autorenteams des Boston College Center for International Higher Education, das 2017 die weltweite Entwicklung des Hochschulsektors untersucht hat, handelte es sich bei den Entwicklungen im deutschen Hochschulsektor seit der

1.2 · Wissen ist Wohlstand

Jahrtausendwende jedoch weder um eine strategische Antwort auf die wachsende Akademisierung der Gesellschaft (massification) noch um eine Antwort auf die Anforderungen einer Wissensgesellschaft. Die Autoren beobachteten vielmehr eine Tendenz zu recht kurzfristigen Anpassungen an sich ändernde Voraussetzungen. Die deutsche Weiterentwicklung des Hochschulbereiches nahmen die Autoren in einem Spannungsfeld zwischen Forschungsexzellenz einerseits und Breitenausbildung andererseits wahr. Innerhalb der öffentlichen Hochschulen beobachteten sie eine große Zurückhaltung bezüglich deren weiterer Ausdifferenzierung in der nahen Zukunft (Altbach et al. 2017).

Zu den ursprünglich formulierten Zielen der Bologna-Reform[2], wie Mobilität zwischen europäischen Hochschulen und der Einführung von Bachelor- und Masterstudiengängen kamen im Laufe der letzten Jahre in Deutschland neue Reformziele hinzu. Eine der jüngsten hochschulpolitischen Zielsetzungen ist die gesellschaftliche Öffnung der Hochschulbildung für beruflich qualifizierte breitere Zielgruppen auch ohne Hochschulzugangsberechtigung (Abitur oder Fachabitur). Aber auch hier sind Widersprüche in den Zielsetzungen zu beobachten. Einerseits wird der Anspruch von sozialer Gerechtigkeit und Bildungsaufstieg formuliert. Andererseits wird die Öffnung der Hochschule unter dem Gesichtspunkt von Fachkräftemangel, Qualifizierung und Weiterbildung diskutiert (Buß et al. 2018). Durch die Umsetzung der europäischen Hochschulreform wurde es in Deutschland möglich, schneller einen berufsqualifizierenden akademischen Abschluss zu erlangen. Denn eines der Reformziele war, dass die neuen Studiengänge neben einer wissenschaftlichen Ausbildung auch berufsqualifizierend sein sollten. Wissensvermittlung wird nun kombiniert mit dem Erwerb von Kompetenzen, die unmittelbar am Arbeitsmarkt benötigt werden. Anders formuliert: Was eine Betriebswirtin wissen muss, wird nun damit verbunden, was sie beispielsweise in der Logistikbranche können sollte. Viele Berufsfelder erfordern aber heute durch technische und gesellschaftliche Weiterentwicklungen auch eine akademische Ausbildung. Das ist einer der Gründe, weshalb die Studienangebote in Deutschland stark zugenommen haben. An den privaten Hochschulen war insgesamt eine Steigerung der Studienangebote in den letzten fünf Jahren um etwa 50 % auf 2000 Studiengänge zu beobachten. Dabei erfuhren die Medizin und die Gesundheitswissenschaften mit einem Plus von 25 % das größte prozentuale Wachstum einer Fächergruppe (Hachmeister 2017a, b).

> Durch den Bologna-Prozess wurde es möglich, in Deutschland schneller einen berufsqualifizierenden Abschluss zu erhalten.

---

2 Die Bologna-Reform wird hier der Einfachheit halber im Singular verwendet. Tatsächlich hat es sich um mehrere Reformschritte gehandelt.

Allen Voraussagen der Vergangenheit zum Trotz bleiben die Studienanfängerzahlen in Deutschland gleichbleibend überraschend hoch und liegen derzeit bei etwa 500.000 Personen. Es wird neuerdings davon ausgegangen, dass die Studiennachfrage bis 2050 zwar leicht nachlassen, aber dauerhaft über dem Niveau von 2005 bleiben wird (von Stuckrad et al. 2017). Doch trotz rasant gestiegener Studierendenzahlen fehlt es an deutschen Universitäten an wissenschaftlichem Personal und vor allem an Professoren. Die Betreuungssituation für die Studierenden ist an deutschen Hochschulen erheblich schlechter geworden (Himmelrath 2018). Die Verdopplung der Hochschulhaushalte konnte in den Jahren zwischen 1995 und 2015 nämlich nur durch eine entsprechende Steigerung von eingeworbenen Drittmitteln erreicht werden. Und diese werden bekanntermaßen immer nur zeitlich befristet und nicht für Grundaufgaben vergeben. Und: Diese zusätzlichen Mittel flossen zu einem sehr großen Teil in die Forschung, aber kaum in die Lehre und das Studium. Die Forschungsorientierung deutscher Universitäten ist in den letzten zehn bis zwanzig Jahren deutlich gewachsen. Die Qualität der Lehre und des Studiums konnte jedoch aufgrund von Unterfinanzierung nicht entsprechend mithalten. Damit einhergehend ist die Tendenz der Entwicklung von Forschungsuniversitäten einerseits und Lehruniversitäten für angewandte Wissenschaften (Fachhochschulen) andererseits zu beobachten (Schmoll 2018).

> Die Studienabbrecherquoten an staatlichen Hochschulen sind mehr als dreimal so hoch wie an privaten Hochschulen.

Fest steht, dass es den staatlichen Hochschulen in Deutschland noch nicht gut genug gelingt, möglichst viele ihrer Studierenden zu einem erfolgreichen Hochschulabschluss zu führen. An den öffentlichen Hochschulen in Deutschland gibt es – auch im internationalen Vergleich – zu viele Studienabbrecher. Ein erklärtes Ziel der Bundesregierung ist es deshalb, nicht nur zusätzliche Studienplätze zu schaffen, sondern gleichzeitig eine effiziente Ausschöpfung der an den Hochschulen vorhandenen Potenziale und Ressourcen zu erreichen. Deshalb soll nun flächendeckend eine Verringerung des Studienabbruchs erzielt werden. Seit 2016 werden daher Bundes- und Landesmittel auch dafür eingesetzt, um mehr Studierende qualitätsgesichert zu einem erfolgreichen Abschluss zu führen. Nur ein abgeschlossenes Studium ist eine gute Basis für einen erfolgreichen Start ins Berufsleben. Aus Sicht des Deutschen Industrie- und Handelskammertages (DIHK) müssen auch mit Blick auf den herrschenden Fachkräftemangel in Deutschland die zu hohen Studienabbrecherquoten gesenkt werden. Derzeit brechen etwa 30 % der Studierenden ihr Studium ohne Abschluss ab (DIHK 2018). ◘ Abb. 1.3 zeigt die Studienabbrecherquoten in verschiedenen Studienfächern bei (A) Bachelor- und (B) Masterstudiengängen.

1.2 · Wissen ist Wohlstand

a

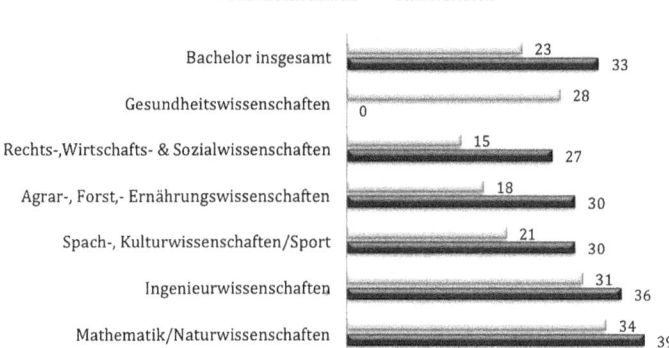

b

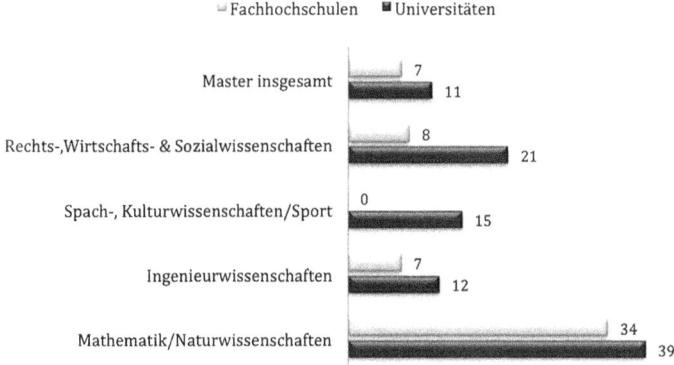

Abb. 1.3 Abbrecherquoten an staatlichen Fachhochschulen und Universitäten nach Fächergruppen. A in Bachelorstudiengängen; B in Masterstudiengängen. (Heublein et al. 2014; Isleib 2017). Die Daten beziehen sich auf Absolventen von 2012, Angaben für Studienanfänger 2008/9 (A) und 2010 (B)

Das Bundesministerium für Bildung und Forschung (BMBF) gab eine Studie in Auftrag, um den Gründen des Studienabbruchs auf den Grund zu gehen. Ein Ergebnis war, dass bezogen auf das Jahr 2012 an deutschen Universitäten jeder dritte und an den Fachhochschulen jeder vierte Studierende sein Studium abbricht (Heublein et al. 2014). In kaum einem Land scheitern so viele junge Menschen an ihrem Studium wie in Deutschland. Neben vielen anderen Resultaten dieser Untersuchung sticht ein Ergebnis besonders heraus: Die Betreuungssituation an der Hochschule ist für die Studienleistung von herausragender Bedeutung. Den Lehrenden kommt bei der Bewältigung des Studienstoffs sowie der Entwicklung von Studienmotivation und Fachidentifikation eine große Rolle zu (Heublein et al. 2014).

Eines ist klar: Das schaffen private Hochschulen in der Regel besser. Sie stellen den Studierenden in den Mittelpunkt der Hochschulprozesse. Der Erfolg der Studierenden ist die Messlatte für den Erfolg der Hochschule. Die privaten Hochschulen nehmen ihre Betreuungsaufgabe ernst und sie bemühen sich um aktive und praxisbezogene Formen des Lernens, um sowohl die Fähigkeit zu fördern, theoretisches Wissen auf neue Probleme anzuwenden als auch die fachlichen Kenntnisse zu vertiefen.

> An privaten Hochschulen kommen Studierende zu schnellerem Studienerfolg.

An privaten Hochschulen kommen die Studierenden auch deshalb zu mehr und schnellerem Studienerfolg. Während die Anzahl der Absolventen bei kirchlichen und öffentlichen Hochschulen seit 2010 nahezu stagniert, hat sie sich bei privaten Hochschulen fast verdoppelt (◘ Abb. 1.4). Oft bieten die privaten Hochschulen ein ganzes Paket von maßgeschneiderten Studienangeboten bis hin zu persönlichen Studienbetreuern an. Dies führt in vielen Fällen zu einer strafferen Studienorganisation und sehr oft zu mehr und schnellerem Studienerfolg. Jeder, der lernen will, soll entsprechend seiner zeitlichen Möglichkeiten die Chance haben, lernen zu können. Die privaten Hochschulen passen sich an die Bedürfnisse der Studiengebühr zahlenden Studierenden an. Schließlich ist dies Teil des Geschäftsmodells. Der Wissenschaftsrat lobt daher auch die niedrige Abbruchquote

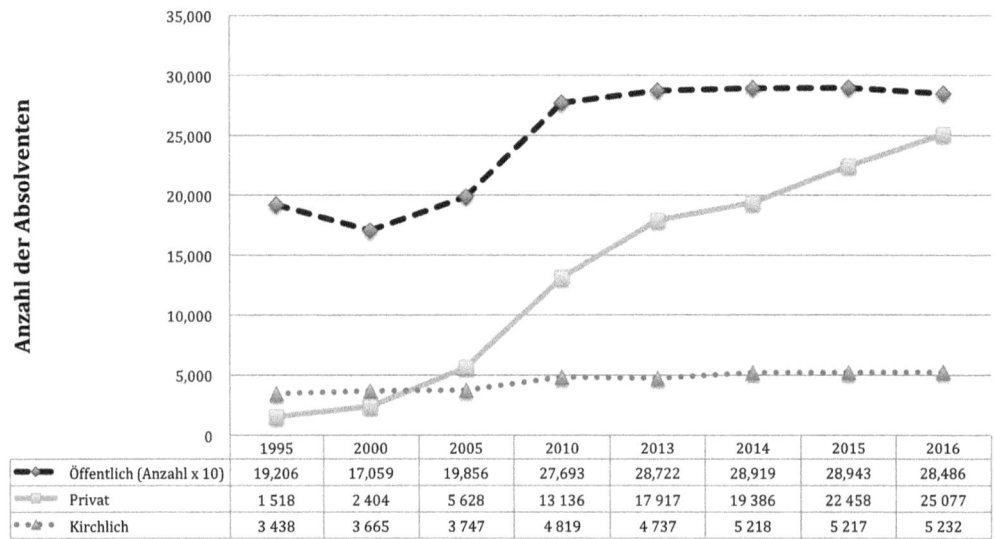

◘ **Abb. 1.4** Absolventen nach Hochschultypen in den Jahren 1995 bis 2016. Die Anzahl der Absolventen an öffentlichen Hochschulen ist der Anschaulichkeit halber als eine Zehntelfraktion der absoluten Anzahl dargestellt. (Statistisches Bundesamt 2017)

bei den privaten Hochschulen in Deutschland: Nur acht Prozent aller Studierenden an privaten Hochschulen beenden ihr Studium ohne Hochschulabschluss (Wissenschaftsrat 2012).

Daher werben viele private Hochschulen mit einer sehr guten Betreuung der Studierenden, die ein zielorientiertes und schnelles Studium ohne administrative Hürden ermöglichen soll. Fakt ist, dass die Betreuungsrelationen generell stark mit der jeweiligen Hochschulart und Fächergruppe variieren. Unterschiedliche Lehrbelastung und Forschungsintensität sowie Fächerzusammensetzung an den verschiedenen privaten Hochschulen sind Gründe für diese Entwicklung (Buschle und Haider 2016). Der Grund eines schnelleren Weges zu einem erfolgreichen Studienabschluss liegt also nicht etwa an einem rein rechnerisch besseren Betreuungsverhältnis an privaten Hochschulen. Sondern vielmehr an Lernsituationen in oft sehr kleinen Gruppen, an der wesentlich leichteren Ansprechbarkeit der Lehrenden und einer sehr praxisorientierten Serviceausrichtung auf die unterschiedlichen Bedürfnisse ihrer Studierenden.

Private Hochschulen reagieren mit ihren Studienangeboten sowohl auf den *„Megatrend der gesellschaftlichen Entwicklung hin zu einer Bildungsgesellschaft"* als auch auf *„einen zweiten gesellschaftlichen Megatrend – den der Digitalisierung"* (Ehlers 2018).

Bei der Ansprache der sehr vielfältig gewordenen Zielgruppen sind die privaten Hochschulen in Deutschland laut einer Studie von 2017 gut positioniert (Engelke et al. 2017). Denn sie bieten sowohl eine Praxisorientierung als auch eine adäquate Vorbereitung auf das Berufsleben an. Darüber hinaus kommunizieren sie klar den Mehrwert des Abschlusses im Beruf. Sie setzen sowohl auf die individuelle fachliche und überfachliche Betreuung wie auch auf individuelle Studienangebote etwa in Teilzeit oder am Wochenende. Natürlich setzen auch staatliche Hochschulen erfolgreich einzelne oder mehrere dieser Erfolgsfaktoren um. Der Schlüssel zum Erfolg liegt aber nach Ansicht dieser Studie in der Kombination aller Faktoren (Engelke et al. 2017). Private Hochschulen setzen nicht nur auf Einzelmaßnahmen, sondern bieten das komplette Paket von maßgeschneiderten Seminarangeboten bis hin zur persönlichen Studienbetreuung. Der Arbeitsmarktrelevanz des Studiums wird hohe Bedeutung beigemessen. Das Studium soll gezielt auf das Berufsleben vorbereiten, im Regelfall auf klar beschriebene Berufsbilder. Technische (digitale) Studienformate und die Organisation des Studiums richten sich flexibel nach den individuellen Bedürfnissen der Studierenden. Teilzeitstudium, berufsbegleitendes Studium und unübliche Veranstaltungszeiten werden als „Normalfall" angeboten (Engelke et al. 2017).

Ein weiteres Merkmal, mit dem die privaten Hochschulen punkten, ist ihre Durchlässigkeit für Menschen aus bildungsfernen Elternhäusern. Die Organisation für wirtschaftliche

> Private Hochschulen sind durchlässig für Menschen aus bildungsfernen Elternhäusern.

Zusammenarbeit und Entwicklung (OECD) hat 2017 ein weiteres Mal errechnet, dass alleine das (weitgehend gebührenfreie) Studium an öffentlichen Hochschulen in Deutschland keine Bildungsgerechtigkeit herstellt. Wie ◘ Abb. 1.5 verdeutlicht, lag der OECD-Durchschnitt der anderen Länder mit etwa 30 % Menschen, die aus bildungsfernen Elternhäusern kommen und dennoch einen Hochschulabschluss erworben haben in den Jahren 2012–2015 deutlich über den Zahlen in Deutschland (Becker 2017; OECD 2017). Dies bestätigt auch der Hochschul-Bildungs-Report (Stifterverband 2013, 2017), den der Stifterverband und die Unternehmensberatung McKinsey gemeinsam seit fünf Jahren herausgeben. Der Report belegt mit konkreten Zahlen, welch hohe soziale Auslese es an den öffentlichen Hochschulen in Deutschland gibt. Die Chancengerechtigkeit des deutschen Hochschulsystems hat sich in den vergangenen Jahren nur langsam verbessert. Eine Hochschulzugangsberechtigung erwerben nur etwa halb so viele Nichtakademiker- wie Akademikerkinder. Und nur acht von 100 Nichtakademikerkindern erwerben den Master gegenüber 45 Kindern aus Akademikerhaushalten. Während jedes zehnte studierte Akademikerkind dann noch promoviert, ist dies nur bei

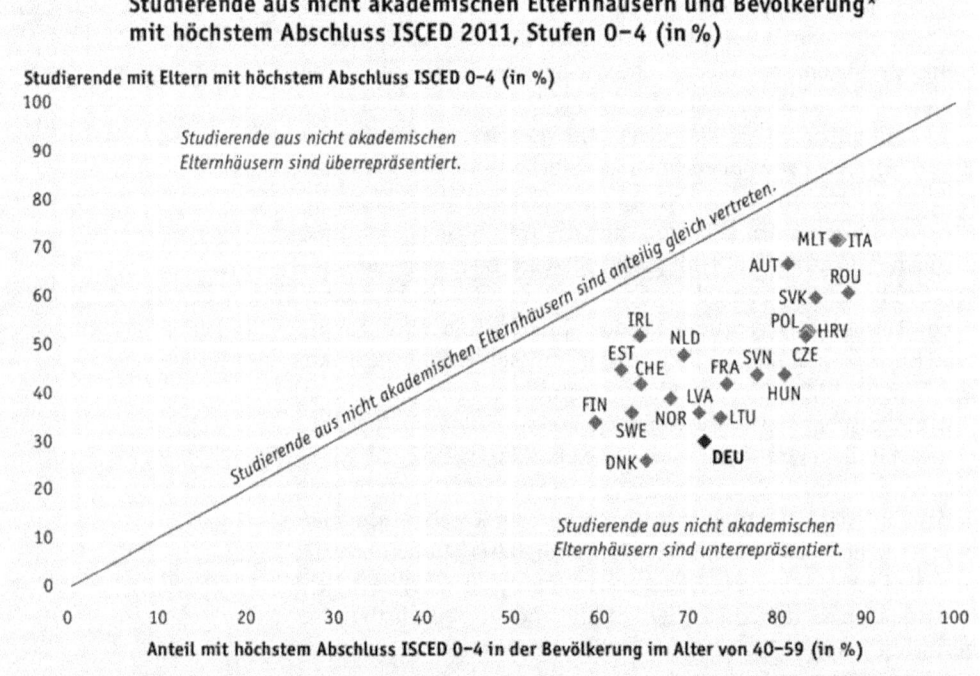

◘ **Abb. 1.5** Studierende aus nicht akademischen Elternhäusern. (Autorengruppe Bildungsberichterstattung 2016)

jedem 100. Arbeiterkind an den Universitäten der Fall (Winde und Schröder 2017). Eine Studie des Deutschen Zentrums für Hochschul- und Wissenschaftsforschung (Kracke et al. 2018) zeigt neben einer immer noch großen sozialen Selektivität beim Hochschulzugang jedoch auch, dass der Anteil der Studienanfänger aus nicht akademischem Elternhaus von etwa 19 % im Jahr 2000 auf knapp 28 % im Jahr 2016 angewachsen ist. „Weltmeister der Bildungsungleichheit" ist Deutschland – wie noch vor 15 Jahren – nicht mehr (Spiewak 2018). Die Zensuren im Abitur zeigen in Deutschland heute kaum noch eine soziale Schieflage. Der Sohn einer Professorenfamilie schafft in der Regel kein besseres Abitur als die Tochter einer Friseurfamilie. Dennoch sind die Aussichten zu studieren für die beiden höchst ungleich. Trotz vieler Fortschritte in den letzten fünfzehn Jahren ist Deutschland nicht in der Gruppe von Ländern, denen es überdurchschnittlich gut gelingt, Herkunftsunterschiede auszugleichen. Dies gelingt besonders gut in Kanada, den Niederlanden und den meisten skandinavischen Ländern (Spiewak 2018).

Umso bemerkenswerter ist es, dass in den vergangenen Jahren besonders private Hochschulen zur Erhöhung der Bildungsmobilität in Deutschland beigetragen haben. Privaten Hochschulen ist es in zunehmendem Maße gelungen, neue Zielgruppen an Hochschulbildung heranzuführen.

Diese Entwicklung steht auch im Kontext eines Beschlusses der Kultusministerkonferenz von 2009. Damit wurde der Hochschulzugang auch ohne eine allgemeine oder fachgebundene Hochschulreife erleichtert. Auf dem sogenannten „dritten Bildungsweg" ist seitdem bundesweit mit der entsprechenden Berufserfahrung ein Einstieg ins Studium möglich. Beispielsweise kann die Abschlussnote einer Meister- oder Fachwirtprüfung bei einer Bewerbung um einen Studienplatz als Entsprechung zur Abiturnote akzeptiert werden. Generell sind eine abgeschlossene Berufsausbildung sowie der Nachweis von Berufserfahrung die Voraussetzung für die Bewerbung um einen Studienplatz. Was nur Wenige wissen: Auch ein Studium in den Fächern Medizin und Pharmazie ist ohne Abitur möglich (Nickel und Schulz 2017). Etwa 8000 Studiengänge können derzeit bundesweit ohne Abitur oder Fachabitur studiert werden. Davon machen aktuell etwa 57.000 Menschen Gebrauch. Bei der Realisierung der Durchlässigkeit von akademischer und beruflicher Bildung sind die Hochschulen in privater Trägerschaft mit einem Anteil der Personen ohne schulische Hochschulzugangsberechtigung von 7,8 % an den Studienanfängern, 7,4 % an den Studierenden und 5,4 % an den Absolventen wesentlich erfolgreicher als die öffentlichen Hochschulen (Nickel und Schulz 2017). Mehr als die Hälfte aller Studienanfänger ohne Abitur entscheidet sich übrigens für ein Fach aus den Rechts-, Wirtschafts- und Sozialwissenschaften. Das sind die Fächer, die

> Etwa 8000 Studiengänge können ohne (Fach-)Abitur studiert werden.

verstärkt gerade von privaten Hochschulen angeboten werden (◘ Abb. 1.6). Im Gegensatz dazu kommt die Durchlässigkeit für Bewerber aus dem berufsbildenden System bei öffentlichen Hochschulen nur langsam voran. Der Praxis- und Berufsbezug vieler Studiengänge ist oft immer noch unzureichend, ebenso wie Angebote zum weiterbildenden Studium noch selten sind (Konegen-Grenier 2017). Viele Hochschullehrende fragen sich, ob die Öffnung der Hochschulbildung (ohne Abitur) zu einer Absenkung der Qualität des Studiums oder zu einem höheren Arbeitsaufwand bei der Betreuung der neuen Zielgruppen führt.

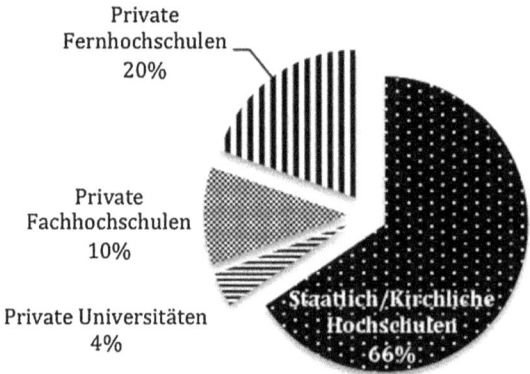

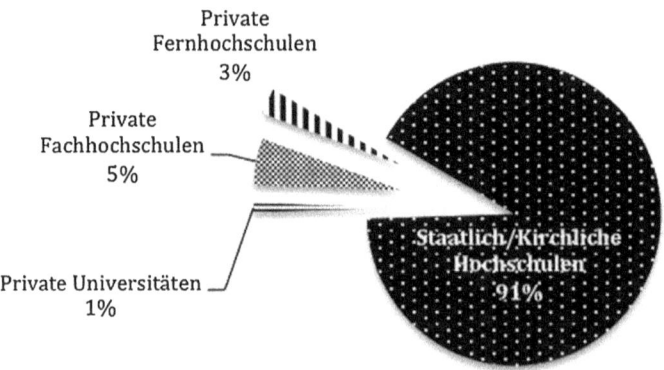

◘ **Abb. 1.6** Studienanfänger 2014. Abbildung „A" zeigt die Studienanfänger des dritten Bildungswegs und Abbildung „B" im Vergleich dazu die Gesamtzahl der Studienanfänger. (Autorengruppe Bildungsberichterstattung 2016)

Die Veränderung der Studienstruktur geschieht daher in Deutschland vor dem Hintergrund kontroverser Diskussionen (Buß et al. 2018).

Im Gegensatz zu den staatlichen Hochschulen haben die privaten Hochschulen Teilzeit- und Weiterbildungsstudienangebote als mögliche Profilierungsstrategie für sich angenommen.

Damit erzeugen sie überregionale Nachfrage und sehen die Flexibilisierung der Studienangebote auch als einen Weg an, auf die zunehmend unterschiedlichen Interessen der Studierenden zu reagieren. Neben der formalen Bereitstellung entsprechender Studiengänge stellen die privaten Hochschulen Service und Informationsangebote zu Studiengängen in Teilzeit zur Verfügung und können mittlerweile von einer deutlich stärkeren Nachfrage profitieren (Lah et al. 2016).

1.3 Education to go

Diese Offenheit mit Blick auf eine Flexibilisierung der Studienangebote gilt für private Hochschulen auch in Bezug auf die Nutzung digitaler Medien in der Lehre. Zu beobachten ist, dass viele der privaten Hochschulen beispielsweise Onlineprogramme in Fernstudium-Formaten (Distance Learning) anbieten. Integrale didaktische Bestandteile sind dabei Lernmanagementsysteme und digitale Lernmaterialien. Sogenannte „Studycoaches" unterstützen dabei als Teil des individuellen Betreuungskonzepts privater Hochschulen die Studierenden beim Onlinelernen. Diese Coaches stehen für allgemeine, organisatorisch-administrative, vertragliche und lernmethodische Fragestellungen telefonisch oder online zur Verfügung und stellen damit eine zentrale Unterstützung für die Studierenden im Onlineformat dar. Für fachliche Belange stehen die Lehrenden zur Verfügung. Durch Betreuungskonzepte dieser Art wird von privaten Hochschulen versucht, die vielfältigen didaktischen Möglichkeiten digitaler Lehre sowohl in Mischformen als auch in der Präsenzlehre zu nutzen. Mit dem Ziel, einerseits die Motivation der Studierenden zu steigern, die die digitalen Formate nutzen, und andererseits deren Studienerfolge zu sichern. Denn private Hochschulen haben vielerorts realisiert, dass Digitalisierung nicht etwa ein neues Problem darstellt. Sie verstehen digitale Lehre vielmehr als ein nützliches Instrument, welches eingesetzt werden kann, um beispielsweise personalisiertes Lernen, die individuelle Betreuung von Studierenden und die Erschließung neuer Zielgruppen zu verbessern. Denn es ist klar: Digitale Medien und digitale Kommunikation haben unsere Lebenswelten völlig durchdrungen. Der digitale Wandel hat auch das Lernen wie kaum eine gesellschaftliche Entwicklung zuvor verändert. Denn die fast allgegenwärtige Computerisierung, Digitalisierung

> Private Hochschulen sehen Digitalisierung als Instrument, personalisiertes Lernen zu optimieren.

und das Internet zeigen radikale Konsequenzen für Politik, Wirtschaft und Technik; aber ganz besonders für nahezu jede Form des sozialen Miteinanders. Der Zukunftsforscher Daniel Dettling spricht daher von der digitalen Revolution, die im Kern eine soziale sei. Seiner Einschätzung nach hängt ein kluger Umgang mit der Dynamik des Digitalen daher weniger *„von Bytes denn von Beziehungen ab"* (Zukunftsinstitut 2018).

Sicher ist, dass über alle Branchen hinweg in den kommenden Jahren der digitale Wandel auch die Geschäftsprozesse von Unternehmen völlig verändern wird. Dennoch fehlt es flächendeckend sowohl an neuen Inhalten der Qualifizierung als auch am Einsatz effizienter Vermittlungsformen von Aus- und Weiterbildung. Wenn lebenslanges Lernen aber zu einer zentralen Voraussetzung für den Erfolg von Unternehmen und die Beschäftigungsfähigkeit (Employability) von Mitarbeitern geworden ist, müssen die Institutionen, die sich in der Weiterbildung engagieren, mit neuen Inhalten und neuen Vermittlungsformen reagieren. In der Konsequenz wird es darum gehen, sich als Hochschule in der Aus- und Weiterbildung mehr an übergreifenden Kompetenzen und weniger an passgenauen Qualifikationen zu orientieren.

> » Akademisches Studium wird zukünftig nicht ausschließlich mit dem Ziel eines Abschlusses durchgeführt werden. Vielmehr wird der Bedarf an akademischer Weiterbildung steigen, an phasenweise verfügbarer akademischer Vertiefung von beruflich relevanten Themen (Ehlers 2018).

Nach Auffassung der Rektorin der öffentlichen Fernuniversität in Hagen, Ada Pellert, wird sich dabei die Rolle der Hochschulen in diesem Prozess grundlegend verändern müssen.

> » Neben der Zertifizierung als zentraler Kompetenz wird die Institution als Begleiterin, Beraterin in einer diversen Bildungslandschaft und als Partnerin des lebenslangen Lernens gefragt sein. Reputation erhält die Einrichtung auch dadurch, wie qualitätsgesichert sie diese Rolle einnimmt (Pellert 2018).

Aus Sicht von Industrie und Handel geht es darum, Studierende und Berufstätige gut auf die Anforderungen einer digitalisierten Arbeitswelt vorzubereiten und sie zu befähigen, mit technologischen Neuerungen Schritt zu halten. Denn längst hat die Digitalisierung auch technikferne und zunehmend auch akademische Berufe verändert. Experten erwarten die Veränderung vieler Berufsbilder durch digitale Unterstützung. Sie gehen davon aus, dass Akademiker mehr und tiefer gehende

1.3 · Education to go

digitale Kompetenzen als bisher benötigen, beispielsweise in der Auswertung von Statistiken oder in der digitalen Analyse und Beurteilung großer Datenmengen. Unternehmen fordern derzeit zunehmend den Nachweis solcher Kompetenzen in den Lebensläufen ihrer Bewerber.

Deutsche Hochschulen haben aber laut einer aktuellen Studie der Bertelsmann Stiftung noch keinen flächendeckend guten Standard digitaler Hochschullehre erreicht (Schmidt et al. 2017). Echte Hindernisse stellen derzeit noch inadäquate rechtliche Regelungen beispielsweise hinsichtlich des Urheberrechts oder die mangelnde Anerkennung digitaler Lehre im Rahmen des Lehrdeputats dar. Ebenso bedarf es der Qualifizierung und didaktischen Beratung der Lehrenden. Denn die Ansprüche von Lehrenden und Studierenden an die digitale Lehre stellen sich laut dieser Studie durchaus widersprüchlich dar. Studierende wünschen sich einen Methodenmix aus multimedialen Formaten. Lehrende lehnen dies eher ab. Sie nutzen MOOCs (massive open online courses) zwar für die eigene Vorbereitung, setzen sie jedoch in der regulären Lehre kaum ein. Die Studie sieht jedoch in der zukünftigen Verankerung digitaler Elemente großes Potenzial dafür, die klassische Präsenzlehre ebenso wie die Qualität des gesamten Lehrangebots an deutschen Hochschulen zu verbessern (Schmidt et al. 2017). Die Integration digitaler Technologien in die Lehre für die Hochschulen wird daher eine zentrale Aufgabe der nächsten Jahre sein. Denn der Wandel hin zu einem digitalen, flexiblen und optimal berufsvorbereitenden Hochschulsystem ist in Deutschland noch nicht geschafft (Winde und Schröder 2017).

> Der Qualität digitaler Hochschullehre ist an deutschen Hochschulen noch stark entwicklungsfähig.

In der Lehre und in der akademischen Weiterbildung wird es künftig daher um wesentlich mehr als nur den Erwerb von Medienkompetenzen oder technologisch getriebenen Lehrinnovationen gehen. Gefragt sind vielmehr neue Angebote, um das Lernen aktiver und individueller zu machen. Darauf haben private Weiterbildungsanbieter auch in Deutschland in den letzten Jahren bereits reagiert. Große Verlagsgruppen wie Bertelsmann, Holtzbrinck, Klett und andere stärken ihr Kerngeschäft (Print und Medien) längst durch (digitale) Angebote und durch den Auf- und Ausbau von Lehr- und Lernplattformen im Bereich der beruflichen und akademischen Weiterbildung sowie deren gezielter Internationalisierung. Die Medienkonzerne sind in den letzten Jahren verstärkt mit Angeboten zum lebenslangen Lernen auf den deutschen und internationalen Markt gegangen. Lehrinhalte sind dabei oft direkt auf Arbeitgeberbedürfnisse abgestimmt. Es werden Zertifikatskurse oder sogenannte Nanodegrees ohne Einbindung in einen Studiengang angeboten. Den Marketing-Fantasien bezüglich der Produktnamen sind hierbei keine Grenzen gesetzt.

> Tertiäre Lernangebote müssen interaktiver und individueller werden.

Die Bertelsmann Education Group organisiert von New York aus die internationalen Bildungsaktivitäten der Bertelsmann SE & Co. KGaA. Wenn auch der Hauptumsatz der Gruppe derzeit noch mit Weiterbildungsangeboten in den USA erwirtschaftet wird, wird bereits stark nach Europa, Brasilien und Indien expandiert. Den Kern der Bildungsaktivitäten der Bertelsmann Education Group bilden die Angebote der Weiterbildungsanbieter Relias Learning und Udacity sowie des Online-Bildungsdienstleisters HotChalk.

Udacity ist ein von einem ehemaligen Standford-Professor 2011 gegründetes Unternehmen im Silicon Valley und bietet gemeinsam mit Technologiekonzernen wie Google, Facebook oder Amazon und vielen anderen Unternehmen im Technologiesektor Online-Weiterbildungskurse an. Durch den Erwerb fachspezifischer Zertifikate (Nanodegrees) können sich Lernende zielgerichtet in Berufsfeldern im Technologiebereich weiterbilden. Am Ende der sechs- bis neunmonatigen Kurse, die berufsbegleitend absolviert werden können, steht ein Test. Die Plattform- und Lehrsprache ist englisch. Udacity gibt es inzwischen auch in Deutschland und weiteren europäischen Länder sowie in Brasilien und Indien. Der typische Kunde ist – laut Firmengründer Sebastian Thrun – 25 Jahre alt oder älter und hat schon mindestens eine akademische Ausbildung hinter sich.

> Der Durschnittsamerikaner durchläuft heute schon sieben verschiedene Karrieren in seinem Leben. Die Zukunft wird ein lebenslanges Lernen bringen. Hier füllt Udacity eine Lücke, auch wenn wir uns jetzt zunächst auf den Technologiesektor spezialisiert haben (Zacharakis 2018).

Kunden von Udacity sind jedoch nicht nur der einzelne Lernende, sondern auch Unternehmen und Konzerne, die sich Weiterbildungsangebote für ihre Angestellten maßgeschneidert einkaufen.

Mit dem Online-Bildungsdienstleister HotChalk in den USA bietet die Bertelsmann Education Group Universitäten Dienstleistungen beim Betrieb von Onlinestudiengängen an. Das Unternehmen erstellt Lehrinhalte gemeinsam mit den Universitäten und hilft bei der Vermarktung der Studienangebote der jeweiligen Universitäten sowie der Gewinnung von Studierenden.

Die Chancen digitaler Lehrformate für die Öffnung einer unterschiedlicher werdenden Studierendenschaft – auch in der akademischen Weiterbildung – werden sowohl von öffentlichen Fachhochschulen wie beispielsweise dem Hochschulverbund Virtuelle Fachhochschule (VFH), einem länderübergreifenden Hochschulverbund, der gemeinsame Onlinestudienangebote über das Internet anbietet, als auch von einigen privaten Hochschulen in Deutschland bereits angeboten. Fragen der

Anerkennung und Anrechnung mithilfe digitaler Formate erworbener Kenntnisse werden gleichzeitig weiterentwickelt.

Mit der SPIEGEL AKADEMIE bietet seit Anfang 2018 die SPIEGEL Gruppe in einer Kooperation zwischen ihrer Nachrichtenseite SPIEGEL ONLINE und der SRH Fernhochschule ebenfalls Weiterbildungskurse an. Dabei handelt es sich um Zertifikatskurse für Berufstätige, die sich auf akademischem Niveau in sechs Monaten mit einem staatlich zugelassenen Kurs für die digitale Arbeitswelt weiter qualifizieren möchten. Genutzt wird das mobile Studienkonzept der SRH Fernhochschule. Für die Studierenden ist E-Learning fester Bestandteil der Weiterbildung. Themenschwerpunkte richten sich derzeit darauf aus, wie bestehende Geschäftsmodelle für die Digitalisierung angepasst, neue digitale Geschäftsideen entwickelt und Unternehmensstrukturen effektiv erneuert werden können. Die Kurse sind staatlich zugelassen und der Teilnehmende bekommt im Erfolgsfall ECTS-Punkte. Diese können auf ein späteres Studium angerechnet werden.

Mit der Unterstützung eines Bund-Länder-Programms werden darüber hinaus von einigen deutschen öffentlichen Hochschulen neue Angebote für das lebenslange Lernen entwickelt. Auch dort entstehen vermehrt Zertifikatskurse ohne Einbindung in einen Studiengang sowie „Certificate of Advanced Studies" (CAS) oder „Diploma of Advanced Studies" (DAS) (Nickel et al. 2018).

Die deutsche Politik fördert und schafft seit geraumer Zeit notwendige Rahmenbedingungen, um Studienangebote und Lehrformate von Hochschulen in Deutschland ins digitale Zeitalter zu überführen. Das mit weitgehend öffentlichen Mitteln finanzierte „Hochschulforum Digitalisierung" ist beispielsweise ein eigens geschaffenes Forum zur Diskussion über die Digitalisierung von Hochschulen und Hochschullehre (Hochschulforum Digitalisierung 2016).

Hochschuldidaktiker sehen die klare Notwendigkeit, dass sich die Hochschullehre der Zukunft weg von einem konsumierenden Lernen hin zu einem aktiven, kreierenden und auch forschenden Lernen entwickelt (Lah et al. 2016). Und auch hier gilt: Die privaten Hochschulen können als Experimentier- und Innovationsfeld dienen und Entwicklungen anstoßen, die Modellcharakter haben können.

Eines dieser Experimente stellt derzeit die 2017 in Berlin gegründete, private Code University dar. Die staatlich anerkannte Fachhochschule für Programmierer bietet derzeit drei Bachelor-Studiengänge zur digitalen Produktentwicklung an. Dafür hat der Hochschulgründer Thomas Bachem, ein Unternehmer neuen Typs, ein deutscher *„Edupreneur",* etwa fünf Millionen Euro Startkapital bei Technologiefirmen eingesammelt. Zentrales Ziel sind Kompetenzorientierung und projektbasiertes

Lernen in interdisziplinären Teams sowie das Arbeiten an realen Projekten mit Partnerunternehmen. Eine Hochschule für „digitale Pioniere". Laut Bachem ein Gegenentwurf zum Informatikstudium an öffentlichen Hochschulen, das etwa 40 % der Studierenden ohne Abschluss abbrechen. Und: Alle Studierenden sollen auch über die gesellschaftlichen Auswirkungen ihrer Arbeit nachdenken. Angeboten werden daher zusätzliche Kurse in Geschichte und Philosophie, um „humanistische Bildung" in die neuen technologisch orientierten Ausbildungsgänge zu bringen (siehe auch Kapitel sechs).

1.4 Global Education Made in Germany

> Digitale Methoden werden weder in der Lehre noch bei der Internationalisierung an deutschen Hochschulen flächendeckend eingesetzt.

Eine strategische Verbindung der Themen Internationalisierung und Digitalisierung ist derzeit erst an nur wenigen deutschen Hochschulen zu beobachten. Lediglich eine geringe Zahl von Hochschulen zieht derzeit schon eine Verbindung zwischen Internationalisierung und digitalen Medien bzw. Digitalisierung in Bezug auf Marketing, Rekrutierung von internationalen Studierenden und Wissenschaftlern oder im Kontext der Verbesserung der internationalen Sichtbarkeit einer Hochschule. Vor dem Hintergrund des internationalen Vergleichs, zum Beispiel mit Australien oder den USA, wird deutlich, dass für Hochschulen in Deutschland noch ein erhebliches Entwicklungspotenzial im Hinblick auf die Nutzung digitaler Medien nicht nur zur Verbesserung der Lehre, sondern eben auch zum Ausbau ihrer Internationalisierung und zur Erschließung internationaler Zielgruppen besteht (Zawacki-Richter und Bedenlier 2015).

Dies ist besonders mit Blick auf den weiter wachsenden akademischen Ausbildungsbedarf außerhalb Deutschlands bemerkenswert. Weltweit gibt es derzeit etwa 200 Mio. Studierende an etwa 22.000 Hochschulen. Und die Nachfrage nach akademischer Bildung ist weiter steigend: Insbesondere in Ländern wie Brasilien, Chile, China, Ägypten und Indien. Auch auf dem internationalen Markt hat einhergehend mit enorm gestiegenen Studierendenzahlen und wachsender Mobilität zwischen den Bildungssystemen die Verschiedenheit der Studierenden zugenommen. Dies aufgrund vielfältiger gewordener Hintergründe in Bezug auf unterschiedliche Bildungsstandards, andere kulturelle Orientierungen und stark differierender wirtschaftlicher Ressourcen.

> Die Bildungsbeteiligung wächst weltweit.

Laut einer Studie des Boston College Center for International Higher Education von 2017 geht mit der wachsenden Akademisierung weltweit ein stetiges Anwachsen von Institutionen im tertiären Bildungssektor einher (Altbach et al. 2017). Doch ist nicht nur deren Anzahl sondern auch die Vielfalt der Anbieter

1.4 · Global Education Made in Germany

von akademischer Bildung gewachsen. Die Autoren beobachten, dass viele der neu entstandenen akademischen Institutionen private und zwar gewinnorientierte private Einrichtungen sind. Der Bologna-Prozess hat weltweit zu einer stärkeren Ausdifferenzierung zwischen einerseits öffentlichen und privaten Hochschulen und andererseits innerhalb der privaten wiederum zwischen „profit" und „non-profit" ausgerichteten Hochschulen beigetragen. In Deutschland, Frankreich und in Großbritannien ist der private Sektor zwar prozentual noch relativ klein, hat jedoch ständig steigende Wachstumsraten zu verzeichnen. In Japan und den USA, mit einer längeren Tradition in privater, nicht gewinnorientierter Bildung, wachsen die „profit"-orientierten Studienangebote ebenfalls. Wie für Deutschland, Frankreich und Großbritannien gilt jedoch auch für diese Länder, dass trotz gewachsener privater gewinnorientierter Angebote der öffentliche und nicht gewinnorientierte Sektor die Studienangebote weiterhin dominiert. Während in Russland, China und Indien eine deutlich stärkere Verschiebung hinzu „profit"-orientierten Studienangeboten zu verzeichnen ist (Altbach et al. 2017).

Das Studium an Hochschulen ist jedoch in fast allen Ländern der Erde kostenpflichtig. Unabhängig davon, ob es sich um private oder staatliche Hochschulen handelt. In nur wenigen Ländern gilt das Prinzip der Sozialisierung von Kosten für tertiäre Bildung. Das meint, dass die Kosten für Hochschulbildung ausschließlich von der Allgemeinheit getragen werden bzw. von den Bürgern eines Landes – also dessen Steuerzahlern. Zu dieser Gruppe von Ländern zählen neben Deutschland Norwegen, Belgien, Österreich, Dänemark, Finnland und Schweden. (Einige der Länder verlangen allerdings eine kleine Verwaltungsgebühr, die aber kaum erwähnenswert ist.)

> Ein Studium ist in fast allen Ländern der Erde kostenpflichtig.

Bei der Betrachtung der Liste der zehn preiswertesten Studienländer im internationalen Vergleich fällt jedoch auf, dass die Kosten für ein Studium an privaten Hochschulen in Deutschland niedriger sind als in fast allen westlichen Ländern. Sie liegen im Mittelfeld zwischen den Studienkosten der zehn preiswertesten und der zehn teuersten Länder (Tab. 1.1).

An öffentlichen Hochschulen ist das Studium durch das Entfallen von Studiengebühren noch preiswerter für die Studierenden und macht Deutschland damit zu einem der günstigsten Länder für ein hochwertiges Studium.

> Ein Studium an privaten Hochschulen in Deutschland ist im internationalen Vergleich relativ günstig.

Länder wie Australien, Kanada, Neuseeland oder Großbritannien weisen erheblich höhere Kosten für Lebenshaltung und Studiengebühren aus. Wie Tab. 1.2 im Vergleich zu den Daten in Tab. 1.1 verdeutlicht, liegen die Gesamtkosten für ein Studium in diesen Ländern bis zu viermal höher als in Deutschland. Diese Länder ziehen jedoch gleichzeitig wesentlich mehr ausländische Studierende an.

Tab. 1.1 Die zehn preiswertesten Länder für ein Hochschulstudium. Die Werte stellen Durchschnittswerte pro Jahr dar und wurden in Euro konvertiert auf Datenbasis von Times-Higher-Education-Erhebungen (THE 2016)

Rang	Land	Studiengebühren	Lebenshaltungskosten	Gesamt
1a	Deutschland[a]	€ 385,00	€ 7416,00	€ 7801,00
1b	Deutschland[b]	€ 6410,00	€ 7416,00	€ 13.826,00
2	Schweden[a]	€ 15,00	€ 7794,00	€ 7809,00
3	Südafrika	€ 4070,00	€ 4020,00	€ 8090,00
4	Finnland[a]	€ 102,00	€ 8414,00	€ 8516,00
5	Taiwan	€ 2908,00	€ 5829,00	€8737,00
6	Dänemark	€ –	€ 9540,00	€ 9540,00
7	Österreich	€ 757,00	€ 8908,00	€ 9665,00
8	Belgien	€ 863,00	€ 9139,00	€ 10.002,00
9	Russland	€ 5432,00	€ 5387,00	€ 10.819,00
10	Norwegen[a]	€ 128,00	€ 10.714,00	€10.842,00

[a]Es wird eine Verwaltungsgebühr, aber keine Studiengebühr erhoben. Seit WS 2017/18 werden in Baden-Württemberg für nicht EU-Ausländer 3000 EUR pro Jahr Studiengebühr erhoben
[b]Durchschnittliche Studiengebühr privater Hochschulen pro Jahr in Deutschland

Tab. 1.2 Die zehn teuersten Länder für ein Hochschulstudium. Die Werte stellen Durschnittwerte pro Jahr dar und wurden in Euro konvertiert auf Datenbasis von Times-Higher-Education-Erhebungen (THE 2016)

Rang	Land	Studiengebühren	Lebenshaltungskosten	Gesamt
1	USA	€ 36.439,00	€ 16.770,00	€ 53.209,00
2	Australia	€ 21.670,00	€ 14.733,00	€ 36.403,00
3	New Zealand	€ 19.690,00	€ 13.979,00	€ 33.669,00
4	Canada	€ 18.317,00	€ 9626,00	€ 27.943,00
5	Hong Kong	€ 14.700,00	€ 7377,00	€ 22.077,00
6	United Kingdom	€ 10.472,00	€ 10.750,00	€ 21.222,00
7	Singapore	€ 13.835,00	€ 6748,00	€ 20.583,00
8	Israel	€ 2975,00	€ 16.221,00	€ 19.196,00
9	Switzerland	€ 1341,00	€ 17.228,00	€ 18.569,00
10	Japan	€ 7115,00	€ 9735,00	€ 16.850,00

1.4 · Global Education Made in Germany

In den Jahren 1999 bis 2017 sind die Zahlen der ausländischen Studierenden in Deutschland von nur neun auf dreizehn Prozent gestiegen (Statistik-Portal 2018). Einen hohen Anteil daran haben Studierende aus China, Indien, der Türkei und Russland. Deutschland hat damit unter den wichtigsten Studienländern der Welt einen eher geringen Anteil an ausländischen Studenten (◘ Abb. 1.7). Nur die USA haben prozentual betrachtet weniger ausländische Studierende. Dennoch ist die absolute Anzahl ausländischer Studierender in den USA mit 1,08 Mio. relativ hoch. Diese Zahl ist jedoch seit Anfang 2017 um drei Prozent gesunken (Saul 2017).

Um ein Studium in Deutschland mit einer ausländischen Hochschulreife beginnen zu können, muss oft zuvor ein Studienkolleg besucht werden. Die Cologne Business School (CBS) vereinfacht beispielsweise den Einstieg für solche zukünftigen Studierenden. Sie bietet ein englischsprachiges Studienkolleg unter dem Namen Prep4University an. Solch ein Angebot in Kombination mit einem auf die Bedürfnisse der Studierenden ausgerichteten Lehrangebot mit engem Praxisbezug kann zur weiteren Steigerung der Anzahl außereuropäischer Studierender führen.

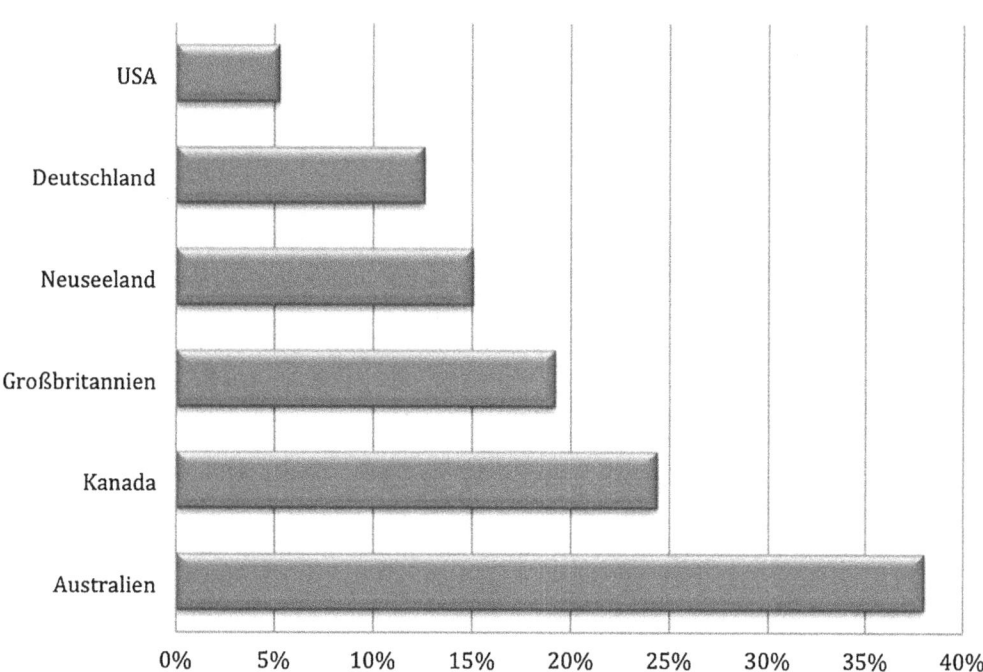

◘ Abb. 1.7 Anzahl ausländischer Studierender als Anteil der Gesamtzahl der Studierenden im jeweiligen Land. Die Daten basieren auf den jeweiligen Angaben der Länder im Internet. (Australian Education International 2016; Altbach et al. 2017; ICEF 2017; NCES 2017; Statistik-Portal 2018; UK Council for International Student Affairs 2018)

Es gibt viele Möglichkeiten, den Nutzen und die Qualität von Ausbildung zu beurteilen (Schubert et al. 2012). Um Hochschulen auf internationaler Ebene vergleichen zu können, gibt es eine Reihe von Ranking-Agenturen wie das Handelsblatt Ranking, QS World University Rankings, Times Higher Education World University Rankings, CHE University Ranking und andere. Da die Kriterien für die Bewertungen (Evaluationen) jeweils unterschiedlich sind, ergeben sich auch abweichende Einstufungen der jeweiligen Hochschulen in den verschiedenen Rankings. Die generellen Trends bleiben jedoch meist vergleichbar.

Einige private Hochschulen werben auch mit dem langfristigen Erfolg ihrer Absolventen (Alumni) oder sogar mit dem prozentualen Anteil der Absolventen, die kurzfristig nach ihrem Abschluss einen passenden Job gefunden haben. Damit sich ein Studium bezahlt macht, ist dieser Aspekt besonders wichtig. Er wird daher bei den arbeitsmarktorientierten Studienangeboten privater Hochschulen in Deutschland als wichtiger Indikator für die Qualität eines Abschlusses angesehen.

Ob die durch Fertigprodukte und Dienstleistungen erbrachte Wirtschaftsleistung eines Landes auch als Indikator für einen hohen Ausbildungsstand der Beschäftigten betrachtet werden kann, ist sicher nicht eindeutig zu beantworten. Jedoch lässt die bereits über Jahre hinweg hervorragende Wirtschaftsleistung in diesem Bereich wohl den Schluss zu, dass das Bildungssystem in Deutschland zur hohen Wirtschaftskraft des Landes beiträgt.

Die privaten Hochschulen werden auch in Zukunft das Studienangebot in Deutschland erweitern. Bei privat finanzierten Hochschulen stehen der Dienstleistungsgedanke und die Nutzerfreundlichkeit auf allen Ebenen im Vordergrund. Hochschulen als Bildungsdienstleister zu betrachten und damit mehr die individuellen Bedürfnisse der Studierenden, aber auch der Wirtschaft zu berücksichtigen, findet allmählich breitere Akzeptanz. Hier bieten vor allem auch die vielfältigen digitalen Möglichkeiten des Fernstudiums in seiner „Blended-Learning"-Variante (siehe Kapitel zwei) in Zukunft viel Potenzial, um den Studienstandort Deutschland noch attraktiver für internationale Studierende zu machen. Attraktive Studienformate kombiniert mit entsprechenden Serviceangeboten, inhaltlich und logistisch optimierte Lehrangebote in Deutsch und Englisch, international und interkulturell ausgerichtete Hochschulen, arbeitsmarktorientierte Studiengänge sowie die weltweit geschätzte Ausbildungsqualität in Deutschland werden es in Zukunft ermöglichen, auch mehr europäische und außereuropäische Studierende für ein Studium in Deutschland zu gewinnen. „Education Made in Germany" kann zu einer gefragten Marke weiterentwickelt werden.

Literatur

Altbach, Philip G., Liz Reisberg, und Hans de Wit. 2017. *Responding to massification – Differentiation in postsecondary education worldwide*. Hamburg: Hamburg Transnational University Leaders Council, Boston College, Körber Stiftung.

Australian Education International. 2016. International student data.

Autorengruppe Bildungsberichterstattung. 2016. *Bildung in Deutschland 2016 (Education in Germany 2016)*, Hrsg. Kai Maaz, Martin Baethge, Pia Brugger, Hans-Peter Füssel, Heinz-Werner Hetmeier, Thomas Rauschenbach, Ulrike Rockmann, Susan Seeber, und Andrä Wolter. Bielefeld: W. Bertelsmann. ▶ https://doi.org/10.3278/6001820ew.

Becker, Rolf. 2017. Entstehung und Reproduktion dauerhafter Bildungsungleichheiten. In *Lehrbuch der Bildungssoziologie*, Hrsg. Rolf Becker, 3. aktuali, 89–150. Wiesbaden: Springer VS.

Beckmann, Ralf, und Susanne Lindner. 2017. *Blickpunkt Arbeitsmarkt – Akademikerinnen und Akademiker*. Nürnberg: Bundesagentur für Arbeit.

Bundesverband Deutscher Stiftungen. 2016. *Fakten und Trends zu Stiftungsaktivitäten in Forschung und Lehre*. Berlin.

Buschle, Nicole und Carsten Haider. 2016. *Private Hochschulen in Deutschland*. Wiesbaden: Statistisches Bundesamt WISTA.

Buß, Imke, Philipp Pohlenz, Manfred Erbsland, und Peter Rahn. 2018. Eine Einführung in die Öffnung von Hochschulen: Impulse zur Weiterentwicklung von Studienangeboten. In *Öffnung der Hochschulen*, Hrsg. Imke Buß, Manfred Erbsland, Peter Rahn, und Philipp Pohlenz, 11–29. Heidelberg: Springer VS.

DIHK. 2018. *Hochschulpolitische Leitlinien*. Berlin: Positionspapier.

Dräger, Jörg, und Frank Ziegele. 2014. *Hochschulbildung wird zum Normalfall. Ein gesellschaftlicher Wandel und seine Folgen*. Gütersloh: CHE Centrum für Hochschulentwicklung.

Dräger, Jörg, und Frank Ziegele. 2015. *Hochschulbildung wird zum Normalfall – Ein gesellschaftlicher Wandel und seine Folgen; Datenupdate 2015*. Gütersloh: CHE Centrum für Hochschulentwicklung.

Ehlers, Ulf-Daniel. 2018. Die Hochschule der Zukunft: Versuch einer Skizze. In *Hochschule der Zukunft*, Hrsg. Ulrich Dittler und Christian Kreidl, 81–100. Wiesbaden: Springer VS.

Engelke, Jens, Ulrich Müller, und Ronny Röwert. 2017. Erfolgsgeheimnisse privater Hochschulen. Im Blickpunkt. ▶ https://doi.org/978-3-941927-79-7.

Flink, Tim, Jan-Christoph Rogge, Simon Roßmann, und Dagmar Simon. 2012. *Angleichung statt Vielfalt: Deutsche Universitäten auf der Suche nach Profil*, Nr. 22. Berlin: WZBrief Bildung.

Hachmeister, Cort-Denis. 2017a. *Die Vielfalt der Studiengänge*. Gütersloh: CHE gemeinnütziges Centrum für Hochschulentwicklung.

Hachmeister, Cort-Denis. 2017b. 19.000 Studiengänge: Vielfalt oder Wildwuchs? *WISU-Magazin* 12: 1293–1294.

Heublein, Ulrich, Johanna Richter, Robert Schmelzer, und Dieter Sommer. 2014. Die Entwicklung der Studienabbruchquoten an den deutschen Hochschulen – Statistische Berechnungen auf der Basis des Absolventenjahrgangs 2012. *Forum Hochschule* 4: 26.

Himmelrath, Armin. 2015. Das Geheimnis der privaten Hochschulen. *DSW Journal* 2: 13–15.

Himmelrath, Armin. 2018. Hauptsache billig. *SpiegelOnline*.

Hochschulforum Digitalisierung. 2016. *The Digital Turn Hochschulbildung im Digitalen Zeitalter*. Hochschulforum Digitalisierung. Berlin. ▶ https://doi.org/10.1080/13688804.2012.752963

Hochschulrektorenkonferenz. 2017. *Hochschulen in Zahlen*. Bonn.

Hochschulrektorenkonferenz. 2018. *Grundlegende Fehleinschätzung*. 18.04.2018 Bonn.

Hofman, Silvia, und Maik König. 2017. *AusbildungPlus – Duales Studium in Zahlen 2016*. Bonn: Bundesinstitut für Berufsbildung (BiBB).

Hüning, Lars, Lisa Mordhorst, Ronny Röwert, und Frank Ziegele. 2017. *Hochschulbildung wird zum Normalfall – Auch in räumlicher Hinsicht?* Gütersloh: CHE Centrum für Hochschulentwicklung.

ICEF. 2017. Canada's international student enrolment surged in 2016.

Isleib, Sören. 2017. *Studienabbruch: Umfang, Ursachen, Perspektiven*. Hannover: DZHW.

Konegen-Grenier, Christiane. 2017. *Handlungsempfehlungen für die Hochschule der Zukunft*. Köln: Institut der deutschen Wirtschaft.

Konegen-Grenier, Christiane, und Mathias Winde. 2013. *Bildungsinvestitionen der Wirtschaft 2012*. Essen: Ed. Stifterverband.

Kracke, Nancy, Daniel Buck, und Elke Middendorff. 2018. Beteiligung an Hochschulbildung. *DZHW Brief*: 1–8.

Lah, Wencke, Ronny Röwert, und Christian Berthold. 2016. *Das Teilzeit-Studium an deutschen Hochschulen – Wo stehen wir und was ist möglich?*, Nr. 188. Gütersloh: CHE gemeinnütziges Centrum für Hochschulentwicklung.

NCES. 2017. Fast facts. NCES.

Nickel, Sigrun, und Nicole Schulz. 2017. *Update 2017: Studieren ohne Abitur in Deutschland (Update 2017: Studying without Abitur in Germany) – Überblick über aktuelle Entwicklungen*, Nr. 195. Gütersloh: CHE Centrum für Hochschulentwicklung.

Nickel, Sigrun, Nicole Schulz, und Anna-Lena Thiele. 2018. *Übersicht der implementierten Angebote aus den Förderprojekten 2011–2017*. Hagen, Oldenburg, Dortmund, Gütersloh: Wissenschaftliche Begleitung des Bund-Länder-Wettbewerbs „Aufstieg durch Bildung: offene Hochschulen".

Novotny, Rudi, 2018. Bologna Reform. *Zeit Campus*, 16. Mai.

OECD. 2017. Germany: (German Version). In *Bildung auf einen Blick 2017: OECD Indikatoren*, Hrsg. Markus Schwabe. Bielefeld: W. Bertelsmann. ▶ http://dx.doi.org/10.1787/eag-2017-48-de.

Pellert, Ada. 2018. Die Hochschule als Partnerin des Lebenslangen Lernens. In *Hochschule der Zukunft*, Hrsg. Ulrich Dittler und Christian Kreidl, 101–116. Wiesbaden: Springer VS.

Saul, Stephanie. 2017. Fewer foreign students are coming to U.S. *New York Times*, 13. Nov.

Schimank, Uwe, 2008. Ökonomisierung der Hochschulen: Eine Makro-Meso-Micro-Perspektive. In *Die Natur der Gesellschaft: Verhandlungen des 33. Kongresses der Deutschen Gesellschaft für Soziologie in Kassel 2006. Teilbd. 1 u. 2. Frankfurt a. M.*, Hrsg. Karl-Siegbert und Rehberg. Deutsche Gesellschaft für Soziologie (DGS), 622–635. Frankfurt a. M.: Campus.

Schmidt, Ulrich, Lutz Goertz, Sabine Radomski, Sabrina Thom, und Julia Behrens. 2017. *Monitor Digitale Bildung – Die Hochschulen im Digitalen Zeitalter*. Gütersloh: Bertelsmann Stiftung.

Schmillen, Achim, und Heiko Stüber. 2014. *Lebensverdienste nach Qualifikation: Bildung lohnt sich ein Leben lang*. IAB-Kurzbereicht, Bd. 1. Nürnberg. ▶ http://www.ISSN0942-167X.

Schmoll, Heike. 2018. Die Lehre bleibt auf der Strecke. *Frankfurter Allgemeine Zeitung*, 5. Apr.

Schubert, Torben, Elisabeth Baier, Miriam Hufnagl, Niclas Meyer, Esther Schricke, und Thomas Stahlecker. 2012. *Metastudie Wirtschaftsfaktor Hochschule*. Karlsruhe: Fraunhofer ISI.

Spiewak, Martin. 2018. Wer schafft es nach oben? *Die Zeit*, 9. Mai.

Literatur

Statistik-Portal. 2018. Anteil ausländischer Studierender an deutschen Hochschulen vom Wintersemester 1998/1999 bis 2016/2017.

Statistisches Bundesamt. 2017. *Bildung und Kultur – Private Hochschulen.* Wiesbaden: Statistisches Bundesamt (Destatis).

Stifterverband. 2013. *Hochschul-Bildungs-Report 2020.* Essen: Stifterverband für die Deutsche Wissenschaft.

Stifterverband. 2017. *Höhere Chancen durch höhere Bildung?* Essen: Stifterverband für die Deutsche Wissenschaft.

THE. 2016. Cheapest places to study at a top university. *Times Higher Education.*

UK Council for International Student Affairs. 2018. International student statistics.

Von Stuckrad, Thimo, Christian Berthold und Tim Neuvians. 2017. *Auf dem Hochplateau der Studiennachfrage: Kein Tal in Sicht! Modellrechnungen zur Entwicklung Studienanfängerzahlen bis zum Jahr 2050,* Nr. 203. Gütersloh: CHE gemeinnütziges Centrum für Hochschulentwicklung.

Winde, Mathias, und Jürgen Schröder. 2017. *Höhere Chancen durch höhere Bildung?* ▶ http://www.ISBN978%e2%80%933-922275-74-5.

Wissenschaftsrat. 2012. *Private und kirchliche Hochschulen aus Sicht der Institutionellen Akkreditierung.* Köln.

Wissenschaftsrat. 2018. *Hochschulbildung im Anschluss an den Hochschulpakt 2020.* Positionspapier: Trier.

Zacharakis, Zacharias. 2018. Amerikaner durchlaufen sieben Karrieren im Leben. *Zeit Online.*

Zawacki-Richter, Olaf, und Svenja Bedenlier. 2015. *Zur Rolle und Bedeutung von Digitalen Medien in Internationalisierungsstrategien Deutscher Hochschulen.* Essen: Ed. Stifterverband.

Zukunftsinstitut. 2018. *Hands-on digital.* Berlin: McGraw-Hill.

Studieren an privaten Hochschulen

2.1 Der Zugang zu privaten Hochschulen – 36

2.2 So finden Sie die richtige Studienform an einer privaten Hochschule – 40

2.3 Das Studium vor Ort, das Präsenzstudium an einer privaten Hochschule – 42

2.4 Das duale Studium – 46

2.5 Das Fernstudium an einer privaten Hochschule – 58
2.5.1 Reines Onlinestudium – 63
2.5.2 Fernstudium mit weniger als 50 % Präsenzzeiten – 65
2.5.3 Blended Learning – 66

Literatur – 70

© Springer Fachmedien Wiesbaden GmbH, ein Teil von Springer Nature 2019
A. Doll, A. P. Hansen, *Die Managerschmieden*, https://doi.org/10.1007/978-3-658-21250-6_2

Zusammenfassung

Heute finden der 19-jährige Abiturient ebenso wie die Speditionskauffrau, der allein erziehende Vater oder die Krankenschwester und die erfahrene Managerin ihren Weg zu einem erfolgreichen Studienabschluss. Das hat einerseits damit zu tun, dass immer mehr Menschen ein Studium aufnehmen. Und andererseits ist die Gruppe der Studierenden auch dadurch bunter geworden. Deshalb gibt es in Deutschland mehr und mehr Studienangebote, die Menschen mit unterschiedlichen Bildungswegen ein Studium ermöglichen. Diese Kapitel informiert über die Aufnahmeverfahren an privaten Hochschulen. Die verschiedenen Studienformen werden eingehend erklärt: das Präsenzstudium, das duale Studium und das Fernstudium.

2.1 Der Zugang zu privaten Hochschulen

Der Wunsch, ein Studium zu beginnen, ist nachvollziehbar und wird immer häufiger realisiert (Dräger und Ziegele 2014). Denn ein Hochschulabschluss trägt einerseits zu Ihrer persönlichen Entwicklung bei und macht sich andererseits ein Leben lang bezahlt. Der durchschnittliche Lebensverdienst liegt bei Personen mit einem Hochschulabschluss bei rund 2,3 Mio. EUR (Schmillen und Stüber 2014). Sie verdienen im Laufe ihres Lebens damit rund eine Million Euro mehr als eine Person mit Berufsausbildung (◘ Abb. 1.2).

An öffentlichen Hochschulen stellt der Notendurchschnitt im Abitur oder Fachabitur nach wie vor meist die Eingangsvoraussetzung dar. Die Auswahlkriterien an privaten Hochschulen sind vielschichtiger. Der Auswahlprozess ist der erste große Unterschied zwischen dem Studium an einer privaten Hochschule und einer öffentlichen Hochschule. Denn an den öffentlichen Hochschulen waren im Wintersemester 2017/2018 deutschlandweit etwa 43 % aller Studiengänge mit einer Zulassungsbeschränkung, einem sogenannten Numerus Clausus (NC), belegt (Gehlke et al. 2017). Das bedeutet, dass für einen Studiengang nur eine bestimmte Anzahl von Plätzen vergeben wird. Umgangssprachlich wird mit NC die Abiturdurchschnittsnote bezeichnet, die man braucht, um einen Platz in einem Studiengang zu bekommen.

Kein Numerus Clausus bei privaten Hochschulen.

Öffentliche Hochschulen wählen ihre Studierenden meist ausschließlich nach dem Notendurchschnitt aus. Es gibt nur wenige Ausnahmen. Manchmal werden auch Noten in bestimmten Fächern stärker gewichtet, etwa die in Mathematik und Physik für einen Ingenieurstudiengang oder die Englischnote für Anglistik. (Nickel und Schulz 2017).

Aus der Praxis
Dr. Harald Beschorner, Kanzler der FOM Hochschule für Ökonomie und Management

Die Studierenden privater Hochschulen schätzen die persönliche Unterstützung in administrativen Angelegenheiten auch außerhalb regulärer Bürozeiten sowie das Lernen in kleinen Gruppen mit der Nähe zu den Lehrenden. Viele private Hochschulen haben sich als Hochschulen angewandter Wissenschaft den Praxisbezug quasi auf die Fahne geschrieben. Zudem können sie aufgrund ihrer Strukturen flexibel auf die Bedarfe hinsichtlich neuer Studieninhalte reagieren und haben ein aktuelles Angebot. Rein finanziell kann sich ein Studium an einer privaten Hochschule schon dann lohnen, wenn man beispielsweise nicht wegen eines Numerus Clausus an einen anderen Hochschulort ziehen muss, sondern heimatnah studieren kann. Oder wenn man seinen Job nicht wegen des Studiums aufgeben muss.

Bei den privaten Hochschulen funktioniert das Zulassungsverfahren anders. Nicht der Abiturnotendurchschnitt allein entscheidet über die erfolgreiche Zulassung. Es geht den Hochschulen darum, diejenigen Bewerber zu finden, die am besten zum angebotenen Studiengang passen. Dies ist besonders wichtig, wenn die Zahl der Bewerber die Zahl der vorhandenen Studienplätze übersteigt. Für viele Studiengänge an privaten Hochschulen durchlaufen die Bewerber daher ein hochschulinternes Auswahlverfahren, das oft in Form von Bewerber- oder Aufnahmetagen durchgeführt. Es kann schriftliche und mündliche Teile enthalten, etwa Multiple-Choice-Tests, Präsentationen, Einzel- und Gruppengespräche. Es gibt Psychologengespräche, Eignungstests und Assessment-Center. Das ist sowohl bei einem Vollzeitstudium als auch bei einem dualen Studium oder einem Fernstudium der Fall. Letztlich gibt es eine größere Chance, an einer privaten Hochschule zeitnah ein Studium im gewünschten Studiengang beginnen zu können, als es an einer staatlichen Einrichtung aufgrund des Numerus Clausus möglich wäre. Genauere Informationen zu den jeweiligen Zulassungsverfahren finden Sie auf den entsprechenden Hochschulseiten. Am besten treten Sie in direkten Kontakt mit der Hochschule. Am Beispiel der International School of Management (ISM) und der International University Bad Honnef (IUBH) zeigen wir Ihnen, wie der Bewerbungsverlauf an einer privaten Hochschule aussehen kann (siehe ◘ Abb. 2.1 und 2.2).

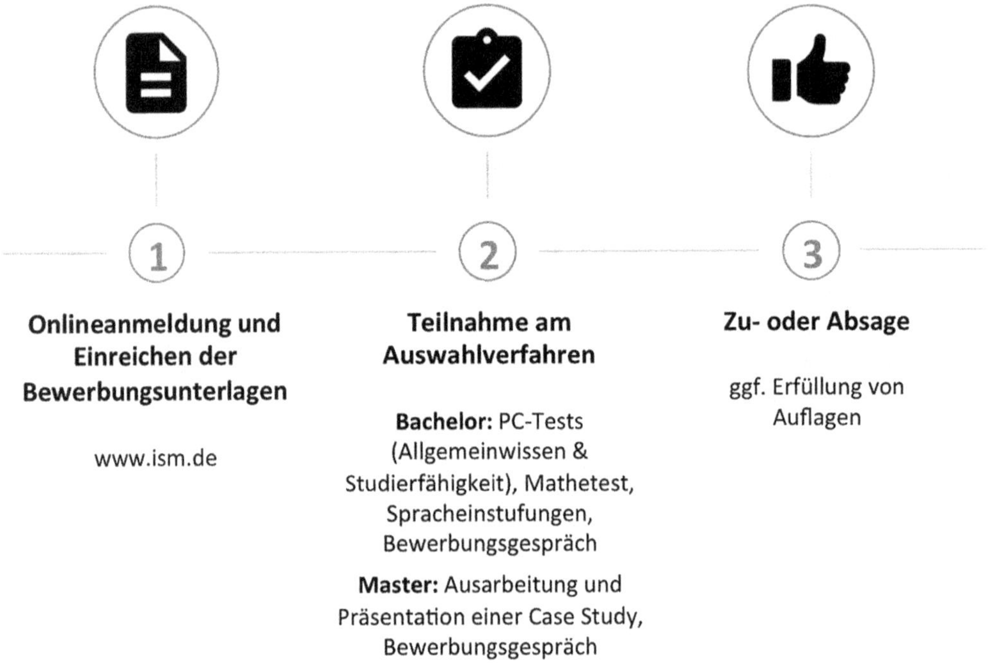

1 Onlineanmeldung und Einreichen der Bewerbungsunterlagen

www.ism.de

2 Teilnahme am Auswahlverfahren

Bachelor: PC-Tests (Allgemeinwissen & Studierfähigkeit), Mathetest, Spracheinstufungen, Bewerbungsgespräch

Master: Ausarbeitung und Präsentation einer Case Study, Bewerbungsgespräch

3 Zu- oder Absage

ggf. Erfüllung von Auflagen

◘ Abb. 2.1 Bewerbungsverlauf bei privaten Hochschulen am Beispiel der International School of Management. (Quelle: ISM)

> **Das Bewerbungsverfahren**
> *Am Beispiel der ISM – International School of Management*
> Das Aufnahmeverfahren bietet die Möglichkeit, einen persönlichen und ganzheitlichen Blick auf die Bewerber zu werfen. Anstatt sich ausschließlich auf die Zeugnisnoten zu stützen, fragen wir gezielt Fähigkeiten ab, die für ein betriebswirtschaftliches Studium an der ISM relevant sind. Im Bachelor liegt der Fokus auf generellen Fähigkeiten wie analytischem Denken sowie Zahlenverständnis oder auch Sprachkenntnissen. Im Master können wir bereits auf Vorkenntnisse aus dem Erststudium zurückgreifen – daher prüfen wir dann das konkrete Fachwissen, aber auch den allgemeinen akademische Level anhand der Ausarbeitung eines Fachvortrages.
> Natürlich ist aber auch immer der persönliche Eindruck relevant. Wir führen deshalb mit jedem Bewerber ein Einzelinterview. In diesem Gespräch geht es vor allem darum, einander besser kennenzulernen und zu prüfen, ob Hochschule und Bewerber zusammenpassen. Welche Motivation bringt der Bewerber mit? Welche Ziele werden verfolgt? Welche Erwartungen hat jeder an den anderen?
> Diese Vorgehensweise trägt dazu bei, dass die Bewerber sich sehr intensiv mit ihrer Studienwahl auseinandersetzen und auch wir als Hochschule ein differenziertes Bild des Bewerbers erhalten. Unsere Erfahrung hat gezeigt, dass das eine gute Basis für eine erfolgreiche Studienzeit ist.

Und ein weiteres Beispiel zeigt, wie private Hochschulen ihre Auswahlprozesse gestalten. Da die Verfahren teilweise unterschiedlich sind, sollten Sie im Vorfeld Kontakt mit den jeweiligen Studienberatern aufnehmen. So können Sie erfahren, wie

2.1 · Der Zugang zu privaten Hochschulen

IHR WEG ZUM
BACHELOR AN DER IUBH

BERATUNG
Machen Sie einen Termin mit unserer Studienberatung und informieren Sie sich persönlich über Ihre Studienmöglichkeiten. Oder lernen Sie die IUBH auf einem unserer Open Campus Days, beim Infoabend oder auf einer Messe kennen!

BEWERBUNG
Sichern Sie sich rechtzeitig Ihren Studienplatz und bewerben Sie sich online:
www.iubh-campusstudies.de/onb

ASSESSMENT DAY
In einem mündlichen und einem schriftlichen Prüfungsabschnitt wird Ihre Studierfähigkeit gestestet. Zugleich haben Sie die Möglichkeit, uns noch näher kennen zu lernen

ENGLISCHNACHWEIS
Da alle unsere Studienangebote in englischer Sprache unterrichtet werden, ist ein Nachweis Ihrer Sprachkenntnisse erforderlich (TOEFL o.ä.). Falls Sie noch keinen Englischnachweis besitzen, kann dieser bis spätestens zum Studienstart nachgereicht werden.

FINANZIERUNG
Informieren Sie sich über die unterschiedlichen Finanzierungsoptionen. Die IUBH bietet Ihnen verschiedene Stipendienprogramme und Finanzierungshilfen. Ihre Studienberatung hilft Ihnen hier gerne weiter.

STUDIUM STARTEN
Mit dem bestandenen Assessment Day ist Ihnen Ihr Studienplatz an der IUBH sicher. Wir freuen uns auf Sie!

◘ **Abb. 2.2** Bewerbungsverlauf bei privaten Hochschulen am Beispiel der IUBH – International University Bad Honnef. (Quelle: IUBH)

das Aufnahmeverfahren an der Hochschule Ihrer Wahl abläuft. Das ist wichtig zu wissen. Denn nur dann können Sie sich gut auf die schriftlichen und mündlichen Teile des Aufnahmeverfahrens vorbereiten.

2.2 So finden Sie die richtige Studienform an einer privaten Hochschule

Nun geht es darum, dass Sie sich selbst gut einschätzen und Ihren eigenen Weg zu dem Studium finden, das genau zu Ihnen passt. Es geht dabei nicht um richtig oder falsch. Sondern es geht darum, dass Sie herausfinden, welcher Studierendentypus Sie selbst sind.

> Die Gruppe der Studierenden wurde in Deutschland in den letzten 15 Jahren erfreulich bunt.

Wir geben Ihnen nun Informationen dazu, wie sich das Studieren in Deutschland in den letzten Jahren verändert hat. Wir zeigen Ihnen, welche verschiedenen Möglichkeiten sich in Deutschland heutzutage bieten, wenn man ein Studium an einer privaten Hochschule aufnehmen möchte. Zunächst geht es darum zu klären, wie Ihre persönlichen zeitlichen Bedürfnisse und Rahmenbedingungen aussehen. Es geht also um die Frage, wie viel Zeit Sie persönlich für Ihr geplantes Studium aufwenden wollen und können.

> Planen Sie Ihr Studium entsprechend Ihren zeitlichen Erfordernissen, sodass Sie Ihre Stärken nutzen können.

Der Zeitaufwand für Studierende ist in Abhängigkeit vom Studienformat etwas unterschiedlich. Studierende in einem Vollzeit-Präsenzstudium investieren durchschnittlich etwa 33 h pro Woche in ihr Studium, von denen sie etwa 15 Stunden pro Woche Lehrveranstaltungen an der Hochschule besuchen (Middendorff et al. 2017).

Die drei Hauptstudienformen an privaten Hochschulen

Das Präsenzstudium
Das Präsenzstudium, welches auch als Direktstudium bezeichnet wird, stellt die traditionelle Form eines Studiums dar. Dabei findet das ganze Hochschulleben rund um den Campus statt. Man ist als Studierender an der Hochschule persönlich bei den Lehrveranstaltungen wie Vorlesungen oder Seminaren anwesend. Auch Prüfungen werden direkt an der Hochschule abgelegt. Man ist also wie der Name schon sagt während seines Studiums an der Hochschule "präsent".

Das Duale Studium
Ein dualer Studiengang ermöglicht beides: eine Berufsausbildung in Kombination mit einem Abschluss an einer Hochschule. Dafür müssen

die Ausbildung an beiden Lernorten ebenso wie die Aufgaben im Unternehmen und der Hochschule organisatorisch aufeinander abgestimmt und koordiniert sein.

Das Fernstudium
Das Fernstudium erlaubt Studierenden unabhängig von zeitlichen und räumlichen Vorgaben zu studieren. Es beruht weitgehend auf angeleitetem Selbststudium. Charakteristisch für ein Fernstudium sind die verwendeten Medien, bei denen es sich heute meist um Onlinemedien handelt. Präsenzzeiten, das heißt die Zeiten, die man persönlich an der Hochschule anwesend sein muss, sind auf ein notwendiges Minimum reduziert.

Alle Studienformate, egal ob Präsenzstudium, duales Studium oder Fernstudium integrieren bei privaten Hochschulen zunehmend Onlineangebote. Dadurch wird auch das Studium bei Präsenzhochschulen flexibler und der reale Campus oft durch einen Onlinecampus ergänzt.

Im dualen oder berufsbegleitenden Präsenzstudium ist der zeitliche Aufwand für das Studium in Abhängigkeit davon, ob es sich um ein Wochenmodell oder Blockmodell handelt, unterschiedlich. Auch variiert der zeitliche Aufwand zwischen der dualen und berufsbegleitenden Studienform. Beim Wochenmodell sind Vorlesungszeiten und Praxiszeiten pro Woche durchgeplant. Beim Blockmodell wechseln sich Studien und Praxisphasen in einem festen über die Studienzeit (Semester) geplanten Rhythmus ab. Dabei liegt der Zeitaufwand im Wochenmodell für Lehrveranstaltungen, Selbststudium und Erwerbstätigkeit oder Ausbildung bei 51 h bzw. 49 h im dualen Studium. Der zeitliche Aufwand bei den verschiedenen Blockmodellen und Studienformaten liegt durchschnittlich zwischen 44 und 53 h pro Woche. In jedem Fall ist der zeitliche Gesamtarbeitsaufwand deutlich höher als bei einem Vollzeit-Präsenzstudium (Middendorff et al. 2017).

Vor diesem Hintergrund sollten Sie sich fragen, wie Sie mit Ihren zeitlichen Gegebenheiten so umgehen, dass es zu Ihnen persönlich passt. Wir alle leben in dichten zeitlichen Zusammenhängen, privat wie beruflich. Manche Faktoren sind dabei von außen vorgegeben, andere bestimmen wir selbst. Finden Sie Schritt für Schritt heraus, welche Studienform zu Ihrer ganz persönlichen zeitlichen Situation optimal passt.

Sie sollten auch überlegen, ob ein Ortswechsel für Sie überhaupt infrage kommt. Wenn Sie ein Studium mit hohem Präsenzanteil oder ein reines Präsenzstudium anstreben, sollten Sie neben der Hochschule auch den Studienort selbst nach den eigenen Bedürfnissen auswählen. Es macht einen großen Unterschied, ob man in einer Großstadt, einer Stadt mittlerer Größe oder in einer Kleinstadt studiert. Wie sich das finanziell auswirkt, wird in Kapitel fünf erläutert.

2.3 Das Studium vor Ort, das Präsenzstudium an einer privaten Hochschule

Das Präsenzstudium stellt die traditionelle Form eines Studiums dar. Dabei findet das ganze Hochschulleben rund um den Hochschulcampus statt. Ein Präsenzstudium kann als ein Vollzeit-Präsenzstudium oder auch als Teilzeit-Präsenzstudium berufsbegleitend durchgeführt werden (Bargel 2013; Lah et al. 2016).

Beim Präsenzstudium ist die physische Anwesenheit am Studienort erforderlich. Man besucht Vorlesungen, Seminare, hält Referate und hat viel Gelegenheit sich mit Kommilitonen auszutauschen, gemeinsam zu lernen, sich gegenseitig abzufragen, gemeinsam Spaß zu haben und Netzwerke zu knüpfen. Auch Prüfungen werden direkt abgenommen. Bei einem Vollzeitstudium wird davon ausgegangen, dass Sie sich dem Studium zeitlich voll widmen. Jedoch bedeutet ein Präsenzstudium nicht, dass alle Studienangebote ausschließlich über direkten Kontakt zwischen Lehrenden und Lernenden vermittelt werden. Digitalisierung hat auch bereits in Präsenzstudiengängen Einzug gehalten und wird in Zukunft durchgängig zu finden sein (Pauschenwein und Lyon 2018). An einigen Hochschulen werden viele Unterrichtsmaterialien bereits online zur Verfügung gestellt. So kann man einerseits die Vorteile des Campuslebens genießen, aber andererseits auch eine gewisse zeitliche Flexibilität haben. Dieser Trend wird sich sicherlich in Zukunft noch weiter entwickeln (Dittler und Kreidl 2018). Wenn Sie in Vollzeit studieren, beträgt die Regelstudienzeit bei Bachelorstudiengängen sechs bis acht Semester und bei Masterstudiengängen zwei bis vier Semester (Hochschulrektorenkonferenz 2016). Die meisten privaten Hochschulen bieten Präsenzstudiengänge auf einem Campus oder mehreren an.

Digitalisierung im Studium
Welche Vorteile die Digitalisierung im Hörsaal bringt, hat Professor Dr. Peter Thuy, Rektor der IUBH Internationale Hochschule, zum ersten Mal erfahren, als er seinen Studierenden einen komplexen Sachverhalt grafisch darstellen wollte. War das Zeichnen per Hand früher aufwendig und ungenau, so kann man heute in kurzer Zeit etliche Varianten durchspielen.
„Wer etwas lernt, macht dabei die Schritte vom Kennen und Wissen über das Verstehen hin zum Analysieren und schließlich zum Anwenden", sagt er. Für die ersten drei Schritte brauchen die Studierenden gute Materialien – aber nicht unbedingt ihren Professor, ist Thuy überzeugt. „Hybride Lehre" nennt er das Prinzip, das die IUBH daraus abgeleitet hat: Kostenrechnung, Statistik und Mathematik etwa werden vor allem digital gelehrt. Auf dem Campus helfen Tutoren bei Fragen weiter und üben gemeinsam mit den Studierenden, damit niemand mit den Inhalten allein gelassen wird. So können digitale Module die Präsenzstudiengänge ideal ergänzen.

2.3 · Das Studium vor Ort, das Präsenzstudium an einer privaten Hochschule

Mehr Digitalität wagen – nicht nur im Alltag
Die Ansicht, es sei merkwürdig für sich allein und nicht im Hörsaal zu studieren, hält sich hartnäckig. Die Frage ist warum? Denn auch die klassische Frontalvorlesung im Hörsaal ist in Bezug auf das Lernen eine relativ einsame und wenig interaktive Sache. Im Alltag haben wir uns längst daran gewöhnt, überall und jederzeit Inhalte über Smartphones allein zu konsumieren und währenddessen online in Kontakt mit anderen zu stehen. Dieses Verhalten lässt sich auch auf ein Studium übertragen. Flexibilität und Effizienz haben durch die neuen Möglichkeiten in der Lehre und Gestaltung zugenommen, sodass die Digitalisierung im Studium deutlich mehr Vor- als Nachteile bietet.
Professor Dr. Peter Thuy, Rektor der IUBH Internationale Hochschule.

Ein Vollzeit-Präsenzstudium ist deutlich weniger stressig als ein Teilzeit-Präsenzstudium, Fern- oder duales Studium, da man ja nicht zusätzlich oder im Wechsel arbeiten muss. Dennoch sollte man auch für ein Vollzeit-Präsenzstudium gut organisiert sein. Denn neben den Veranstaltungen, die man an der Hochschule besucht, müssen auch die jeweiligen Lerninhalte vor- und nachbereitet werden. Zusätzlich müssen Referate und sonstige Arbeiten angefertigt werden. Sollten Sie nicht neben dem Studium jobben müssen, ist ein Vollzeit-Präsenzstudium zeitlich gut zu bewältigen.

Wer ein Vollzeit-Präsenzstudium aufnehmen will, kann dafür in eine andere Stadt gehen oder aber zu Hause wohnen bleiben. Solange es eine entsprechend nah gelegene Präsenzhochschule gibt. Beides hat seine Vor- und seine Nachteile. Manchmal ist es für die Persönlichkeitsentwicklung hilfreich, das elterliche Umfeld zu verlassen. Es kann aber auch gute Gründe dafür geben, in der gewohnten Umgebung zu bleiben. Für manchen mindert das den Stress. Denn mit einem Umzug ist ein völlig neues soziales Umfeld verbunden. Zusammen mit den intellektuellen Anforderungen eines Studiums kann das am Anfang etwas zu herausfordernd sein. Jeder sollte sich ehrlich prüfen, was ihm entgegenkommt und was er meint, auch wirklich bewältigen zu können.

> Bei einen Vollzeit-Präsenzstudium ist man zeitlich weniger eingespannt als bei berufsbegleitenden Studienformaten.

Aus der Praxis
Ralf Dreischärf studierte an der WHU und schloss sein Studium 2011 zunächst mit einem B.Sc. und 2013 mit einem M.Sc. ab. Heute ist er Commercial Operations Manager für Deutschland, Österreich und die Schweiz bei Proctor & Gamble.

Das Studium an der WHU – Otto Beisheim School of Management hat sich für mich in doppelter Hinsicht gelohnt. Professionell profitiere ich von der hervorragenden Ausbildung, dem guten Ruf der WHU und dem starken Netzwerk zwischen Hochschule, Unternehmen und Ehemaligen. Das Studienprogramm der WHU basiert darauf, das gelernte Wissen anzuwenden. Durch diesen starken Praxisbezug sowie durch diverse Praktika, die Voraussetzung für einen Abschluss an der WHU sind, konnte ich bereits früh für zukünftige Arbeitgeber wertvolle Fähigkeiten erlernen. Die enge Verbindung zu Unternehmen und zu Ehemaligen half mir dabei zu verstehen, welche Karrieremöglichkeiten es in meinem Interessengebiet gibt und wie ich diese bestmöglich ergreifen kann. Für den Start in das Berufsleben erhielt ich bereits vor Abschluss des Studiums feste Angebote von verschiedenen Unternehmen. Auch in den nächsten Schritten meiner Karriere werde ich weiter von der Entscheidung für die WHU profitieren. Als Mitglied im Netzwerk der Ehemaligen profitiere ich von verschiedenen Weiterbildungsmöglichkeiten sowie von Kontakten in fast alle Branchen der Wirtschaft.

Der zweite Grund, warum ich mich jeder Zeit wieder für ein Studium an der WHU entscheiden würde, liegt in der persönlichen Entwicklung. Das Studium an der WHU zielt nicht nur auf Vermittlung von Fachwissen ab. Während der gesamten Studienzeit gibt es ein breites Angebot an Soft-Skill-Kursen. Diese reichen von effektiver schriftlicher Kommunikation und Präsentationsfähigkeiten bis hin zu Knigge-Kursen und werden in dieser Form kaum von staatlichen Universitäten angeboten. Besonders die internationale Ausrichtung der WHU hilft dabei, den persönlichen Horizont kontinuierlich zu erweitern. Durch Auslandssemester und -praktika sowie die Zusammenarbeit mit internationalen Studenten lernt man in diversen Teams zu arbeiten und verschiedene Denkschulen zu einem bestmöglichen Ergebnis zu führen. Darüber hinaus ist der WHU-Spirit sehr prägend. Durch die Verbindung eines familiären Umfelds mit hoher Leistungsorientierung wird eine Atmosphäre geschaffen, in der Lernen und sich Weiterentwickeln Spaß machen.

Aus meiner Sicht werden diese Faktoren von Arbeitgebern noch weit mehr geschätzt, als reine fachliche Kompetenz und erleichtern damit den Jobeinstieg sowie die berufliche Entwicklung. Die WHU hat dies erkannt und bietet hier eine klare Differenzierung zu großen staatlichen Universitäten.

Ausschlaggebend sollte bei dieser Entscheidung auf jeden Fall sein, wie sich die Situation an der jeweiligen Hochschule, an der man gerne studieren möchte, in der Studienrealität darstellt. Gehen Sie auf den Campus und stellen sich folgende Fragen: Sind Vorlesungen etwa komplett überfüllt? Kann man wichtige Seminare erst nach etlichen Wartesemestern belegen? Sind die Lehrenden kurzfristig ansprechbar? Oder muss man wertvolle Zeit auf den Fluren der Hochschule verbringen, um sich in eine lange Warteschlange für die Sprechstunde des Professors einzureihen? Ist die Verwaltung der Hochschule ansprechbar? Hilft sie Probleme zu lösen, wenn es um administrative Fragen geht? Oder baut sie unnötige Hürden auf?

2.3 · Das Studium vor Ort, das Präsenzstudium an einer privaten Hochschule

Prof. Dr. Stephan Stubner, Rektor der HHL Leipzig Graduate School of Management, sagt zu den Vorzügen eines Präsenzstudiums Folgendes:

» Der besondere Spirit der HHL entsteht in der persönlichen Begegnung und macht einen wesentlichen Teil der Lernerfahrung an einer Business School wie unserer aus. Deshalb planen wir auch keine reinen Fernstudienangebote. Aber neue digitale Kollaborations- und Vernetzungsmöglichkeiten und Ausbildungsmodule. Wir legen großen Wert auf die persönliche Betreuung unserer Studierenden und bieten eine hervorragende Infrastruktur. Unsere Studienangebote zeichnen sich durch hohe Praxisnähe und eine Ausrichtung auf den konkreten Bedarf des Arbeitsmarktes aus. Wir bieten individuelles Coaching, Career Services und Netzwerkbildung sowie Netzwerkpflege. Gerade dieser Vorteil wirkt an der HHL nachhaltig. Zum Spring Intake 2018 waren dreiundsechzig Nationen an der HHL vertreten. In manchen Studiengängen wie z. B. im aktuellen MBA sind über neunzig Prozent der Studierenden nicht aus Deutschland. Sie haben bewusst diese internationale Erfahrung bei uns in Leipzig gewählt.

Bei privaten Hochschulen muss man jedenfalls nicht damit rechnen, dass die Vorlesungen komplett überfüllt sind und sich Seminare erst nach etlichen Wartesemestern belegen lassen. Insofern ist das Studium normalerweise in der vorgesehenen Zeit auch abzuschließen, was einen frühen Berufseinstieg nach dem Abschluss ermöglicht.

Ein Teilzeit-Präsenzstudium läuft ähnlich ab wie ein Vollzeit-Präsenzstudium, allerdings mit reduzierten Präsenzzeiten an der Hochschule. Es erlaubt parallel dazu noch zu arbeiten. Daher erfordert diese Art von Studium allerdings eine optimierte Zeitplanung, um Präsenzzeiten an der Hochschule sowie parallel Arbeitszeiten, Heimstudium, Studienarbeiten und das Privatleben zu vereinbaren.

> Ein Teilzeit-Präsenzstudium erlaubt nebenbei zu arbeiten oder die Zeit anderweitig zu nutzen.

Aus der Praxis
Dr. Andreas Schyra studierte bis 2009 an der FOM und schloss das Studium mit dem Abschluss Diplom-Kaufmann ab. Heute ist er Mitglied des Vorstands der PVV Private Vermögensverwaltung AG, Essen.

Nach der Ausbildung zum Bankkaufmann stand für mich fest, dass ich ein berufsbegleitendes Studium absolvieren wollte. Denn neben dem Erwerb der wissenschaftlichen Qualifikation wollte ich zeitgleich meine Berufserfahrung ausbauen, um so über eine überdurchschnittlich gute Ausgangsbasis am Arbeitsmarkt zu verfügen. Die Wahl der Hochschule war schnell getroffen, da ich ein modernes Präsenzstudium einem Fernstudiums eindeutig vorzog. Zudem war mir der direkte Kontakt zu den Professoren und Dozenten sehr wichtig, weil diese an der FOM Hochschule neben der hervorragenden wissenschaftlichen Qualifikation über eine sehr ausgeprägte praktische Kompetenz verfügen. Die Studieninhalte werden sowohl in der Theorie als auch mit der beruflichen Praxis anschaulich kombiniert.

Zugegebenermaßen gerät das typische Studentenleben deutlich in den Hintergrund. Denn die Vorlesungen werden nach dem beruflichen Alltag in den Abendstunden und am Wochenende absolviert. Will man das Studium innerhalb der Regelstudienzeit absolvieren, beanspruchen Prüfungsvorbereitungen und die Abschlussarbeit einen nicht unerheblichen Anteil des Jahresurlaubes. Jedoch genießen Absolventen der FOM Hochschule unter Arbeitgebern auch aufgrund dieser zusätzlichen Herausforderungen und der nötigen Selbstdisziplin das berechtigte Ansehen, stresserprobt und äußerst belastbar zu sein.

Im Nachhinein betrachtet waren der zeitliche und finanzielle Aufwand in Form von Studiengebühren sicherlich meine besten Investitionen in mich selbst. Die sehr gute Studienqualifikation in Verbindung mit dem hervorragenden Netzwerk unter den Studierenden und mit den Dozenten, welches an der FOM Hochschule erschlossen werden kann, führte dazu, dass sich der Einsatz bereits nach kurzer Zeit mehrfach ausgezahlt hat. Es eröffneten sich mir berufliche Perspektiven bis hin zu Vorstandstätigkeiten, die mir sonst wahrscheinlich verwehrt geblieben wären.

Digitalisierung sowie steigende Anforderungen an leitende Angestellte und Unternehmer verändern die Arbeitswelt in einem zunehmenden Tempo, dem wir alle gewachsen sein müssen, um die Zukunft aktiv mitzugestalten. Genau auf diese Herausforderungen bereitet ein Studium an der FOM Hochschule gezielt vor. Stünde ich heute vor der Wahl eines Studiums, würde ich meine Entscheidung wiederholen, da alle Mühen Spaß gemacht und sich eindeutig gelohnt haben.

2.4 Das duale Studium

Ein dualer Studiengang ermöglich beides: eine Berufsausbildung in Kombination mit einem Hochschulabschluss. Die beiden Lernorte, Hochschule und Unternehmen, sind aufeinander abgestimmt. Dafür muss die Ausbildung an beiden Lernorten organisatorisch koordiniert sein. Inhaltlich müssen das Studium und die Aufgaben im Unternehmen zueinander in Verbindung stehen. Aufgrund zweier Lernorte – Hochschule und Betrieb – wird diese Art von Studium auch oft als „Sandwich-Studium" bezeichnet (Bargel 2013).

2.4 · Das duale Studium

Damit man von „Studium" sprechen kann, muss ein duales Studium wissenschaftsbezogen sein. Das bedeutet, dass die Lernzeit des dual Studierenden mindestens zur Hälfte an der Hochschule oder Berufsakademie verbracht werden soll (Wissenschaftsrat 2013).

Der Vorteil eines solchen dualen Studiums besteht in der Möglichkeit, eine staatlich anerkannte Berufsausbildung und einen staatlich anerkannten Studienabschluss miteinander zu kombinieren. Ein Bachelorstudium inklusive Auslandssemester und eine Berufsausbildung mit Praxisanteilen kann meist in nur dreieinhalb Jahren abgeschlossen werden. Dabei werden üblicherweise beruflich miteinander kombinierbare Fachgebiete verknüpft. Daher erfreuen sich heute duale Studiengänge großer Beliebtheit (Konegen-Grenier und Winde 2013). Wie ◘ Abb. 2.3 zeigt, bieten in Deutschland derzeit 213 Hochschulen eine Vielzahl von dualen Studiengängen an. Fünfundsiebzig davon sind private Hochschulen (Hofman und König 2017). Auch aus unternehmerischer Sicht wird ein duales Studium sehr positiv betrachtet. Oliver Giesen, Geschäftsführer bei der GIFAS ELECTRIC GmbH, sieht es so:

Bei einem dualen Studium kann man eine Berufsausbildung mit einem Studienabschluss kombinieren.

> Dual auszubilden ist aus meiner Sicht der optimale Weg, Theorie und Praxis vom ersten Tag an miteinander zu verknüpfen. Das Gelernte kann sofort in der Praxis ein- und

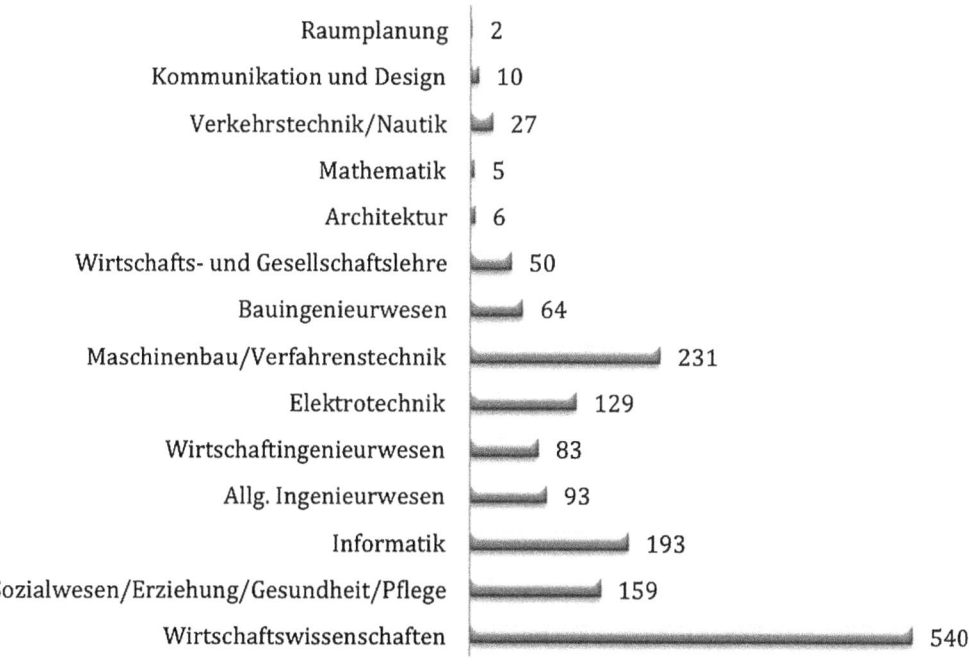

◘ Abb. 2.3 Anzahl der dualen Studiengänge im Jahr 2016 nach Fachrichtung. (Hofman und König 2017)

umgesetzt werden. Erkenntnisse aus der Praxis können mit Theorie untermauert werden. Das duale Studium findet überwiegend an Fachhochschulen statt und mehr und mehr an privaten Hochschulen. Universitäten beteiligen sich nur in Einzelfällen an der Ausbildungsform des dualen Studiums.

Die Anzahl der dual Studierenden hat sich von 2006 bis 2016 mehr als verdoppelt und liegt mittlerweile bei mehr als 100.000 Personen. Mit einem weiteren Wachstum ist zu rechnen. Die beliebtesten dualen Studiengängen sind wirtschaftswissenschaftliche Fächer (Winde und Konegen-Grenier 2017), gefolgt von Studiengängen aus den Bereichen Sozialwesen, Erziehung, Gesundheit und Pflege. Auf Platz Nummer drei befindet sich das Fach Informatik. Maschinenbau und Elektrotechnik liegen zwar zahlenmäßig zurück, sie zählen aber dennoch zu den beliebteren Studienfächern (◘ Abb. 2.4).

Ein duales Studium ist erst seit dem Jahr 2009 möglich. Damals wurden alle Berufsakademien in Baden-Württemberg in die neu geschaffene Duale Hochschule Baden-Württemberg (DHBW) überführt (Wissenschaftsrat 2013). Vorbild dafür war das State University System der USA. Mit der Gründung der staatlichen DHBW erhielten nun auch die Absolventen der dualen Studiengänge einen akademischen Abschluss. In den allermeisten Fällen den international anerkannten Bachelor. Heute gibt es in allen Bundesländern in Deutschland duale

◘ Abb. 2.4 Anzahl der dual Studierenden im Jahr 2016 nach Fachrichtung. (Hofman und König 2017)

Studiengänge. Diese ermöglichen eine Verknüpfung von Praxiszeiten in den Betrieben und Theoriephasen in den Hochschulen oder teilweise Berufsakademien.

Unternehmenskooperation
Die Deutsche Telekom AG arbeitet seit vielen Jahren mit privaten Hochschulen zusammen. Wir bilden gemeinsam Studierende in dualen und berufsbegleitenden Bachelor- und Masterstudiengängen aus. Seit 2009 arbeiten wir auch mit der FOM zusammen. Mit dem Programm Bologna@Telekom bieten wir gemeinsam ein Förderangebot für Mitarbeiter in berufsbegleitenden Studiengängen an. Unsere Zusammenarbeit wurde 2017 auf duale Studiengänge ausgeweitet. Ein wesentlicher Vorteil unserer Kooperation mit der FOM ist, dass diese Angebote an einer Vielzahl von Standorten in Deutschland in modernen Studienzentren genutzt werden können. Darüber hinaus schätzen besonders unsere Beschäftigen in den berufsbegleitenden Angeboten das Teilzeit-Präsenzstudium. Studiert wird berufsbegleitend abends und am Wochenende. Damit wollen wir der Doppelbelastung durch Studium und Beruf gerecht werden. Weiter werden die Lerninhalte von unseren Beschäftigten gelobt, die praxisrelevant und aktuell sind. Zudem werden sie von Professoren vermittelt, die über sehr gute Kenntnisse in der beruflichen Praxis verfügen. Durch Heranführungsangebote in Grundlagenfächern wird die FOM ihrem Slogan „Hochschule für Berufstätige" besonders gerecht. Denn so finden Studierende mit bereits mehreren Jahren Berufserfahrung gut den Weg in das Studium.
Aus unserer Erfahrung zeichnen sich die Absolventen dieser Studiengänge durch eine hohe berufliche Handlungsfähigkeit aus. Darüber hinaus können sie durch das Studium ihre persönlichen und fachlichen Kompetenzen deutlich ausbauen.
Als Unternehmen schätzen wir die Professionalität und Kundenorientierung dieser privaten Hochschule bei der Organisation und Durchführung der Studienangebote. So wissen wir einen verlässlichen Partner für lebenslanges Lernen an unserer Seite.

Markus Lecke, Senior Manager Bildungspolitik, Deutsche Telekom AG, Bonn

Laut einer aktuellen Studie sind duale Studiengänge weiterhin ein Erfolgsmodell im deutschen Bildungssystem (Winde und Konegen-Grenier 2017). Denn sie geben den Unternehmen frühzeitig die Möglichkeit, mit Studierenden in Kontakt zu kommen und gute Studierende an sich zu binden. Duale Studiengänge sind daher ein wichtiges Instrument im Wettbewerb um Fachkräfte. Sie ermöglichen eine Verzahnung von Theorie und Praxis, die sowohl von den Studierenden wie auch von den Unternehmen gewünscht wird (Winde und Konegen-Grenier 2017).

Doch für wen ist ein duales Studium das Richtige? Und was muss man bei der Wahl beachten? Wenn Sie überlegen, ein duales Studium an einer privaten Hochschule zu beginnen, dann ist das Wichtigste, dass Sie sich vorab gut informieren. Sie sollten herausfinden, welche Hochschule den gesuchten Studiengang anbietet. Und welches Unternehmen gleichzeitig als möglicher Kooperationspartner infrage kommt.

All das sind Fragen, die Sie anfangs klären sollten. Darüber informieren können Sie sich zum einen auf der Website der jeweiligen Hochschule und zum anderen mithilfe von Broschüren.

Oftmals gibt es auch die Möglichkeit, eine Schnuppervorlesung zu besuchen. Dies ist sehr zu empfehlen. Nicht nur, weil Sie so die Hochschule kennenlernen können. Sondern vor allem, weil Sie sich vor Ort mit dualen Studierenden über deren Erfahrungen austauschen und Einblicke in das Studentenleben gewinnen können. Oft werden auch Erfahrungsberichte veröffentlicht, in denen dual Studierende von ihrem Studium, aber auch von ihrer Zeit im Unternehmen berichten. Nutzen Sie mehrere Quellen parallel! So können Sie sich eine fundierte Meinung über das jeweilige duale Studium bilden. Ganz wichtig ist es in jedem Fall zu prüfen, ob der Studiengang überhaupt akkreditiert ist. (Dazu erhalten Sie in Kapitel drei hilfreiche Informationen.)

> **Setzen Sie sich vor dem Beginn eines dualen Studiums mit den Modulhandbüchern des jeweiligen Studiengangs auseinander.**

Man sollte sich vor Beginn des Studiums aber auch schon mit den Inhalten des Studiums auseinandersetzen. Es gibt sogenannte Modulhandbücher, die auf den Webseiten der Hochschulen zu finden sind, die ein entsprechendes duales Studium anbieten. Nutzen Sie diese Handbücher unbedingt. Und informieren Sie sich so schon im Vorfeld darüber, ob die dort detailliert angegebenen Inhalte eines Studiengangs für Sie wirklich interessant sind. Wenn Sie bereits beim Lesen des Modulhandbuches feststellen, dass die Inhalte für Sie nicht die richtigen sind, dann sollten unbedingt über eine andere Hochschule oder einen anderen Studiengang nachdenken.

Wichtig zu wissen ist auch, dass verschiedene Hochschulen ganz unterschiedliche Schwerpunkte innerhalb eines Studiengangs anbieten. Bevor Sie sich für einen Studiengang entscheiden, sollten Sie sich erst einmal anschauen, welche Schwerpunkte tatsächlich angeboten werden. Fragen Sie sich ehrlich, ob diese Schwerpunkte wirklich Ihren Interessen und Begabungen entsprechen. So vermeiden Sie, dass Sie erst im dritten Semester feststellen, dass die nun zu wählenden Schwerpunkte so gar nicht zu Ihnen und Ihren Fähigkeiten passen.

> **Unternehmen suchen nicht nur 1er-Kandidaten. Denn auch die anderen Kompetenzen sind sehr wichtig. Besonders Ihre Persönlichkeit zählt.**

2.4 · Das duale Studium

Erfahrene Personalchefs raten: Der angehende dual Studierende sollte neben seinem Interesse an entsprechenden Themen insbesondere ein funktionierendes Zeitmanagement, eine gute Kommunikationsfähigkeit und viel Motivation mitbringen. Die Unternehmen suchen nicht nur 1er-Kandidaten. Denn auch die anderen Kompetenzen sind sehr wichtig. Besonders Ihre Persönlichkeit zählt.

Unternehmenskooperation
Als erste Informationsquelle bieten Webseiten wie *Wegweiser Duales Studium* einen guten Überblick. Dort finden Sie alle angebotenen dualen Studiengänge an deutschen Hochschulen und deren Kooperationsunternehmen.
Zu Beginn sollten Sie sich mit den Studiengängen und deren Inhalten sowie dem jeweiligen Studienaufbau auseinandersetzen.
Dann geht es um die Entscheidung, welche Hochschulen Sie bevorzugen. Es geht aber auch umgekehrt: Sie können sich anfangs bei den Unternehmen über die Ausbildungsmöglichkeiten informieren. Und dann im Anschluss nach möglichen Kooperationshochschulen suchen. Wichtige Faktoren für ihre Entscheidung sind hierbei: Ist die Hochschule staatlich anerkannt? Wie hoch sind die Kosten? Wie weit ist die Entfernung zu Ihrem Wohnort? Wie gut ist die Lehre an der Hochschule Ihrer Wahl? Wie gut sind die Netzwerke dieser Hochschule mit potenziellen Arbeitgebern?
Oft werden Schnuppervorlesungen angeboten. Nutzen Sie diese Angebote. Denn sie sind eine super Gelegenheit, sich mit Studierenden vor Ort über deren Erfahrungen auszutauschen.
Wenn Sie den gewünschten Studiengang und die Zielhochschulen definiert haben, dann geht es an die Unternehmensauswahl. Onlineportale sind dabei eine große Hilfe. Denn dort finden sie viele offene Stellen der jeweiligen Unternehmen. Bei der Unternehmensauswahl sollten Sie darauf achten, ob Sie mit den Zielen des Unternehmens einverstanden sein können. Denn Ihre zukünftige Arbeit wird Ihnen mehr Freude bereiten, wenn sich die inhaltliche Ausrichtung des Unternehmens mit Ihrer eigenen Einstellung deckt. Wenn Sie Vegetarier sind, wollen Sie sicher nicht für eine Firma arbeiten, die Tierversuche durchführt. Wenn Sie sich für erneuerbare Energien einsetzen, wollen Sie kaum für ein Unternehmen arbeiten, das Atomstrom produziert.
Auf den Karriereseiten eines Betriebs finden Sie die notwendigen Informationen zur Firma und zu den jeweiligen Praxisblöcken im Unternehmen bzw. den Blöcken an der Hochschule. Auf diesen Unternehmensseiten finden Sie meistens Videos, Broschüren oder Erfahrungsberichte von Mitarbeitern.
Auch Karrieremessen, Blogs und YouTube Videos sind interessante Informationsquellen. Die Anforderungen, die ein Unternehmen an die Bewerber hat sowie die gewünschte Form der Bewerbung – online, E-Mail oder per Post – sind dort ersichtlich.
Wichtig: Von den Unternehmen werden nicht nur Kandidaten mit einem 1,0 Abischnitt eingestellt. Es kommt auch ganz entscheidend auf Ihre Persönlichkeit an!

Martina Bachmann, Personalreferentin für Nachwuchsförderung bei der KfW Bankengruppe

Nachdem Sie sich umfassend informiert haben, geht es an die Bewerbung. Eine Bewerbung sollte etwa ein Jahr vor geplantem Studienbeginn bei dem entsprechenden Unternehmen eingehen.

> Eine Bewerbung sollte ein Jahr vor dem geplanten Studienbeginn bei dem entsprechenden Unternehmen eingehen.

Empfehlenswert ist, sich vorher dafür Informationen über das Unternehmen und vorallem über das Bewerbungsverfahren des Unternehmens zu beschaffen. Hierzu stehen Ihnen diverse Quellen zur Verfügung. Zum einen können Sie persönlich mit dem Unternehmen Kontakt aufnehmen. Sie können auch telefonisch nachfragen. Oder Sie besuchen eine Berufsmesse, auf welcher das Unternehmen Ihrer Wahl vertreten ist. Hilfreich ist es natürlich, wenn das Unternehmen eigene Bewerbungsratgeber auf seiner Website zur Verfügung stellt. Diese sind dann speziell auf dieses Unternehmen zugeschnitten. In ◘ Abb. 2.5 zeigen wir Ihnen an einem Beispiel, wie ein solches Bewerbungsverfahren ablaufen kann.

Finden Sie für jedes Unternehmen, bei dem Sie sich bewerben wollen, heraus, welche Bewerbungsform gewünscht ist. Manche Unternehmen wollen die Bewerbungsunterlagen gerne noch per Post zugeschickt bekommen, andere lieber per E-Mail oder gar online über ein Bewerbungsportal.

> **Manchmal muss man sich parallel auch schon für eine Hochschule bewerben. Die privaten Hochschulen haben eigene Auswahlverfahren. Daher sollte man sich auch über deren Bewerbungsverfahren im Vorhinein ausreichend informieren.**

Klar ist: Eine Bewerbung sollte immer gut geschrieben sein und in jedem Fall den jeweiligen Vorgaben des einzelnen Unternehmens entsprechen. Bitte produzieren Sie keine Massenmails, in denen der Namen oder das Geschäftsfeld des Unternehmens falsch sind. Auch falsche Ansprechpartner zu wählen, macht einen schlechten Eindruck. Jedes Unternehmen will von Ihnen den berechtigten Eindruck vermittelt bekommen, dass Sie sich genau für diese Firma und deren Geschäftsfeld interessieren. Dies trifft auch für die Bewerbung bei der Hochschule zu. Eine Bewerbung sollte ein Anschreiben, einen Lebenslauf, das Abschlusszeugnis bzw. wenn man noch kein Abschlusszeugnis hat üblicherweise die letzten beiden Halbjahreszeugnisse und Nachweise über relevante Qualifikationen, die man zusätzlich erworben hat, enthalten. Das Bewerbungsfoto ist heutzutage kein Muss mehr. Entscheidet man sich aber dafür eins mitzuschicken, so sollte dies am besten von einem professionellen Fotografen gemacht werden.

> **Die Bewerbungsform gibt immer das Unternehmen vor. Wichtig ist, dass man sich daran hält. Je nach Studiengang muss man sich auch bei der Hochschule schon ein Jahr im Voraus bewerben.**

Für die Bewerbung sollten Sie eine seriöse E-Mail-Adresse anlegen, welche man in den Bewerbungsunterlagen angeben kann. Natürlich sollte man dann auch regelmäßig den

2.4 · Das duale Studium

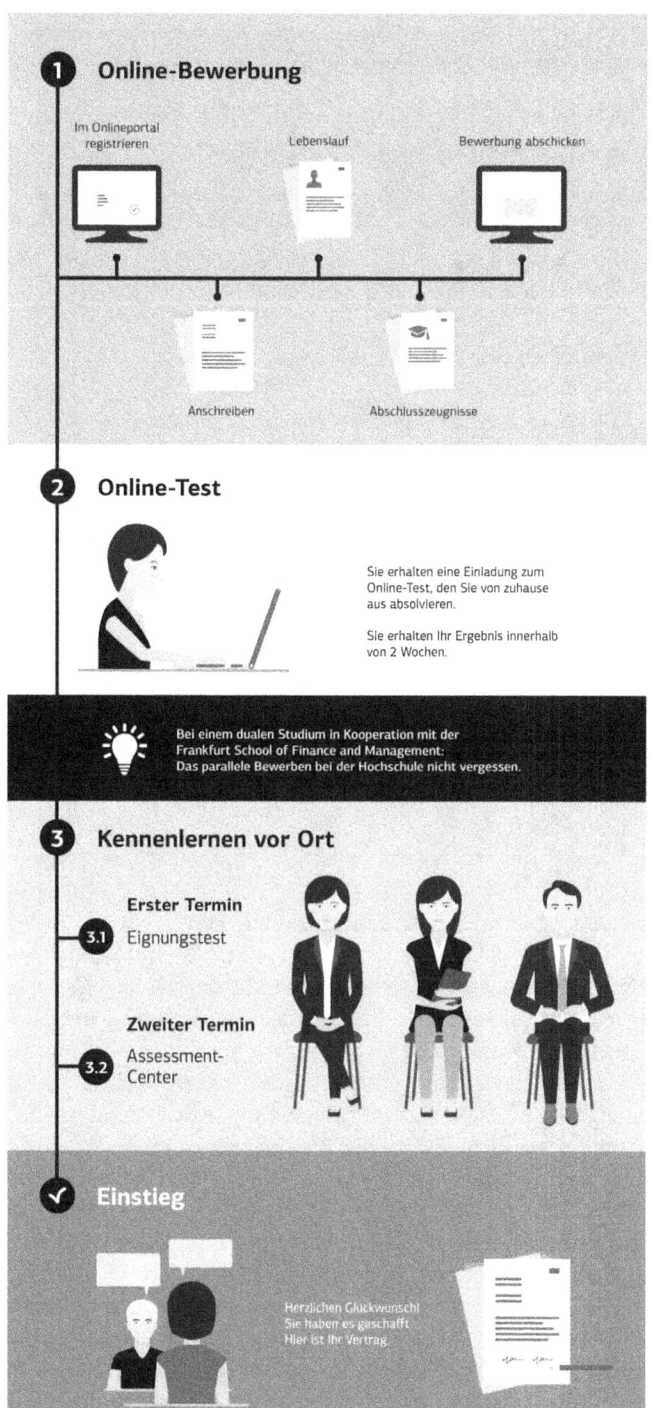

● Abb. 2.5 Schematische Darstellung des Bewerbungsverlaufs eines dualen Studiums. (Quelle: KfW Bankengruppe)

Tab. 2.1 Tabellarische Zusammenfassung der Vor- und Nachteile eines dualen Studiums. (Quelle: KfW Bankengruppe)

Vorteile für Studierende	Nachteile für Studierende
Studium und Praxis in einem	Zeitaufwand
Weiterentwicklungsmöglichkeiten und Lernerfolge	Arbeitsaufwand, d. h., Zeitmanagement ist gefragt
Übernahme der Studiengebühren und Gehalt	Bindungsfrist bzw. Rückzahlungsklausel bei Studienabbruch möglich
Hohe Übernahmechancen	Man kennt nur einen Ausbildungsbetrieb
ggf. Praktikum oder Auslandssemester möglich	evtl. zusätzliche Kosten
Vorteile für Unternehmen	**Nachteile für Unternehmen**
Entwicklung der Mitarbeiter	Zeitaufwand
„Frischer Wind" im Unternehmen	Organisationswandel ist oft zu festgefahren
Technikaffinität (Digital Natives)	Unternehmen sind oft noch nicht an die digitale Arbeitswelt angepasst
Studenten und Berufserfahrene ergänzen sich	ggf. Generationenkonflikt (Generation Z)
Imagesteigernd und Zukunftsinvestition	Arbeitsaufwand

Posteingang sowie den Spam-Ordner kontrollieren. Klingelt das Telefon, während man sich in einem Bewerbungsprozess befindet und deshalb weiß, dass möglicherweise ein Unternehmen zurückruft, so sollte man sich professionell mit Nachnamen am Telefon melden.

Hat die Bewerbung einem Unternehmen gefallen, so geht der eigentliche Rekrutierungsprozess los. Auch dieser ist überall unterschiedlich. Es werden Onlinetests oder Tests bei dem Unternehmen bzw. der Hochschule durchgeführt. Manchmal werden Telefon- oder Videointerviews vorgeschaltet. Danach geht es oft in ein Assessmentcenter (AC). Dort werden Sie etwa einen halben Tag lang einzeln und in Gruppen auf verschiedene Fähigkeiten getestet. Auch über den Ablauf im Assessment-Center sollten Sie sich unbedingt im Vorfeld ausreichend informieren. Sprechen Sie Mitarbeiter des Unternehmens an, wie die Prozesse im AC organisiert sind. Meistens finden Sie auf den Webseiten des Unternehmens Berichte von jungen Mitarbeitern, warum sich diese für das Unternehmen entschieden haben. Das sind die richtigen Ansprechpersonen für Sie. Deren Erinnerungen sind noch frisch und sehr oft sind sie gerne bereit,

2.4 · Das duale Studium

Ihnen hilfreiche Tipps für das AC zu geben. So vorbereitet, können Sie viel selbstbewusster ins AC gehen und sind auf alle Eventualitäten vorbereitet.

Das duale Studium hat sowohl für den Kandidaten als auch für das Unternehmen viele Vor- aber auch Nachteile (◘ Tab. 2.1).

Der Studierende hat von Anfang an einen ganz direkten Bezug zu einem Unternehmen. Sie sammeln erste praktische Erfahrungen und lernen neben der reinen Theorie, wie Sie diese auch in der Praxis anwenden und wie es dann in einem Unternehmen tatsächlich abläuft. Gleichzeitig knüpfen Sie Kontakte, die im späteren Berufsleben hilfreich sein können. Bei einem Vollzeitstudium müssten Sie sich zusätzlich um Praktika bewerben, um Praxiserfahrung zu sammeln. Dies entfällt bei einem dualen Studium.

Zusätzlich haben Sie meistens sehr große Chancen, nach dem Studium direkt übernommen zu werden. Im Unterschied zu einem regulären Studium bekommen Sie während eines dualen Studiums schon Gehalt. Sie können sich also voll und ganz auf die Ausbildung konzentrieren. Sie müssen nicht noch nebenbei Geld verdienen. Oftmals werden auch die Studiengebühren, zumindest teilweise, vom Unternehmen getragen. Ihr persönlicher Reifeprozess wird in dieser Zeit auch durch das gesamte Umfeld gefördert.

> Man bekommt während des ganzen dualen Studiums schon Gehalt und hat gute Chancen übernommen zu werden.

Betrachtet man die Nachteile eines dualen Studiums für den Studierenden, so ist zuerst der Zeitaufwand zu nennen. Da man ein Vollzeitstudium absolviert und währenddessen auch noch arbeitet, hat man sehr wenig Freizeit und ist mit dem Studienverlauf sehr festgelegt.

> Oftmals werden Studiengebühren vom Unternehmen getragen.

Sie können sich beispielsweise nicht spontan entscheiden ein Auslands- oder Praxissemester einzulegen, außer dies ist in der Studienordnung vorgegeben. Außerdem haben Sie wenig bis keine Zeit, um neben den Pflichtveranstaltungen an der Hochschule noch weitere freiwillige Veranstaltungen, wie etwa Sprachkurse, zu besuchen. Sie haben auch keine Möglichkeit, einmal bei einem anderen Unternehmen hinein zu schnuppern. Denn Sie sind vertraglich an ein einziges Unternehmen gebunden. Meistens ist eine vertragliche Bindungsfrist vorgesehen. Sie sind also einige Jahre an das Unternehmen gebunden, bei dem Sie das duale Studium absolviert haben, bevor Sie kündigen können, um zu einem anderen Unternehmen zu gehen. Umgehen können Sie dies oft nur mit einer Rückzahlungsverpflichtung.

> Man hat weniger Freizeit, da man studiert und auch noch arbeitet.

Zusammenfassend lässt sich sagen, dass man als dualer Studierender zwar mehr Aufwand hat als bei einem regulären Studium, sich dies jedoch aufgrund des hohen Praxisbezuges und der vielen Erfahrungen, die man sammelt, sicherlich auszahlt.

> Man ist vertraglich an ein Unternehmen gebunden und muss einige Jahre bei dem Unternehmen bleiben.

Jedoch hat auch das Unternehmen viele Vorteile, wenn es einen dual Studierenden einstellt. Durch die frühe Einbindung

> Das Unternehmen kann zielgerichtet junge Menschen auf zu besetzende Stellen qualifizieren.

der jungen Menschen kann die Firma diese schon früh zielgerichtet auf eine zu besetzende Stelle qualifizieren.

Positiv ist auch, dass sich das Unternehmen sicher sein kann, dass es eine gut ausgebildete und auf die Stelle passende Person einstellt, da es diese Person selbst ausgebildet hat. Dieser junge Arbeitnehmer hat ferner ein gutes internes und externes Netzwerk.

Gleichzeitig bringen junge Mitarbeiter immer „frischen Wind" in eine lang bestehende Betriebsstruktur. Denn sie denken oftmals noch nicht so festgefahren wie die Mitarbeiter, die schon seit Jahrzehnten die gleichen Aufgaben machen. Sie bringen oft neue Ideen ein. Zudem haben neue Mitarbeiter oft sehr gute technische Kenntnisse und geben diese an ihre Kollegen weiter.

Aus der Praxis
Marcus Milligan studierte 2009 dual Business Administration bei der KfW Bankengruppe.

Auf die KfW wurde ich durch einen Freund aufmerksam, der im Vorjahr seine Ausbildung bei der Bank begonnen hatte. Er berichtete zum einen sehr positiv von dem Ausbildungsprogramm und zum anderen von dem Unternehmen. Daher habe ich mich auf der Karriereseite weiter informiert. Die KfW ist eine Förderbank, die weltweit nachhaltige Projekte finanziert, die dazu beitragen sollen, die wirtschaftlichen, sozialen und ökologischen Lebensbedingungen im jeweiligen Zielland zu verbessern. Das klang vielversprechend und vermittelte mir auf Anhieb das Gefühl „hier kann ich einer sinnhaften Arbeit nachgehen".
Dazu sprach mich das Ausbildungsprogramm der KfW an. Die Kombination aus Theorie- und Praxis-Blöcken ermöglicht Abwechslung und Fokussierung in den jeweiligen Blöcken: das Vor- bzw. Nachbereiten von Vorlesungen beschränkte sich auf die Studienzeit und in den Praxisphasen wandte ich das theoretische Wissen an. Durch die Aufteilung hatte ich eine stimmige Work-Life-Balance, in der mir genug Zeit für meine Hobbys und ein Social Life blieb. Ein weiterer Vorteil, den man nicht unerwähnt lassen sollte, war das Gehalt. Dies war vor allem in den Studienzeiten ein großer Benefit gegenüber Vollzeit-Studierenden. Durch die finanzielle Absicherung während des Semesters musste ich in den Studienphasen keinem Nebenjob nachgehen, um Miete oder den Lebensunterhalt zu finanzieren. Obwohl ich von der Bank nie Vorgaben bezüglich meiner Noten erhielt, war die Bezahlung oft mein Motivator in den Prüfungsphasen.
Das Besondere in den Praxisblöcken war, dass die Bank durch ihre verschiedenen Förderschwerpunkte über eine große Bereichsvielfalt verfügt. So sind die Praxiseinsätze sehr verschieden und

2.4 · Das duale Studium

spannend. Jeder Studierende darf Wünsche zu seinen Praxisstationen äußern, die meistens Berücksichtigung finden.

Die Einsätze in den verschiedenen Stationen haben den Vorteil, dass man das Haus sehr gut kennenlernt und man nützliche, abteilungsübergreifende Kontakte knüpft. Und übrigens: In jedes Team wurde ich sofort integriert, übernahm Verantwortung und hatte immer das Gefühl, dass meine Arbeit wertgeschätzt wurde. Zusammenfassend kann ich sagen, dass ich den Schritt in keiner Weise bereue. Ich habe in meiner Ausbildung viel Spaß gehabt, viele neue Freunde gefunden und habe vieles gelernt, weshalb ich jedem nur raten kann, im dualen System zu studieren. Für mich bietet das Modell nur Vorteile wie zum Beispiel die Übernahmechancen nach der Ausbildung. Die KfW bildet nach Personalbedarf aus. Das bedeutet, dass man bei entsprechender Leistung sehr hohe Übernahmechancen hat. Meine Wunsch-Übernahmestation war das Transaktionsmanagement, wo ich nun als Sachbearbeiter tätig bin. Und selbst nach der Ausbildung investiert die KfW in die Mitarbeiter. Durch zahlreiche Weiterbildungsangebote hat man stets die Möglichkeit, sich zu spezialisieren und persönlich wie beruflich weiterzuentwickeln.

Heute bin ich obendrein Ausbildungsbetreuer bzw. Ansprechpartner für Azubis und dual Studierende, an die ich mein Wissen aus dem Studium weitergebe.

Das duale Studium ist somit ein Tool zur Nachfolgeplanung innerhalb eines Unternehmens. Nicht zu vergessen ist jedoch auch, dass ein gut ausgerichtetes und organisiertes Angebot an dualen Studiengängen für das Unternehmen imagesteigernd ist und somit direkte positive Folgen für das Unternehmen mit sich bringt. Neu ist die Vielfalt der dualen Studiengänge, von Betriebswirtschaft über Brau- und Getränketechnik bis hin zum Gartenbau.

> **Es gibt drei verschiedene Modelle eines dualen Studiums. Es gibt das praxisintegrierte, das ausbildungsintegrierte und das berufsintegrierte Studium.**

Bei einem praxisintegrierten Studium erwerben Sie neben dem Bachelor auch noch einen IHK-Abschluss, zum Beispiel zum Bankkaufmann.

Bei einem ausbildungsintegrierten Studium erwerben Sie keinen IHK-Abschluss, sondern nur einen Bachelor. Beide Modelle sind Blockmodelle, das heißt, Sie haben einige Wochen oder Monate Unterricht an der Hochschule und danach verbringen Sie einige Wochen oder Monate im Unternehmen.

Beim berufsintegrierten Studium erwerben Sie ebenfalls keinen IHK-Abschluss. Zudem ist die Zeiteinteilung eine andere. Es ist ein sogenanntes Teilzeit- oder auch Tagemodell, Sie sind also beispielsweise montags bis mittwochs in der Hochschule und

Das duale Studium ist auch ein Instrument zur Nachwuchsplanung innerhalb eines Unternehmens.

Der Studienverlauf

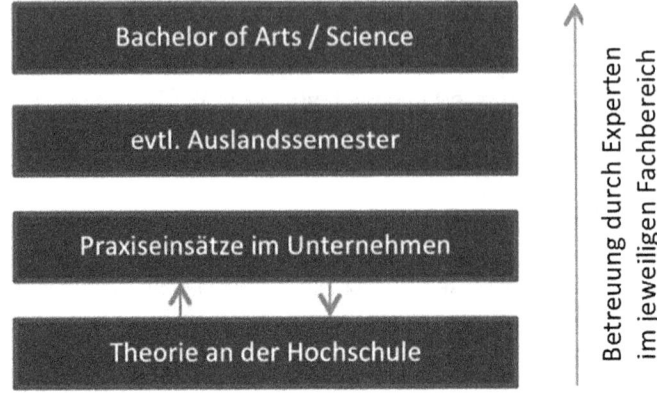

 Abb. 2.6 Schematische Darstellung des Studienverlaufs eines dualen Studiums. (Quelle: KfW Bankengruppe)

donnerstags und freitags im Unternehmen. Sie sollten sich also informieren, welches Modell bei dem ausgewählten Studiengang Anwendung findet und ob dieses auch das Richtige für Sie ist (Wissenschaftsrat 2013).

Wer nach dem dualen Studium noch einen Master machen willen, muss aber wissen: Für manchen konsekutiven Masterstudiengang sind Voraussetzungen nötig, die ein duales Studium nicht erfüllt. Wer sich noch nicht sicher ist, ob er nicht doch in die Wissenschaft möchte, ist mit einem Vollzeit-Studium also unter Umständen besser beraten. Diejenigen, die Wert auf einen hohen Praxisanteil legen und leistungsbereit sind, werden an einem dualen Studiengang jedoch Gefallen finden (Abb. 2.6). Und immerhin gibt es für den praktischen Teil der Ausbildung auch schon ein Gehalt.

> Jedem das Passende. Nicht allen das Gleiche.

2.5 Das Fernstudium an einer privaten Hochschule

Im Fernstudium erwirbt der Studierende sein Wissen durch den Einsatz von Medien. Anfänglich geschah dies in Schriftform auf Papier, wodurch diese Form des Lernens überhaupt erst ermöglicht wurde. Heute werden weitgehend digitale Bildungsmedien eingesetzt. Gutenbergs Druckkunst – also das Buch und andere Druckmedien werden bei diesem Lernformat zunehmend durch das Internet ersetzt. Ein Fernstudium ist immer gegeben, wenn eine räumliche Trennung zwischen Lehrenden und Studierenden

2.5 · Das Fernstudium an einer privaten Hochschule

existiert, das Lernmaterial über verschiedene Medien (analog oder digital) angeboten wird und Aufgaben von den Lernenden bei der Hochschule zur Korrektur eingereicht werden müssen.

Sie sollten auf die spezielle didaktische Aufbereitung des Lernstoffs durch die Hochschule achten. Denn sie ist sehr wichtig und ist ein wesentliches Qualitätsmerkmal für den Bildungsanbieter (Dieckmann und Zinn 2017). Des Weiteren ist die Nutzerfreundlichkeit der Angebote für den Studierenden von Bedeutung. Für das Selbststudium brauchen Sie ohnehin ein erhebliches Maß an Selbstdisziplin. Daher sollte die Funktionalität aller angebotenen Module leichtgängig sein. Zur Stärkung Ihrer Motivation ist der Austausch mit Lehrenden und Kommilitonen für das Verständnis wichtig und notwendig. Dementsprechend sollte die Kommunikation zwischen den Lernenden untereinander und den Lehrenden in leichter Form möglich sein. (Dieckmann und Zinn 2017; von Korflesch und Lehmann 2017). Die verschiedenen Fernstudium-Angebote bieten Ihnen die Möglichkeit, (Weiter-)Bildung mit Erwerbstätigkeit und familiären Verpflichtungen ohne Einschränkungen vereinbaren zu können (Fogolin 2017).

> Die Güte der didaktischen Aufbereitung des Lernstoffs ist ein Qualitätsmerkmal einer Fernhochschule.
>
> Nutzerfreundlichkeit und Funktionalität von Onlineangeboten müssen optimal sein.

Digitale Medien vielfältig einsetzen
Digitale Technik ermöglicht es heute in Fernstudiengängen, das Lernen von Zeit und Raum zu entkoppeln: Jeder kann lernen wann, wo und wie er oder sie es am besten in den Alltag integrieren kann und möchte. Die Bandbreite der Möglichkeiten ist schon heute enorm und wächst noch weiter: Foren, Webinare, interaktive Lernvideos, Live-Tutorien usw. Entscheidend ist dabei, dass die Lerninhalte verständlich aufbereitet werden. Das lässt sich am Beispiel Video sehr gut zeigen: Ein Lernvideo kann entweder eine gefilmte Vorlesung sein, oder aber interaktiv, in kurze Lerneinheiten eingeteilt und durchsuchbar. Zusätzlich wird das Medium Video im Fernstudium zur Verbesserung der Präsentationsfähigkeiten eingesetzt: Die Studierenden präsentieren die Ergebnisse ihrer Ausarbeitungen online per Video und haben wie bei einer Präsentation vor Ort nur einen einzigen Versuch. Der Dozent kann über die Plattform detaillierte Rückmeldung zu einzelnen Sequenzen geben. Dadurch können die Studierenden ihre eigene Arbeitsweise analysieren und systematisch verbessern. „Ich finde es sehr vorteilhaft, so detailliertes Feedback zu bekommen", erklärt Yvonne Wintz, die Personalmanagement studiert. Für sie hat das Tool den Vorteil, ein besseres Gespür für Selbstbild und Auftreten zu erhalten.
Um auch bei reinen Onlineangeboten den Austausch zu ermöglichen, helfen unter anderem Onlineforen. Der Vorteil: Fernstudierende sehen, dass sie mit ihren Fragen und Sorgen nicht allein sind. Zusätzlich erwerben sie wichtige Kompetenzen in der digitalen Kommunikation. Professoren profitieren, da sie durch die Beiträge nachvollziehen können, mit welchen Aspekten des Lernstoffes die Studierenden Probleme haben. „Für einen aktiven Austausch online braucht es zwar eine gewisse Mindestzahl an Studierenden. Allerdings profitieren dann nicht nur die aktiv Teilnehmenden, sondern auch die große passive Mehrheit, die die Beiträge genauso lesen kann", erklärt Prof. Dr. Holger Sommerfeldt, akademischer Leiter der IUBH Fernstudium.

Auch wer online studiert, muss spätestens seine Prüfungen in den von der Hochschule bereitgestellten Räumlichkeiten ablegen. Anders an der IUBH: Sie bietet neben klassischen Prüfungszentren Onlineklausuren an, die *on demand* überall und jederzeit mit Live-Prüfungsaufsicht geschrieben werden können. So lässt sich die Anfahrtszeit zum Prüfungszentrum sparen, insbesondere für berufstätige Studierende ein großes Plus. Wie in einer regulären Klausursituation werden die Studierenden live beaufsichtigt – nur eben über den Computer. Die Prüfungsaufgaben sowie zugelassene Hilfsmittel wie zum Beispiel Taschenrechner werden digital zur Verfügung gestellt. „Statt extra Kinderbetreuung an meinen Prüfungssamstagen organisieren zu müssen, kann ich nun meine Klausuren schreiben, wenn der Nachwuchs in der Schule ist oder schläft – bequem und stressfrei von Zuhause. Die Möglichkeit der Online-Prüfungen macht das Konzept der IUBH für mich als studierende Mutter tatsächlich vollkommen", freut sich Patrizia Mauritz-Fuchs.

Professor Dr. Peter Thuy, Rektor der IUBH Internationale Hochschule Bad Honnef

Jedes Fernstudium beinhaltet viel Selbststudium. Die Hochschulen bieten den notwendigen fachlichen Austausch in unterschiedlichen Formen an. Oftmals ist das Studium über Onlineportale organisiert. Idealerweise werden die Studieninhalte in digitaler und multimedialer Form zur Verfügung gestellt. An vielen privaten Hochschulen gibt es die Möglichkeit online oder telefonisch administrative oder andere Fragen zu klären. Teilweise gibt es dafür eingerichtete „Hotlines". Andere Hochschulen bieten diesen Service über sogenannte „Studycoaches" an, die man bei Fragen kontaktieren kann.

Studycoaches
Der Fachbereich onlineplus bietet seit 2016 reine Online-Programme im Distance Learning Format an. Integrale didaktische Bestandteile sind studynet (Lernmanagementsystem), studymag (digitale Lernmaterialien) und studycoach. Studycoaches sind Teil des besonderen Betreuungskonzepts des Fachbereichs. Sie sind für alle allgemeine, organisatorisch-administrative, vertragliche und lernmethodische Fragen telefonisch, online (asynchron in der Community, synchron in Webinaren) zuständig und damit ein zentraler touchpoint für die Studierenden im Online-Format. Für fachliche Belange stehen Dozenten, Professoren und Studiengangsleiter zur Verfügung. Beide Betreuungsperspektiven werden in regelmäßigen Abstimmungsrunden zusammengeführt, um eine optimale Passung der Beratung zu gewährleisten.
Der Service des Studycoach wird bisher sehr intensiv und gut angenommen. In persönlichen, aber auch standardisierten Rückmeldungen zeigt sich, dass das durch den Studycoach ergänzte Betreuungskonzept die Motivation von Fern-Studierenden steigert und zugleich die Abbrecherquoten auf einem für das Fernstudium niedrigen Niveau hält. Insgesamt wird der Service von 80 % der Studierenden mehr als einmal genutzt, was auch damit zu tun hat, dass Studierende das Betreuungskonzept mit dem Studycoach als Alleinstellungsmerkmal des Online-Angebotes der Hochschule Fresenius sehen.
Das Studycoach-Angebot führt bei einem Teil der Studierenden zu einem Art „Kamineffekt", sodass die Betreuungsintensität sehr schnell zunimmt und zugleich eine Erwartungshaltung genährt wird, eine solch enge Betreuung permanent zu gewährleisten. Die bisherigen Erfahrungen zeigen, dass es für die studycoaches in solch engen Betreuungsverhältnissen oftmals schwierig

2.5 · Das Fernstudium an einer privaten Hochschule

ist, nicht zu stark biografieorientiert zu beraten, sondern sich auf die Belange des Studiums zu konzentrieren.

Mithin werden Überlegungen angestellt, das Beratungskonzept eines Studycoaches auf der Basis bisheriger Erfahrungen so auszubauen, dass unsere Studierenden im Studium zielgenau unterstützt werden und Studycoaches mit vertretbarem Aufwand den unterschiedlichen Beratungsbedarfen gerecht werden. Insgesamt sind die Erfahrungen aus Studiengangsleiter- und Studycoach-Sicht sehr positiv. Zugleich stellen sich Überlegungen der Weiterentwicklung ein – vergleichbare mit denjenigen von einem Tutoren- über ein Mentor- zu einem Facilitatorkonzept.

Studiengangsleiter Prof. Dr Gudrun Glowalla/Prof. Dr. Peter J. Weber Fachbereich onlineplus der Hochschule Fresenius

Präsenzzeiten sind beim Fernstudium reduziert. Sie werden für Prüfungen sowie für einzelne Lehrveranstaltungen, oft auch am Wochenende genutzt. Allerdings werden auch freiwillige Begleitveranstaltungen in Form von Präsenzveranstaltungen angeboten. Da Fernhochschulen Studienzentren an verschiedenen Orten unterhalten, ermöglichen diese die Teilnahme an Präsenzveranstaltungen an einem Ort in Ihrer Nähe. Direkte Kommunikation mit Professoren, Dozenten und Kommilitonen ist während der Präsenzveranstaltungen oder durch vernetzte Onlinegruppen möglich.

Ein Fernstudium kann zur Erlangung eines akademischen Grades wie Bachelor oder Master führen. Heute wird es aber auch häufig und zunehmend für die Erlangung von Hochschul-Zertifikaten oder Nanodegrees genutzt (Püttner 2016), die nicht unbedingt in einen Studiengang integriert sind.

Aus der Praxis
Thomas Kirchenkamp, Kanzler der Wilhelm Büchner Hochschule

Viele Absolventen von grundständigen Studiengängen gehen nach dem ersten Abschluss von der Hochschule ab und beginnen zu arbeiten. Später verspüren sie das Interesse, sich weiterzubilden, den nächsthöheren Schritt auf der Karriereleiter zu nehmen – ohne dabei aus dem Berufsleben auszuscheiden. Insofern glauben wir, dass insbesondere der Markt für Masterstudierende in den nächsten Jahren weiter zunehmen wird. Aber auch die Nachfrage an akademischer Weiterbildung mit einer Dauer von beispielsweise sechs Monaten zum Erwerb von Zertifikaten wird steigen, um Kompetenzen und Wissen flexibel neben dem beruflichen Alltag auffrischen zu können. Relevante Themenbereiche sind hier beispielsweise Big Data oder Elektromobilität. Was den technischen Bereich – Schwerpunkt der Wilhelm Büchner Hochschule – betrifft, sehen wir noch großes Potenzial bei weiblichen Studierenden, deren Anteil heute lediglich 15 % aller Studierenden ausmacht. Die Karrierechancen sind in diesem Bereich hervorragend. Das sollte in der Zukunft noch besser kommuniziert werden.

Hochschulen in privater Trägerschaft unterrichten fast 30 % ihrer Studierenden in Fernstudiengängen. Bei öffentlichen Hochschulen sind es nur etwa fünf Prozent aller Studierenden (Buschle und Haider 2016). Unter allen Fernstudium anbietenden Hochschulen in Deutschland lag der Anteil privater Hochschulen im Jahr 2016 bei 86,5 % (Fogolin 2017).

Die enge Vernetzung mit der Wirtschaft und B2B-(Business-to-Business-) Partnerschaften sind bei privaten Fernhochschulen ebenso gegeben wie bei privaten Präsenzhochschulen.

> Private Fernhochschulen und Präsenzhochschulen können gleich gut mit der Wirtschaft vernetzt sein.

Unternehmenskooperation
Die data experts ist ein IT-Unternehmen mit den Schwerpunkten Systemberatung, Informationsverarbeitung und Entwicklung kundenspezifischer Softwarelösungen. An unserem Hauptstandort Neubrandenburg, in der Niederlassung Berlin oder unserem Tochterunternehmen SKET EDV GmbH in Magdeburg entwickeln unsere Mitarbeiter innovative Technologien mit klugen, maßgeschneiderten Lösungen für unsere Anwender.
Wir – und auch unsere Mitarbeiter – müssen uns stetig weiterentwickeln, um als Dienstleistungsunternehmen bestehen zu können. Das ist auch der Grund dafür, dass wir besonderen Wert auf die Weiterqualifizierung unserer Mitarbeiter legen. Das technisch ausgerichtete Weiterbildungs- und Studienangebot der privaten Wilhelm Büchner Hochschule kommt uns dabei sehr entgegen. Wir können sicher sein, dass unsere Mitarbeiter am Ende ihres Studiums höher qualifiziert sind und für differenziertere Aufgaben eingesetzt werden können. Zudem ermöglicht das Modell Fernstudium aufgrund seiner enormen Flexibilität, Arbeitsalltag, Privatleben und Weiterbildung miteinander zu vereinbaren. Eine Weiterbildungsmaßnahme ist nur von Erfolg gekrönt, wenn unsere Mitarbeiter diese auch bewältigen können. Und noch ein weiterer, aus Unternehmersicht ganz entscheidender Punkt darf nicht außer Acht gelassen werden: Als Dienstleistungsunternehmen ist es unser Anspruch, unseren Kunden jederzeit in vollem Umfang zur Verfügung zu stehen. Der Verzicht eines Mitarbeiters über einen längeren Zeitraum hinweg ist dabei nicht denkbar. Dank des flexiblen Studiums haben unsere Mitarbeiter die Möglichkeit, neben dem Beruf die eigenen Kompetenzen auszubauen und an ihrem Aufstieg zu feilen. Dieses Modell leben wir bereits seit fast 20 Jahren.

Stefan Jaster und Dietmar Schielke, GF data experts gmbH; B2B-Partner der Wilhelm Büchner Hochschule

Der Begriff „Fernstudium" wird heute differenzierter betrachtet als noch vor einigen Jahren (Dieckmann und Zinn 2017). Man spricht neuerdings oft von „Distance Learning/Distance Education", was in folgende drei didaktische Bildungsformate ausdifferenziert wird (Fogolin 2017):
1. „reines Onlinestudium": Fernstudienangebote ohne Präsenzanteil,
2. „Fernstudium": Fernstudienangebot mit einem kleineren Präsenzanteil (*Face-to-Face*-Begegnung) unter 50 %,
3. „Blended Learning": Fernstudienangebot mit einem größeren Präsenzanteil von über 50 %.

Je geringer der Präsenzanteil beim Studium ist, desto weniger besteht die Notwendigkeit am Studienort zu wohnen. Damit entfallen Kosten für den Umzug an den Studienort und vielleicht höhere Mietkosten für eine Wohnung in einem Ballungszentrum. Man kann in seiner gewohnten Umgebung bleiben. Wenn der zu erbringende Präsenzanteil ein gewisses Zeitkontingent überschreitet, wird ein Umzug oder häufiges Pendeln notwendig, was die Kostenersparnis reduziert.

2.5.1 Reines Onlinestudium

Eine spezielle Form des Fernstudiums stellt das reine Onlinestudium dar. Der Vorteil ist, dass man überall, also völlig ortsunabhängig studieren kann. Studieninhalte werden über das Internet bereitgestellt. Ein digitaler „Lernraum" ermöglicht, digitale und interaktive Lernmaterialien über das Netz anzubieten, ebenfalls die Kommunikation zwischen Lehrkräften und Studierenden sowie der Studierenden untereinander (Dittler und Kreidl 2018). So findet die Betreuung durch Lehrkräfte in der Regel über Chatrooms, Videokonferenzen, E-Mails, Internet-Foren, Live-Tutorien, Webinare, interaktive Lernvideos oder Telefone statt. Ergänzend werden z. T. kürzere Präsenz- und Prüfungsphasen an einer Hochschule angeboten. Letztlich wird beim reinen Onlinelernen aber die Wohnung zum Campus. Wer aus beruflichen oder persönlichen Gründen seinen Wohnort nicht wechseln möchte und auch kurze Abwesenheiten scheut, kann durch reine Onlineangebote ein Studium zeitlich und örtlich flexibel absolvieren. Die verschiedenen Formen der Onlineunterstützung der Hochschulen ermöglichen, dass man bei Fragen oder Verständnisproblemen Ansprechpartner hat, die einem direkt helfen können. Prof. Dr. Johanne Pundt, Präsidentin der APOLLON Hochschule unterstreicht diesen Punkt:

> Bei Fragen und Problemen mit den Studienunterlagen stehen unsere Lehrenden den Studierenden über den Online Campus virtuell zur Seite und beantworten kurzfristig Fragen oder geben Tipps, damit die Studierenden fortfahren können.
> Das und die persönliche Betreuung und Beratung durch die Mitarbeiter vor Ort (täglich von 8–18 Uhr) schätzen unsere Studierenden sehr.

Obwohl alle Fernhochschulen digitale Angebote haben, ist die Funktionalität unterschiedlich (Konegen-Grenier 2016) und didaktische Innovationen unter Einsatz digitaler Lernelemente sind noch ausbaubar (Schmidt et al. 2017). Wohingegen manche Hochschulen noch recht konservative digitale Lernformate anbieten, erlauben andere interaktives Lernen mit Kommilitonen und Lehrenden auf verschiedenen Plattformen. Die verschiedenen

Die Funktionalität des Angebots digitaler Lernformate ist bei verschiedenen Anbietern unterschiedlich.

Formen der Onlineunterstützung der Hochschulen ermöglichen, dass man bei Fragen oder Verständnisproblemen Ansprechpartner hat, die einem direkt helfen können. Bei vielen aktuellen digitalen Angeboten von Hochschulen wird bisher keine voll-digitalisierte Onlinelehre angeboten. „Cloud Computing" und Kollaborationssoftware sowie Simulationen sind nicht immer Teil des regulären Portfolios, werden aber mit dem Ausbau dieser Studienform kontinuierlich optimiert. Andere bieten bereits komplexere digitale Lernformate, die auch Experimente digital nachempfinden lassen. Themen wie „Augmented Reality" (AR; „erweiterte Realität"), die Anreicherung der dreidimensionalen Umgebung mithilfe von Daten, sind noch nicht sehr weit in den Lehrbetrieb aufgenommen worden. Im Konsumentenbereich ist „Augmented Reality" durch das Spiel „Pokémon GO", das eine virtuelle Monsterjagd im öffentlichen Raum ermöglichte, im Sommer 2016 bekannt geworden. Virtual Reality (VR) bezeichnet komplett computergenerierte Umgebungen (Hochschulforum Digitalisierung 2016).

Die Notwendigkeit, digitale Lernformate einzuführen oder auszubauen scheint aber heute weitgehend unstritig zu sein (Konegen-Grenier 2017). Dies gilt für Präsenz- und Fernstudiengänge gleichermaßen.

Prof. Dr. Markus Rudolf von der WHU – Otto Beisheim School of Management fasst es so zusammen:

> Digitalisierung und Hochschulbildung müssen Hand in Hand gehen. An der WHU widmen wir uns den Herausforderungen der Digitalisierung in Hinblick auf neue Märkte, aber natürlich auch auf die Lehre der Zukunft in einem eigens gegründeten Center of Digitalization.

Angesichts gegenwärtiger weitreichender gesamtgesellschaftlicher Digitalisierungsprozesse (Ladel et al. 2018), des steigenden Bedarfs an Weiterbildung und der zunehmenden Öffnung der Hochschulen (Buß et al. 2018) ist ein weiteres Anwachsen der Fernstudien-Angebote zu erwarten (Winde und Konegen-Grenier 2017).

> Ein Großteil unserer Studierenden entscheidet sich für ein Fernstudium, weil es neben dem Beruf am besten möglich ist. Man muss sich nicht mehr für nur einen Weg entscheiden. Auch im Hinblick auf die neuen Kompetenzanforderungen im Zuge der digitalen Transformation gewinnt das digitale Fernstudium parallel zum Beruf immer mehr an Bedeutung. Im Übrigen findet das Fernstudium in Zeiten des Fachkräftemangels und im Konzept des „Lebenslangen Lernens" immer mehr Zuspruch. Ich bin überzeugt, dass der Trend weiter positiv sein wird.
> Sagt Prof. Dr. Ronny Fürst, CEO und Kanzler der AKAD University.

2.5.2 Fernstudium mit weniger als 50 % Präsenzzeiten

Ein Fernstudium mit weniger als 50 % Präsenzanteil ist zwar zeitlich nicht so flexibel wie reines Onlinelernen, bietet aber dennoch ein hohes Maß an Flexibilität und weitgehende Ortsunabhängigkeit. Präsenzveranstaltungen sind minimiert, bieten aber die Gelegenheit Kommilitonen zu treffen und vielleicht Lerngruppen zu bilden, bei denen man sich persönlich kennenlernen kann. Dadurch wird Ihnen ein engerer Kontakt zu anderen Studierenden ermöglicht, sodass auch Netzwerke leichter entstehen können. Der größte Anteil der Wissensaufnahme erfolgt über Medien – meist in Form von Onlineangeboten. Hier gelten die gleichen Qualitätskriterien wie bei den anderen didaktischen Formaten der „Distance Education".

Aus der Praxis
Anna-Lena Keilholz studierte General Management mit Abschluss B.Sc. 2012 & M.A. 2014 an der PFH Private Hochschule Göttingen. Heute ist sie Geschäftsführerin der HKS Sicherheitsservice GmbH, Hardegsen.

Mir war sehr schnell klar, dass ich ein Studium der Betriebswirtschaftslehre beginnen wollte und dies gern auch in der Region, in der ich aufgewachsen bin. Obwohl mir die Zusage der staatlichen Hochschule bereits vorlag, habe ich mich zusätzlich bei der PFH Private Hochschule Göttingen beworben. Insbesondere das persönliche Auswahlgespräch mit einem Professor und die anschließende Möglichkeit, von einem Studierenden eines höheren Semesters durch die Räumlichkeiten geführt zu werden und dabei Fragen zu stellen und ganz offen Vorurteile zu diskutieren, haben mich sehr beeindruckt.
Bei der anschließenden Entscheidung für die private Hochschule waren es genau diese familiäre Atmosphäre und die individuellen Betreuungsmöglichkeiten, die mich überzeugt haben, und die ich auch während des Studiums immer wieder als großen Vorteil wahrgenommen habe. Die Praxisnähe aller Professoren und die zahlreichen Veranstaltungen mit Partnerunternehmen haben im hohen Maße dazu beigetragen, dass ich noch immer auf ein umfangreiches Netzwerk zurückgreifen kann: interessante Unternehmenskontakte, persönliche Verbindungen zu einzelnen Professoren und langjährige Freundschaften zu einigen Kommilitonen.
Nach meinem Bachelor-Abschluss 2012 wollte ich mein bisher erlerntes Wissen unbedingt noch um den Masterstudiengang ergänzen. Gleichzeitig stand bei mir bereits das Thema „Nachfolge-Regelung" in dem mittelständischen Unternehmen an,

welches mein Vater im Jahr 1995 gegründet hatte. Das berufsbegleitende Fernstudienangebot der PFH war in diesem Fall eine ideale Lösung für mich: Online-Vorlesungen und ausgewählte Präsenzveranstaltungen parallel zur Einarbeitung in die Geschäftsführung unseres Unternehmens. Dies erforderte eine gute Selbstorganisation und eine hohe Eigenmotivation, wobei ich jederzeit eine sehr gute Unterstützung seitens der PFH-Professoren bekommen habe. Mein Studium habe ich weitestgehend selbst finanziert, indem ich mit regelmäßigen Jobs an Wochenenden und in den Semesterferien mein eigenes Geld verdient habe und damit unabhängig war. Auch wenn ich dadurch einige Partys versäumt habe, kann ich dennoch rückblickend behaupten, dass ich in Göttingen alle Facetten des Studentenlebens kennengelernt und genossen habe. Gleichzeitig bekam ich eine praxisorientierte akademische Ausbildung, die mich hervorragend auf meinen jetzigen Aufgabenbereich als Geschäftsführerin eines mittelständischen Unternehmens mit ca. 300 Mitarbeiterinnen und Mitarbeitern vorbereitet hat.

2.5.3 Blended Learning

Eine heute vielfach genutzte Form von „Distance Education" ist das „Blended Learning". Es ist ein sequenziertes Lernarrangement mit Präsenz- und medienbasierten Selbstlernphasen (Bargel 2013). Die zeitliche und örtliche Flexibilität ist durch den größeren Präsenzanteil (über 50 %) reduziert, bietet aber immer noch wesentlich mehr eigene Gestaltungsmöglichkeiten beim Lernen als ein Präsenzstudium. Es kombiniert die Vorteile eines flexiblen Studiums mit denen eines Präsenzstudiums, in dem die weitgehende Autonomie des Lernens dennoch viel Kontakt zu Kommilitonen und Lehrenden ermöglicht (Fogolin 2017).

> **Fernunterricht ist heute meist kein reines „distance learning", sondern eher ein „blended learning" mit Präsenzphasen und E-Learning-Elementen.**

Bisher dominieren Präsenzformate bei der akademischen Ausbildung. Allerdings nimmt die Nutzung von sogenannten Blended-Learning-Formaten mit Onlineangeboten zu und wird oftmals auch präferiert, wie Prof. Dr. Stefan Baldi, Dekan und Geschäftsführer der Munich Business School ausführt:

> Im digitalen Bereich sind für die Munich Business School vor allem Blended-Learning-Angebote interessant, da wir auch in einer zunehmend digitalisierten Welt auf das Lernen als sozialen Prozess im direkten persönlichen Kontakt setzen.

Manche Hochschulen sehen sogar diese Form des Lernens als die Form der Zukunft an.

2.5 · Das Fernstudium an einer privaten Hochschule

> „In Zeiten des lebenslangen Lernens und der steten Veränderungsbedarfe von Unternehmen, Stichwort disruptive Prozesse und Digitalisierung, ist ein Fernstudierender ein ganz „normaler" Student. Das Wachstum der PFH war in den letzten Jahren geprägt durch unser Fernstudienangebot. Wir prognostizieren dieses auch für die nächsten Jahre. Normalität sehe ich übrigens darin, dass sich die Formen des klassischen Campusstudiums und des Fernstudiums, vielleicht sollten wir besser von einem digitalen Studium sprechen, aufeinander zubewegen. Die PFH versteht sich deshalb auch als hybride Hochschule, die ihren Studierenden das Beste aus beiden Welten anbieten möchte", sagt Prof. Dr. Frank Albe, Präsident der PFH Private Hochschule Göttingen dazu.

Reine Onlineformate werden von Hochschulen dagegen in geringem Umfang eingesetzt. Mobilem Lernen und adaptivem Onlinelernen werden große Zukunftspotenziale zugesprochen. Komplexere digitale Lernformate, die auch Experimente digital nachempfinden lassen, sind auch schon im Angebot. Dazu nochmals Prof. Dr. Pundt:

> Unser Online-Studiengang wird gut von Bewerbern angenommen. Wir nutzen WBTs, Videos, Hörbücher etc., um die mobile Generation zu bedienen und die Begriffe wie maschinelles Lernen, Wearables, Deep Learning, Cloud Computing, Big Data sind der unausweichliche Change-Prozesse, der die Fähigkeit umsetzt, auch Studierende für die Hochschulzukunft zu begeistern.

Dr. Harald Beschorner, Kanzler der FOM Hochschule für Ökonomie & Management, äußert sich zu diesem Thema wie folgt:

> An der FOM Hochschule nutzen wir digitale Lernkonzepte zur Flexibilisierung des Lernens und erforschen die Einbindung von virtuellen Realitäten (VR). Darüber hinaus verstehen wir Digitalisierung als Querschnittsthema. Neben einer Basis-Digitalisierungskompetenz wünschen wir uns perspektivisch für unsere Studierenden die Fähigkeit, in ihren Unternehmen die Potenziale zur Umsetzung von Digitalstrategien zu erkennen und anzustoßen.

Neue Ansätze beinhalten auch „erfahrungsbasiertes Lernen", welches auf neugierinduziertem Lernen (curiosity-driven education) basiert. Bei dieser Art des Lernens stehen die Studierenden im Mittelpunkt und die Lerninhalte werden durch die Stärken der Studierenden bestimmt. So erfolgt in Form von in Teams durchgeführten Projekten eine Art gruppendynamisches, autodidaktisches und neugierbasiertes Lernen mit höchster Praxisnähe. Weitere Lernstufen werden erreicht, nachdem gemeinsam auf Basis des Geschaffenen ein definiertes Kompetenz-Niveau erzielt wurde und man in den nächsten Level aufsteigen kann. Das Prinzip erinnert an Computerspiele, bei denen man durch Perfektionierung der eigenen Fähigkeiten neue Ebenen erreichen kann. Dieses Prinzip wird von der im Sommer 2017 in Berlin gegründeten CODE University verfolgt.

Aus der Praxis
Thomas Kirchenkamp, Kanzler der Wilhelm Büchner Hochschule

Die Akzeptanz der Methode Fernunterricht hat in den letzten Jahren stetig zugenommen. Wer sich heutzutage für einen Beruf entscheidet, übt diesen mit hoher Wahrscheinlichkeit nicht bis zum Ende seines Berufslebens in ein und derselben Form aus. Der eine bildet sich weiter, um beruflich aufzusteigen, der andere orientiert sich komplett um. Zudem kommen mittlerweile Studierende mit den unterschiedlichsten Bildungsbiografien auf uns zu. Neben Studieninteressierten mit Abitur finden auch immer wieder Berufstätige ohne Abitur den Weg zu uns – aktuell sind dies ca. 20 % unserer Studierenden. Was viele nicht wissen: Staatlich geprüfte Meister und Techniker verfügen automatisch über die notwendigen Zugangsvoraussetzungen für ein Studium. Und auch beruflich Qualifizierte können nach erfolgreichem Absolvieren der Hochschulzugangsprüfung bei uns studieren.
Fernunterricht ist meines Erachtens bereits heute kein reines „Distance Learning" mehr. Die Bezeichnung „Blended Learning" trifft es eher: Neben den klassischen Fernunterrichtsmethoden sind je nach Studiengang auch heute schon Präsenzphasen und E-Learning-Elemente Gegenstand des Fernstudiums. Wir erwarten, dass der Anteil an E-Learning, also beispielsweise Lernvideos und Webinaren, in den nächsten Jahren massiv zunehmen wird. Innovative Konzepte, wie virtuelle Labore oder VR-Angebote, werden gerade bei den technischen Studiengängen zu differenzierenden Studienelementen werden. Das ist aber keine reine Zukunftsmusik: Die Studierenden der Wilhelm Büchner Hochschule haben bereits heute die Möglichkeit, ihr Wissen in virtuellen Laboren einzusetzen, bequem von zu Hause aus.

Aus der Praxis
Manfred Haas hat Technische Betriebswirtschaft mit Abschluss B.Sc. (2012) und anschließend Innovations- und Technologiemanagement mit Abschluss M.Sc. (2014) an der Wilhelm Büchner Hochschule studiert. Heute ist er Personalleiter beim Landesbetrieb Straßen NRW und beschäftigt sich aktuell mit seiner Promotion.

Dass Manfred Haas einmal das erreichen würde, wo er heute steht, hätte er sich vor einigen Jahren noch nicht träumen lassen. Damals arbeitete Haas als Straßenwärter – lediglich mit Realschulabschluss in Händen. Heute ist Haas zweifacher

2.5 · Das Fernstudium an einer privaten Hochschule

Hochschulabsolvent, Personalleiter beim Landesbetrieb Straßen NRW und aktuell mit seiner Promotion beschäftigt. Dazwischen liegen lehrreiche Jahre, angefangen mit dem Nachholen der Fachhochschulreife. Daran schlossen sich eine Weiterbildung zum staatlich geprüften Bautechniker an der Abendschule und die Weiterbildung zum geprüften technischen Betriebswirt IHK an. Letztere belegte er bei einem Fernlehrinstitut, um flexibler sein zu können und sich die langen Anfahrtswege im Arbeitsalltag zu sparen. Die Fernlehre wurde zu seinem favorisierten Lernstil: Haas entschied sich für ein Studium an der Wilhelm Büchner Hochschule. Dort absolvierte er zunächst den Studiengang „Technische Betriebswirtschaft (B.Sc.)". Im Anschluss belegte Haas den Master-Studiengang „Innovations- und Technologiemanagement (M.Sc.)" und schloss auch diesen erfolgreich ab. Damit nicht genug, Manfred Haas möchte noch höher hinaus: Seine nächsten Ziele sind der berufliche Aufstieg in den höheren Dienst und die Promotion. Haas' Fazit: „Ich weiß, dass sich Weiterbildung lohnt, ganz egal, was andere Leute dazu sagen. Und mit einem Fernstudium kann ich mich gleichzeitig um meine Familie kümmern." Beruflich hat sich das Lernen für Manfred Haas von Anfang an gelohnt. Schon während seiner Weiterbildung zum Bautechniker wurde er – nach 19 Jahren Dienst als Straßenwärter – beim Landesbetrieb Straßenbau NRW Sachbearbeiter im Bereich Telematik. Kurze Zeit später bekam er eine Stelle als Angestellter für Verkehrstechnik. Nach seinem Abschluss als technischer Betriebswirt stieg er zum Controller in den gehobenen Dienst auf. Dank seines Master-Abschlusses hat Haas nun die Voraussetzung, um in den höheren Dienst zu wechseln: „Da der Master of Science interdisziplinär aufgebaut ist und sowohl ingenieur- als auch wirtschafts- und rechtswissenschaftliche Themen behandelt, kann ich Aufgaben im technischen sowie im nicht-technischen Bereich übernehmen."
Manfred Haas ist ein Sinnbild für lebenslanges Lernen. Das ist auch der Grund dafür, dass er 2016 mit dem Studienpreis „Lebenslanges Lernen" vom Forum DistancE-Learning für seinen einzigartigen Weiterbildungsweg ausgezeichnet wurde.

Deutsche, private – staatlich anerkannte – Anbieter von Fernstudiengängen sind unter anderem die AKAD University, die Allensbach Hochschule, die APOLLON Hochschule der Gesundheitswirtschaft, die Deutsche Hochschule für Prävention und Gesundheitsmanagement, die DIPLOMA Hochschule, die Europäische Fernhochschule Hamburg (Euro-FH), die Hochschule Fresenius online plus, die Internationale Hochschule Bad Honnef (IUBH), die PFH Private Hochschule Göttingen, die SRH Fernhochschule – The Mobile University sowie die Wilhelm Büchner Hochschule.

Viele der privaten Fernhochschulen haben bundesweit verteilte Studienzentren.

In der Bundesrepublik Deutschland ist die 1974 gegründete öffentliche Fernuniversität in Hagen nicht nur die größte Anbieterin von Fernstudien, sondern auch die größte Universität Deutschlands. Durch einen Staatsvertrag zwischen den Ländern erhielt sie den gesamtstaatlichen Auftrag, Fernstudien auch über das Bundesland Nordrhein-Westfalen hinaus anzubieten. Das flexible, medienbasierte Blended-Learning-System der Fernuniversität ermöglicht ein orts- und zeitunabhängiges Studieren. Im Sommersemester 2017 waren dort rund 75.000 Studierende eingeschrieben (Pellert 2018).

Da die Angebote der Hochschulen unterschiedlich und nicht alle Lerninhalte immer gleich nutzerfreundlich und verständlich aufbereitet sind, sollten Sie die Qualität der digitalen Aufbereitung des Fernstudium-Angebotes und die Anwenderfreundlichkeit der infrage kommenden Hochschulen in jedem Fall prüfen. Hier sind Sie gut beraten, sich genau über die Angebote zu informieren und das für Sie Passende herauszufiltern.

Tipps

1. Sie sollten sich vor Beginn des Studiums schon mit den Inhalten Ihres Wunschstudiums auseinandersetzen. Es gibt sogenannte Modulhandbücher, die auf den Webseiten der jeweiligen Hochschulen zu finden sind. Nutzen Sie diese Handbücher und informieren Sie sich darüber, ob die dort detailliert angegebenen Inhalte eines Studiengangs für Sie wirklich interessant sind. In den Modulhandbüchern der einzelnen Studiengänge sind sämtliche Anforderungen und Lernziele gesammelt und aufbereitet.
2. Da die Aufnahmeverfahren privater Hochschulen unterschiedlich sind, sollten Sie im Vorfeld Kontakt mit den jeweiligen Studienberatern aufnehmen. So können Sie erfahren, wie das Aufnahmeverfahren an der Hochschule Ihrer Wahl abläuft. Das ist wichtig zu wissen. Denn nur dann können Sie sich gut auf die schriftlichen und mündlichen Teile des Aufnahmeverfahrens vorbereiten.

Literatur

Bargel, Tino. 2013. Studieren in Teilzeit als Beitrag zur Flexibilisierung des Hochschulstudiums. Hefte zur Bildungs- und Hochschulforschung, 69. Konstanz: Universität Konstanz.

Buschle, Nicole, und Carsten Haider. 2016. *Private Hochschulen in Deutschland*. Wiesbaden: Statistisches Bundesamt WISTA.

Buß, Imke, Manfred Erbsland, Peter Rahn, und Philipp Pohlenz. (Hrsg.). 2018. *Öffnung von Hochschulen*. Heidelberg: Springer VS.

Literatur

Dieckmann, Heinrich, und Holger Zinn. 2017. *Geschichte des Fernunterrichts*. Bielefeld: Bertelsmann.

Digitalisierung, Hochschulforum. 2016. *The Digital Turn Hochschulbildung im Digitalen Zeitalter*. Berlin: Hochschulforum Digitalisierung. ▶ https://doi.org/10.1080/13688804.2012.752963.

Dittler, Ulrich, und Christian Kreidl. 2018. Hochschule der Zukunft. In *Hochschule der Zukunft*, Hrsg. Ulrich Dittler und Christian Kreidl. Wiesbaden: Springer Fachmedien.

Dräger, Jörg und Frank Ziegele. 2014. *Hochschulbildung wird zum Normalfall. Ein gesellschaftlicher Wandel und seine Folgen*. Gütersloh: CHE Centrum für Hochschulentwicklung.

Fogolin, Angela. 2017. *Strukturdaten Distance Learning/Distant Education – Fachbeiträge im Internet - Nr. 19*. Bonn.

Gehlke, Anna, Cort-Denis Hachmeister, Lars Hüning, und Lisa de Vries. 2017. *Der CHE Numerus Clausus-Check 2017/18*. Gütersloh: CHE gemeinnütziges Centrum für Hochschulentwicklung.

Hochschulrektorenkonferenz. 2016. *Statistische Daten zu Studienangeboten an Hochschulen in Deutschland*. Bonn: Hochschulrektorenkonferenz (HRK).

Hofman, Silvia, und Maik König. 2017. *AusbildungPlus – Duales Studium in Zahlen 2016*. Bonn: Bundesinstitut für Berufsbildung (BiBB).

Konegen-Grenier, Christiane. 2016. *Die meisten Hochschulen arbeitennoch analog*. Köln: Institut der deutschen Wirtschaft.

Konegen-Grenier, Christiane. 2017. *Handlungsempfehlungen für die Hochschule der Zukunft*. Köln: Institut der deutschen Wirtschaft.

Konegen-Grenier, Christiane, und Mathias Winde. 2013. *Bildungsinvestitionen der Wirtschaft 2012*. Essen: Ed. Stifterverband.

Korflesch, Harald von, und Burkhard Lehmann. (Hrsg.). 2017. *Online-/Distance-Education – Entwicklungslinien und Trends des Fernstudiums*. Hohengehren: Schneider.

Ladel, Silke, Julia Knopf, und Armin Weinberger. (Hrsg.). 2018. *Digitalisierung und Bildung*. Heidelberg: Springer.

Lah, Wencke, Ronny Röwert, und Christian Berthold. 2016. *Das Teilzeit-Studium an deutschen Hochschulen – Wo stehen wir und was ist möglich?* 188. Gütersloh: CHE gemeinnütziges Centrum für Hochschulentwicklung.

Middendorff, Elke, Beate Apolinarski, Karsten Becker, Philipp Bornkessel, Tasso Brandt, Sonja Heißenberg, und Jonas Poskowsky. 2017. *Die wirtschaftliche und soziale Lage der Studierenden in Deutschland 2016 – 21. Sozialerhebung des Deutschen Studentenwerk*. Bonn: Bundesministerium für Bildung und Forschung.

Nickel, Sigrun und Nicole Schulz. 2017. *Update 2017: Studieren ohne Abitur in Deutschland [Update 2017: Studying without Abitur in Germany] – Überblick über aktuelle Entwicklungen*. 195. Gütersloh: CHE gemeinnütziges Centrum für Hochschulentwicklung.

Pauschenwein, Jutta, und Gert Lyon. 2018. Ist die Zukunft der Hochschule digital? In *Hochschule der Zukunft*, Hrsg. Ulrich Dittler und Christian Kreidl, 145–165. Wiesbaden: Springer Fachmedien.

Pellert, Ada. 2018. Die Hochschule als Partnerin des Lebenslangen Lernens. In *Hochschule der Zukunft*, Hrsg. Ulrich Dittler und Christian Kreidl, 101–116. Wiesbaden: Springer VS.

Püttner, Christiane. 2016. Udacity will Bildung sexy machen. *Computerwoche von IDG*.

Schmidt, Ulrich, Lutz Goertz, Sabine Radomski, Sabrina Thom und Julia Behrens. 2017. *Monitor Digitale Bildung – Die Hochschulen im Digitalen Zeitalter*. Gütersloh: Bertelsmann Stiftung.

Schmillen, Achim, und Heiko Stüber. 2014. *Lebensverdienste nach Qualifikation: Bildung lohnt sich ein Leben lang*. IAB-Kurzbereicht 1. ▶ https://www.ISSN0942–167X.

Winde, Mathias, und Christiane Konegen-Grenier. 2017. *Duales Studium: Konkurrenz zur Berufsausbildung?* Köln: Institut der deutschen Wirtschaft.

Wissenschaftsrat. 2013. Empfehlungen zur Entwicklung des dualen Studiums: 48.

Studiengänge an privaten Hochschulen

3.1 Hintergrund – 74
3.1.1 Verfahren länderübergreifender Qualitätssicherung privater Hochschulen – 75
3.1.2 Fächerüberblick und internationaler Vergleich – 78

3.2 Neigungen und Ziele – 81

3.3 Rechts-, Wirtschafts- und Sozialwissenschaften – 83
3.3.1 Rechtswissenschaften – 84
3.3.2 Wirtschaftswissenschaften – 87
3.3.3 Sozialwissenschaften – 94

3.4 Humanmedizin/Gesundheitswissenschaften – 101
3.4.1 Humanmedizin – 102
3.4.2 Gesundheitswissenschaften – 103

3.5 Sprach- und Kulturwissenschaften – 106
3.5.1 Sprachwissenschaften – 110
3.5.2 Kulturwissenschaften – 111

3.6 Ingenieurwissenschaften – 116

3.7 Mathematik, Naturwissenschaften – 118
3.7.1 Mathematik – 119
3.7.2 Naturwissenschaften – 120

3.8 Kunst, Kunstwissenschaften – 123
3.8.1 Kunst – 124
3.8.2 Kunstwissenschaft – 125

3.9 Regionale Verteilung des Studienangebots – 126

Literatur – 129

© Springer Fachmedien Wiesbaden GmbH, ein Teil von Springer Nature 2019
A. Doll, A. P. Hansen, *Die Managerschmieden*, https://doi.org/10.1007/978-3-658-21250-6_3

Zusammenfassung

Etwa 2000 Studiengänge werden derzeit von privaten Hochschulen angeboten. Studiengänge im Bereich der Rechts-, Wirtschafts- und Sozialwissenschaften sind am meisten nachgefragt. Das restliche Angebot differenziert sich in Fächer wie Gesundheits- und Sozialwissenschaften, Psychologie, Mathematik, Informatik, Naturwissenschaften und Technik bis hin zu Kunst, Sport, Design und Mode aus. Die Hochschulzulassung wird bei privaten Hochschulen durch eigene Aufnahmetests geregelt. An privaten Hochschulen gibt es keinen Numerus Clausus. Dieses Kapitel erläutert Hintergründe für das Anwachsen des Studienangebots der privaten Hochschulen. Es wird erklärt, wie die staatliche Qualitätssicherung bei privaten Hochschulen funktioniert. Ein Test hilft Ihnen, die eigenen Studienneigungen realistisch einzuschätzen. Die einzelnen Fächergruppen und die regionale Verteilung des Studienangebots werden beschrieben. Erfahrungsberichte von Absolventen und Tipps zur Studienauswahl runden das Kapitel ab.

3.1 Hintergrund

Die Bologna-Erklärung legte 1999 den Grundstein für die Umstellung auf die Bachelor- und Masterabschlüsse in Deutschland. In dieser Erklärung verpflichteten sich zunächst neunundzwanzig europäische Staaten, das Bachelor-Master-System einzuführen. Mit dem sogenannten Bologna-Prozess wurde ein einheitlicher europäischer Bildungsraum geschaffen. Gleichzeitig sollte die Bildungsbeteiligung der Bevölkerung erhöht werden. Dies führte u. a. zu einer großen Vielfalt an neuen Studienangeboten auch an privaten Hochschulen.

Prof. Dr. Klaus Hekking, Vorsitzender des Verbands Privater Hochschulen, schätzt die Situation so ein:

> Die Bildungsansprüche werden differenzierter.
> „Personalisierte Bildung" wird mehr und mehr ein Thema und hier können die Privaten besonders punkten. Ich denke, ein Marktanteil von zwanzig Prozent bis 2025 liegt im Bereich des Möglichen.

Mit der Umstellung auf gestufte Studiengänge (Bachelor/Master) und deren Modularisierung gingen intensive Bemühungen um die Verbesserung von Qualität in Studium und Lehre einher. Denn mit dem Bologna-Prozess war nicht nur die Einführung eines neuen gestuften Studiensystems verbunden. Von Anfang an wurde auch die Qualitätssicherung als eines der Ziele genannt.

3.1 · Hintergrund

Es wurden sowohl nationale sowie europäische Qualitätsstandards für Studium und Lehre entwickelt. Wichtige Ziele sind der Austausch von Studierenden und Hochschulpersonal über nationale Grenzen hinweg, die Weiterentwicklung der nationalen Hochschulsysteme in Europa, die Qualifizierung von Fachkräften für den Arbeitsmarkt sowie die Förderung des wissenschaftlichen Nachwuchses. Entstanden sind vergleichbare Studienstrukturen und Transparenz über Studieninhalte durch Kreditpunkte (das European Credit Transfer System) und Diploma Supplement. Dies macht die gegenseitige Anerkennung von Abschlüssen und Studienabschnitten möglich und erhöht die Beschäftigungsfähigkeit der Studierenden.

Mit dem Bologna-Prozess wurde ein neues gestuftes Studiensystem mit gleichzeitiger Qualitätssicherung eingeführt.

Das deutsche Qualitätssicherungssystem ist mit den europäischen Vorgaben passfähig. Die Gleichwertigkeit einander entsprechender Studien- und Prüfungsleistungen sowie Studienabschlüsse in Deutschland und Europa wird gewährleistet und beispielsweise ein Hochschulwechsel so problemlos möglich.

Studienabschlüsse in Europa sind gleichwertig. Ein Hochschulwechsel ist problemlos möglich.

3.1.1 Verfahren länderübergreifender Qualitätssicherung privater Hochschulen

Im Folgenden geben wir Ihnen einen Überblick über die staatlich regulierte Qualitätsprüfung privater Hochschulen. Das ist ein Stoff, der ein wenig „trocken" ist. Wenn Sie sich für die Qualitätsprüfung privater Hochschulen weniger interessieren, können sie die nächsten Seiten überspringen und bei ▶ Abschn. 3.1.2 weiterlesen. Wenn Sie es aber lieber genau wissen wollen, schärfen wir in diesem Abschnitt gerne Ihren Blick, auf welche Qualitätssiegel Sie bei Ihrer Hochschul- und Studienwahl achten sollten.

Nicht staatliche Hochschulen sind meist staatlich anerkannte Hochschuleinrichtungen, die sich nicht in der Trägerschaft eines Landes befinden. Hierzu gehören – unabhängig von ihrer Finanzierungsgrundlage – vor allem private und kirchliche Hochschulen. Dazu gehören auch Hochschulen in Trägerschaft der öffentlichen Hand, die nicht zugleich Hochschulen eines Bundeslandes sind. Ein entscheidendes Qualitätssiegel ist die staatliche Anerkennung einer privaten Hochschule.

Diese erfolgt durch das jeweilige Landesministerium des Sitzlandes der Hochschule. Wenn Sie also an einer Hochschule in Köln studieren wollen, ist die NRW-Landesregierung in Düsseldorf zuständig. Das Landesministerium spricht auf schriftlichen Antrag der Hochschule die staatliche Anerkennung aus. Dabei kann das Ministerium von der Bildungseinrichtung verlangen, dass sie zuvor eine erfolgreiche Konzeptprüfung durch den Wissenschaftsrat oder durch eine vergleichbare,

Ein entscheidendes Qualitätssiegel für eine private Hochschule ist ihre staatliche Anerkennung.

vom Ministerium benannte Einrichtung durchlaufen hat. Die Anerkennung kann befristet ausgesprochen und mit Auflagen versehen werden. Der Anerkennungsbescheid bestimmt, in welchen Fristen die Hochschule eine institutionelle Akkreditierung (= Anerkennung) sowie eine institutionelle Re-akkreditierung durch den Wissenschaftsrat absolvieren muss. Bei der institutionellen Akkreditierung handelt es sich um ein Verfahren der Qualitätssicherung, das klären soll, ob eine private Hochschuleinrichtung in der Lage ist, Leistungen in Lehre und Forschung zu erbringen, die anerkannten wissenschaftlichen Maßstäben entsprechen. Dies dient Ihrem Schutz als Studierende und dem Schutz Ihres künftigen Arbeitgebers. Denn der Wissenschaftsrat prüft, ob eine Hochschule wissenschaftlich, personell und finanziell richtig aufgestellt ist.

Die Notwendigkeit zur Akkreditierung durch den Wissenschaftsrat ergibt sich aus entsprechenden Vorgaben in den Hochschulgesetzen der jeweiligen Bundesländer. Viele private Hochschulen streben die Akkreditierung durch den Wissenschaftsrat aber auch aus eigener Motivation heraus an. Denn eine erteilte Akkreditierung stellt ein Qualitätssiegel für die jeweilige Hochschule dar (Wissenschaftsrat 2015). Daher sollte die Hochschule Ihrer Wahl durch den Wissenschaftsrat akkreditiert sein.

Der Wissenschaftsrat führt im Auftrag der Bundesländer neben dem Verfahren zur Akkreditierung nicht staatlicher Hochschulen auch sogenannte Konzeptprüfungen durch. Diese prüfen die Vorhaben zur Gründung nicht staatlicher Hochschulen und gehen der staatlichen Anerkennung als Hochschule voraus.

> Die staatliche Anerkennung bildet die rechtliche Grundlage für den Betrieb einer Einrichtung als Hochschule, die Abnahme von Hochschulprüfungen und die Verleihung von Hochschulgraden.

Die Umsetzung und Überprüfung der landesrechtlichen Vorgaben bleiben der staatlichen Anerkennung und der fortlaufenden staatlichen Rechtsaufsicht vorbehalten. Wird die Hochschule für die Dauer von zehn Jahren von dem Wissenschaftsrat oder einer vergleichbaren Einrichtung institutionell re-akkreditiert, wird die Anerkennung in der Regel unbefristet ausgesprochen.

Über die Qualität des eigentlichen Studienangebotes sagt die Akkreditierung durch den Wissenschaftsrat aber nur begrenzt etwas aus. Deshalb müssen die Hochschulen auch ihre Studiengänge einzeln prüfen und akkreditieren lassen. Das gilt für private wie für öffentliche Hochschulen. In Deutschland gibt es derzeit zehn Akkreditierungsagenturen.

3.1 · Hintergrund

> **Private Hochschulen müssen auch ihre Studiengänge einzeln prüfen und akkreditieren lassen.**

Akkreditierte Studiengänge, die das Qualitätssiegel des Akkreditierungsrates tragen, werden auf Grundlage des Staatsvertrages in allen Ländern hochschulrechtlich als qualitätsgesichert anerkannt (Die Länder 2017). Sie erkennen diese Siegel auf der Webseite der jeweiligen Hochschulen. Sie tragen die Abkürzungen der jeweiligen Agentur.

Will eine Privathochschule einen neuen Studiengang anbieten, richtet sie sich an eine der zehn offiziell anerkannten Agenturen ihrer Wahl und lässt diesen prüfen. Die Bewertungsgrundlagen für Studiengänge sind öffentlich. Wird der beantragte Studiengang akkreditiert, kann die Hochschule beim Land die Genehmigung beantragen, einen akademischen Grad im geprüften Studiengang zu verleihen. Nach fünf Jahren muss der Studiengang re-akkreditiert werden. Mit einer Akkreditierung dürfen die Hochschulen werben und ihre Studiengänge als „staatlich akkreditierte Studiengänge" kennzeichnen. Für Sie ist es also wichtig, vor (!) Aufnahme des Studiums zu klären, ob an der Hochschule Ihrer Wahl bei dem Studiengang, der Sie interessiert, auch tatsächlich ein akademischer Grad erworben werden kann. Ein akademischer Grad ist eine Abschlussbezeichnung, die nach erfolgreichem Studienabschluss durch eine Urkunde von der Hochschule verliehen wird. Das wäre zum Beispiel eine Urkunde mit einem Bachelor of Arts (B.A.) oder einem Master of Science (M.Sc.) etc. Die Kultusministerkonferenz hat genau festgelegt, welche Abschlussbezeichnungen für welche Studiengänge vergeben werden dürfen. Daran muss sich jede Hochschule halten.

Der Akkreditierungsrat führt eine aktuelle Liste aller akkreditierten Studiengänge in Deutschland, die öffentlich zugänglich ist. In dieser Datenbank sind auch die jeweiligen Bewertungsberichte der einzelnen Studiengänge einsehbar (Akkreditierungsrat 2017).

Im Mai 2012 veröffentlichte der Wissenschaftsrat seine Studie „Private und kirchliche Hochschulen aus Sicht der institutionellen Akkreditierung". Darin werden Daten und Erkenntnisse, die in den einzelnen Akkreditierungsverfahren gewonnen wurden, ausgewertet. Der Wissenschaftsrat betont, dass die privaten Einrichtungen nunmehr Bestandteil des deutschen Hochschulsystems geworden seien. Private Hochschulen haben aus Sicht des Wissenschaftsrates einen dynamischen Bildungsmarkt in Deutschland begründet. Außerdem seien durch die Initiative der privaten Hochschulen innovative Lehr- und Lernformate entstanden und in der Lehre eingesetzt worden (Wissenschaftsrat 2012).

> **Laut Wissenschaftsrat leisten private Hochschulen einen wichtigen Beitrag für das deutsche Hochschulsystem und sind ein fester Bestandteil dieses Systems.**

3.1.2 Fächerüberblick und internationaler Vergleich

Mit der gewachsenen Nachfrage nach akademischer Bildung ist auch das Studienangebot insgesamt größer geworden. Für Studieninteressierte ist es wichtig zu wissen, dass die Eignung für das Studium an privaten Hochschulen über Eignungstests erhoben und nicht ausschließlich durch die Abiturnoten bestimmt wird, wie es bei sehr vielen Studiengängen an staatlichen Hochschulen (etwa 42 % im WS 2017/2018) der Fall ist (Gehlke et al. 2017). Denn an privaten Hochschulen gibt es keinen Numerus Clausus (NC).

> An privaten Hochschulen gibt es keinen Numerus Clausus.

Eine zunehmende Zahl von Berufsfeldern erfordert heutzutage eine akademische Ausbildung. Auch daher ist das Angebot an Studiengängen vielfältiger geworden. Damit einhergehend sind auch viele neue Bezeichnungen für verschiedene Studiengänge entstanden (Hachmeister 2017a). Denn inzwischen werden neben Bezeichnungen für klassische Studiengänge wie Betriebswirtschaftslehre (BWL) auch Studiengänge als Ausdifferenzierungen einer Disziplin angeboten wie beispielsweise Immobilienwirtschaft oder Logistik. Stark entwickelt haben sich auch Studiengänge, die als Hybrid- oder Kombinations-Studiengänge bezeichnet werden. Diese verbinden zwei oder mehr Disziplinen in unterschiedlichen Kombinationen. Hierzu zählen beispielsweise Medizinpädagogik oder Wirtschaftspsychologie. Andere Studiengänge sind weniger auf Disziplinen als auf Anwendungsbereiche ausgerichtet. Anlagemanagement oder Immobilienmanagement sind Beispiele für diese Art von Studiengängen. Darüber hinaus werden viele englische Bezeichnungen für Studiengänge gewählt, die aber nicht unbedingt auch eine internationale Ausrichtung mit sich bringen. Dazu zählen Health Care Studies, International Business Communication oder Eventmanagement. Gerade im Gesundheitsbereich sind viele neue Studiengänge entstanden. So werden beispielsweise heute Managementaufgaben im Gesundheitsbereich vielfach nicht mehr von Experten aus dem jeweiligen Berufsfeld ausgeführt, sondern von betriebswirtschaftlich ausgebildetem Personal mit gesundheitswissenschaftlichen Kenntnissen. Diese Personen sind Absolventen solcher Hybridstudiengänge (Hachmeister 2017a).

Grundsätzlich werden alle Studiengänge entweder als grundständige Studiengänge oder als weiterführende Studiengänge bezeichnet. Sogenannte grundständige Studiengänge führen zu einem ersten berufsbefähigenden Hochschulabschluss. Der Abschluss in einem grundständigen Studiengang ist meist eine der wichtigsten Zugangsvoraussetzungen für die Zulassung zu einem weiterführenden Studiengang.

3.1 · Hintergrund

Alle derzeit angebotenen Studiengänge deutscher Hochschulen (private wie öffentliche) finden Sie im Hochschulkompass der Hochschulrektorenkonferenz (siehe Liste nützlicher Links am Ende des Buches). Der Hochschulkompass ist ein Informationsportal der Hochschulrektorenkonferenz (HRK) in dem staatliche und staatlich anerkannte deutsche Hochschulen tagesaktuelle Informationen über ihre Studien- und Promotionsmöglichkeiten veröffentlichen. Alle Angaben im Hochschulkompass sind von den Hochschulen autorisiert und werden von Mitarbeitern an den Hochschulen selbst aktualisiert.

Betrachtet man die einzelnen Fächergruppen, so zeigt sich, dass die Gruppe der Rechts-, Wirtschafts- und Sozialwissenschaften in Deutschland die beliebtesten Studienfächer sind (Buschle und Haider 2016; Hochschulrektorenkonferenz 2016). Innerhalb dieser Fächergruppe ist wiederum das Fach Betriebswirtschaftslehre mit über 200.000 eingeschriebenen Studierenden das mit Abstand am meisten gewählte Studienfach (Spiegel 2011; Gull 2016). In diesem Studium wird Grundlagenwissen zu Unternehmensführung, Wirtschaftspolitik und Markgesetzen vermittelt. Daneben erfreuen sich viele Hybrid- oder Kombi-Studiengänge in dieser Fächergruppe großer Beliebtheit. Dabei wird neben betriebswirtschaftlichem Basiswissen unterschiedliches Spezialwissen vermittelt. Studiengänge dieser Art sind beispielsweise Wirtschaftsingenieurwesen, Wirtschaftsinformatik, Wirtschaftspsychologie, Wirtschaftsrecht, Business Communication Management oder Philosophy & Economics.

In den Jahren 2014 und 2015 studierten an privaten Hochschulen etwa 61 % aller Studierenden im Bereich der Rechts-, Wirtschafts- und Sozialwissenschaften (Engelke et al. 2017). Diese Fächer sind damit mit Abstand am beliebtesten (◘ Abb. 3.1). In den meisten OECD-Mitgliedsstaaten sind Wirtschaft, Verwaltung und Recht ebenfalls die beliebtesten Fachrichtungen. Dreiundzwanzig Prozent aller Hochschulabsolventen in Deutschland haben diese Fächer studiert, was nahe am OECD-Durchschnitt von 24 % liegt (OECD 2017).

> **In Deutschland ist Betriebswirtschaftslehre das beliebteste Studienfach.**

Im Jahr 2015 stellte bei den privaten Hochschulen die Fächergruppe Humanmedizin und Gesundheitswissenschaften mit 14 % die zweitgrößte Gruppe an Studierenden (Engelke et al. 2017). Im Jahr 2016 war dieser Anteil auf 15 % weiter angewachsen (◘ Abb. 3.1). Private Hochschulen bieten eine große Zahl von gesundheitswissenschaftlichen Studiengängen an. Diese ermöglichen Tätigkeiten im medizinischen Bereich, ohne jedoch ein Medizinstudium absolviert zu haben. Sie ergänzen damit die klassische medizinische Ausbildung mit bedarfsgerechten spezialisierten medizinnahen Ausbildungen.

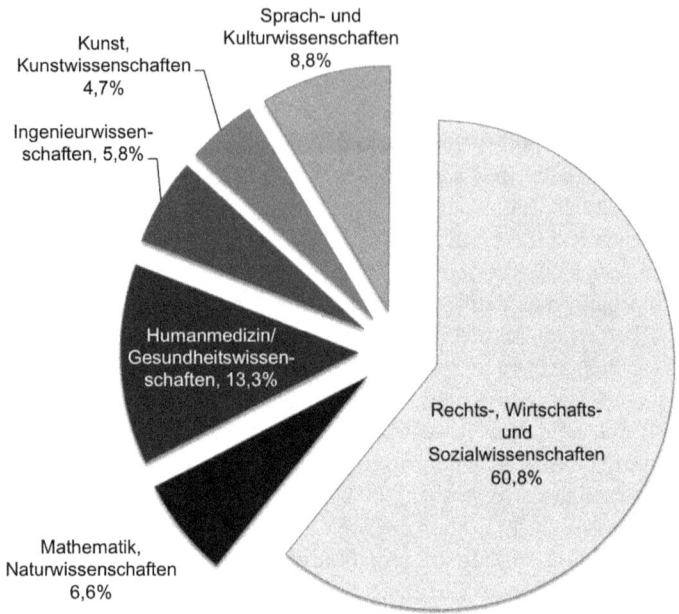

● **Abb. 3.1** Studierende nach Fächergruppen an privaten Hochschulen im Jahr 2015. (Statistisches Bundesamt 2017)

Im Zeitraum vom 2005 bis 2015 zeigt sich hier die zweitgrößte Zunahme an Studierenden an privaten Hochschulen.

Die drittgrößte Gruppe von Studierenden an privaten Hochschulen vereinigt der Bereich Sprach- und Kulturwissenschaften auf sich und lag 2015 bei neun Prozent (● Abb. 3.1). Jedoch ist die Gruppe der Studierenden in diesen Fächern an privaten Hochschulen von 2005 bis 2015 am stärksten gestiegen (Engelke et al. 2017).

Ebenso wie in anderen OECD-Ländern stellt die Fachgruppe der Ingenieurwissenschaften über alle Hochschulen betrachtet – staatliche und private – die zweitgrößte Studentenschaft dar. Bei den privaten Hochschulen allerdings sind die Studierenden der Ingenieurwissenschaften nur mit sechs Prozent vertreten. Bei den Fächern Mathematik und Naturwissenschaften sind an privaten Hochschulen auch nur sieben Prozent der Studierenden eingeschrieben, wovon die meisten im Fach Informatik oder Kombi-Studiengängen mit Informatik eingeschrieben sind (● Abb. 3.1). Gründe dafür sind hauptsächlich in teuren Labor- und Lehrausstattungen zu sehen, die bei öffentlichen Hochschulen durch den Staat finanziert werden. Diese Situation kann sich möglicherweise in Zukunft ändern, wenn private Hochschulen Studiengänge anbieten werden, die verstärkt mit digitalen Laboren arbeiten unter Nutzung von „Virtual Reality". Betrachtet man die Fächer Mathematik, Informatik, Naturwissenschaften und Technik (MINT-Fächer) für ganz Deutschland, so beträgt der Anteil der Hochschulabsolventen 37 %. Dies entspricht dem höchsten Anteil unter den OECD- und Partnerländern. Danach kommen Indien (31 %), Korea (30 %), Österreich (29 %) und die Russische Föderation (29 %). Der hohe Anteil der Absolventen in den MINT- Fächern in Deutschland spiegelt die starke technologische Ausrichtung des Landes wider (OECD 2017).

3.2 Neigungen und Ziele

Bei der Entscheidungsfindung für ein Studienfach ist es notwendig, dass Sie Ihre eigenen Neigungen kennen. Ebenso sollten Sie wissen, welche Ziele Sie mit der angestrebten Ausbildung erreichen wollen. Denken Sie ehrlich darüber nach, was Ihnen wirklich Spaß macht und was Sie besonders gut können. Welche Art von Arbeit und welche Karriere streben Sie in Zukunft an? Unabhängig davon, ob man eher als Experte, Praktiker oder Manager arbeiten möchte, ist die fachliche Neigung aber ganz entscheidend für Ihre Studienwahl. Um zu klären, welche Fachgruppen für Sie infrage kommen, nehmen Sie sich jetzt bitte etwas Zeit! Suchen Sie einen Ihrer Lieblingsplätze auf und ziehen sich zurück, um den Fragebogen aus ◘ Abb. 3.2 in Ruhe auszufüllen.

- **Werten Sie nun Ihr Ergebnis aus!**

Sie interessieren sich für Studienangebote in den **Sprach- und Kulturwissenschaften,** wenn Sie die Fragen Nummer 1, 2, 8, 13, 25 und 27 angekreuzt haben.

Sie interessieren sich für Studienangebote in den **Rechtswissenschaften, Wirtschaftswissenschaften und Sozialwissenschaften,** wenn Sie die Fragen Nummer 5, 12 und 29 angekreuzt haben.

Sie interessieren sich für Studienangebote in **Mathematik und in Naturwissenschaften,** wenn Sie die Fragen Nummer 11, 16, 17, 26 und 30 angekreuzt haben.

Sie interessieren sich für Studienangebote in **Humanmedizin und Gesundheitswissenschaften,** wenn Sie die Fragen Nummer 4, 9, 15, 19, 23 und 28 angekreuzt haben.

Sie interessieren sich für Studienangebote in **Ingenieurwissenschaften,** wenn Sie die Fragen Nummer 3, 14, 18, 22 und 30 angekreuzt haben.

Sie interessieren sich für Studienangebote in **Kunst und Kunstwissenschaften,** wenn Sie die Fragen Nummer 7, 10, 20 und 21 angekreuzt haben.

Die Fragen 6 und 24 haben mit Studienangeboten nichts zu tun. Sie sollen nur verhindern, dass Sie in eine Antwortroutine verfallen.

1	Mir fällt es leicht Texte zu verfassen.	☐
2	Ich lese gerne und viel.	☐
3	Wie man einen Turm wie den Eiffelturm baut, will ich wissen.	☐
4	Wie die Lebensqualität optimiert werden kann, finde ich interessant.	☐
5	Wie Wirtschaftsunternehmen erfolgreich agieren, finde ich spannend.	☐
6	Ich bekomme gerne Besuch von Freunden.	☐
7	Gutes Design spricht mich an.	☐
8	Kulturelle Unterschiede zu kennen, finde ich spannend.	☐
9	Mich interessieren Menschen mehr als Natur.	☐
10	Kunst ist Ausdruck der Gesellschaft.	☐
11	Ich kann gut logisch denken und Erkenntnisse ableiten.	☐
12	Rechtliche Aufgaben zu lösen, finde ich spannend.	☐
13	Ich will wissen, wie man Meinungen von Gruppen beeinflussen kann.	☐
14	An der Optimierung von Industrie 4.0 möchte ich arbeiten.	☐
15	Ich möchte wissen, wie der menschliche Körper funktioniert.	☐
16	Ich kann mich in komplexe Aufgabenstellungen verbeißen.	☐
17	Die Gesetzmäßigkeiten der Natur möchte ich kennen.	☐
18	Elektromobilität zu optimieren, finde ich spannend.	☐
19	Die Lebensqualität von Menschen zu steigern, ist toll.	☐
20	Ich habe ein ausgeprägtes ästhetisches Empfinden.	☐
21	Kunst ist für mich Ausdruck von Kreativität.	☐
22	Technische Errungenschaften finde ich faszinierend.	☐
23	Menschen mit Gebrechen zu helfen, finde ich sehr befriedigend.	☐
24	Ich mag eine saubere Umgebung.	☐
25	Sich in kreativer Form auszudrücken, finde ich faszinierend.	☐
26	Ich bin neugierig, meine Umwelt zu verstehen.	☐
27	Komplexe Texte zu interpretieren, macht mir Spaß.	☐
28	Ich will die Gesundheit unserer Bevölkerung verbessern.	☐
29	Ein Unternehmen erfolgreich zu leiten, wäre für mich sehr spannend.	☐
30	Wie man über Algorithmen Systeme steuert, will ich wissen.	☐

Abb. 3.2 Checkliste

Sollten Sie Fragen aus verschiedenen Gebieten angekreuzt haben, zeigt es Ihnen, dass Sie vielseitig interessiert sind. Vielleicht kommt dann ein Kombi-Studiengang für Sie besonders gut infrage.

Die Ergebnisse werden keine großen Überraschungen für Sie gebracht haben. Denn Sie haben sich selbst eingeschätzt. Und das ist gut so. Denn Sie sind immer am stärksten, wenn Sie sich selbst kennen und zu Ihren Stärken und Schwächen stehen.

Nachdem Sie nun den obigen Fragebogen ausgefüllt haben, wissen Sie in etwa, welche Fachgebiete Sie interessieren könnten. Dabei kann es durchaus sein, dass Sie sich nicht nur einer einzelnen Gruppe zuordnen können. Das heißt, dass Sie von Ihren Talenten her sehr breit aufgestellt sind. Es kommen verschiedene Bereiche für Sie infrage. Machen Sie sich nun ein genaueres Bild. Im Folgenden geben wir Ihnen ausführliche Informationen zu den verschiedenen Fächergruppen. So können Sie Ihr Testergebnis weiter differenzieren und mehr über Ihre Neigungen erfahren.

3.3 Rechts-, Wirtschafts- und Sozialwissenschaften

Private Hochschulen in Deutschland haben sich auf bestimmte Fächergruppen spezialisiert. Die Gruppe der Rechts-, Wirtschafts-und Sozialwissenschaften ist besonders stark vertreten. Der größte Anteil der Studierenden hat sich in diesem Fachbereich für ein Studium der Wirtschaftswissenschaften entschieden. Da private Hochschulen in Deutschland in diesem Fachbereich besonders ausgewiesen sind, studierten im Jahr 2015 circa 61 % aller Studierenden an privaten Hochschulen in diesem Fachbereich (Engelke et al. 2017). Aufgrund der besonderen Nähe privater Hochschulen zur Wirtschaft und enger Kooperation mit Unternehmen ergeben sich für Absolventen eines wirtschaftswissenschaftlichen Studiums überdurchschnittlich gute Beschäftigungsmöglichkeiten in einem passenden Unternehmen.

> Durch Kooperation mit Unternehmen ergeben sich für Absolventen privater Hochschulen gute Möglichkeiten in einem passenden Unternehmen eine Anstellung zu finden.

Die Nähe zwischen Unternehmen und privaten Hochschulen wird auch dadurch deutlich, dass die Träger privater Hochschulen oft mit Unternehmen verbundene Stiftungen sind. Dadurch bedingt können aktuelle Bedarfe von Unternehmen leicht in entsprechende Studiengänge integriert werden.

3.3.1 Rechtswissenschaften

Nach gängiger Definition befassen sich die Rechtswissenschaften mit der Auslegung der systematischen und begrifflichen Durchdringung juristischer Texte und sonstiger Quellen. Anders ausgedrückt: Alles dreht sich um Recht, Gesetz und dessen Auslegung. Das hört sich recht trocken an. Und Rechtswissenschaften haben auch meist den Ruf, ein Studium zu sein, bei dem die Studierenden nur Paragrafen wälzen. Manche Studierende empfinden es sicher auch so. Aber bei genauer Betrachtung ist das Studium recht spannend und abwechslungsreich. Die Rechtswissenschaften befassen sich nämlich nahezu ausschließlich mit Interaktionen zwischen Menschen. Um das menschliche Zusammenleben entsprechend unserer Kultur zu regeln, sind Gesetze und Verträge das Handwerkszeug der Juristen. Schließlich setzt man sich im Rahmen des Studiums und im Beruf mit der rechtlichen Analyse von verschiedensten Sachverhalten auseinander. Man befasst sich im Studium mit verschiedenen Rechtsgebieten wie Kommunal-, Zivil-, Straf-, Europa-, Prozess-, Gesellschafts-, Handelsrecht und anderen Gebieten. Denn im Beruf wird man mit der gesamten Vielseitigkeit verschiedenster Lebensbereiche konfrontiert.

Eine wichtige Voraussetzung für ein rechtswissenschaftliches Studium ist, dass man sich mit Menschen, deren Problemen und der Lösung von Konflikten beschäftigen möchte. Vielseitiges Interesse und ein gutes Allgemeinwissen sind für die Lösung der Aufgaben im späteren Beruf sehr nützlich.

Wichtig ist sicherlich, dass man den Stoff zumindest überwiegend interessant findet und bereit ist, sich wirklich darin zu vertiefen. Man muss viel Wissen aufnehmen und es jederzeit abrufen können. Dabei sind Definitionen ebenso wichtig wie Zusammenhänge und Logik. Wenn man Spaß daran hat, Knobelaufgaben zu lösen, kann dies für Falllösungen von Vorteil sein. Denn solche Aufgaben müssen immer wieder im Studium bearbeitet werden. Man lernt die verschiedenen Rechtsgebiete in der Wirklichkeit anzuwenden, Interessenskonflikte zu analysieren und zu lösen. Allgemein gilt, dass man viel Ausdauer, Konzentrationsfähigkeit und ein gutes Zeitmanagement mitbringen sollte (Klenke 2017). Im Verlauf des Studiums sind eine gehörige Portion an Fleiß und Ausdauer sowie ein sehr gutes Gedächtnis und Durchhaltevermögen gefragt. Wichtig ist aber auch, dass man sich mündlich und schriftlich sehr gut ausdrücken kann. Man sollte keine Angst davor haben, in größerer Runde seine Position nachvollziehbar zu vertreten.

Man sollte keine Scheu haben, vor Menschengruppen zu reden. Und man sollte gut argumentieren können. Im Studium und späteren Beruf muss man präzise arbeiten und Worte und deren Bedeutung mit Bedacht wählen. Denn auch einzelne Worte können beispielsweise vor Gericht ausschlaggebend sein.

Aus der Praxis

Judith Büschleb studierte Jura an der Bucerius Law School mit dem Abschluss LL.B. (2014). Heute arbeitet sie als Volljuristin bei PricewaterhouseCoopers im Bereich Tax & Legal.

Ich habe mich sehr bewusst für ein Studium an einer privaten Hochschule entschieden. Nach meinem Abitur verschlug es mich zunächst für ein freiwilliges soziales Jahr nach Peru. Wieder zurück in Deutschland nahm ich mit viel Enthusiasmus ein interdisziplinäres Studium an einer renommierten staatlichen Universität in Niedersachsen auf. Aber mein Enthusiasmus war schnell verflogen. Die Studienbedingungen nahmen mir jede Freude am Studieren. Es gab viele unvorbereitete Dozenten und veraltete Seminarunterlagen. Ständig fielen Vorlesungen oder Seminare unangekündigt aus. Durch die hohe Zahl an Studierenden hatten selbst die Seminare den Charakter von Vorlesungen. Eine wirkliche Diskussion kam nicht zustande. Mich störte die Anonymität und Gleichgültigkeit des großen Apparates. Ich bin ein sehr wissbegieriger und zielstrebiger Mensch und hatte das Gefühl viel zu wenig gefordert, geschweige denn gefördert zu werden.

Auf der Suche nach einer Alternative stieß ich auf die Bucerius Law School in Hamburg. Das Jura Plus Konzept der Hochschule überzeugte mich: Verzahnung von Forschung, Lehre und Praxis, fachspezifische Fremdsprachenausbildung, ein integrierter Auslandsaufenthalt, Zusatzzertifikate u. a. in BWL. Außerdem gab es die Möglichkeit, Einblicke in fachfremde Disziplinen wie Philosophie, Politik, Kunst und Kultur, aber auch Naturwissenschaften zu erhalten. Hinzu kamen die tolle Atmosphäre auf dem Campus mitten in Hamburg und der spürbare Pioniergeist der Hochschule. Die Bucerius Law School hat sich auf die Fahnen geschrieben, die Juristenausbildung nachhaltig zu erneuern und ist geprägt von einer Ermöglichungskultur. Das bedeutet in der Praxis, jede innovative Idee ist willkommen, wird von der Hochschulleitung angehört und, wenn irgendwie möglich, aufgenommen.

Für mich persönlich war die Bucerius Law School so etwas wie ein „Inkubator", ein Gründerzentrum. Zusammen mit Kommilitonen verschiedener Jahrgänge konnte ich während meines Studiums zwei große Pilotprojekte umsetzten. Wir gründeten die „Law Clinic", ein Rechtsberatungszentrum, das professionelle Rechtsberatung mit praxisnaher Juristenausbildung verbindet und das Projekt „We.Inform". Dabei handelt es sich um ein mittlerweile mehrfach ausgezeichnetes Informationsprogramm, das neue Wege aufzeigt, wie Flüchtlinge und Zuwanderer pro-aktiv über Integrationsangebote aufgeklärt werden können. Die Hochschulleitung und die gesamte Hochschulgemeinschaft haben diese Projekte tatkräftig unterstützt.

Die anspruchsvolle und ganzheitliche Ausbildung an der Bucerius Law School hat mir für mein heutiges Berufsleben das Rüstzeug gegeben, das es mir ermöglicht, umsichtig und mit Erfolg meine beruflichen Ziele zu verfolgen. Es hat mir viele Türen geöffnet, die mir sonst wahrscheinlich verschlossen geblieben wären.

Der Studienverlauf bei einem rechtswissenschaftlichen Präsenzstudium ist an verschiedenen Hochschulen unterschiedlich. Es gibt in Semester eigeteilte Studienangebote, bei denen man von einer Studiendauer von 9 Semestern inklusive der staatlichen Prüfung ausgeht. Es gibt aber auch in Trimester eingeteilte Studienformen, wobei teilweise auch ein Auslandstrimester vorgesehen ist. Einen Bachelor of Law (LL.B.) kann man an verschiedenen privaten Hochschulen in Deutschland studieren (siehe unten). Natürlich bieten private Hochschulen auch berufsbegleitende Studiengänge oder Fernstudiengänge der Rechtswissenschaften an.

Bei privaten Hochschulen ist die Anzahl der Studierenden meist wesentlich kleiner als an staatlichen Hochschulen, sodass eine engere Betreuung und ein persönlicher Service geboten werden können. Dazu gehören in der Regel engagierte Professoren, gezielte Schwachstellenanalyse bei Studierenden bei Vorbereitungen auf Klausuren, Unterstützung bei der Suche nach Praktikumsplätzen, Bewerbungstraining, intensive Examensvorbereitungen, persönliches Coaching und vieles mehr. Natürlich helfen auch die kleinen Lerngruppen nicht nur bei der Wissensaufnahme, sondern sie unterstützen auch erheblich die Bildung von Netzwerken und Freundschaften.

Zu den an privaten Hochschulen angebotenen Studiengängen mit Bachelor-Abschluss (LL.B) zählen:
1. Allgemeine Rechtswissenschaft,
2. Wirtschaftsrecht,
3. Wirtschaftsrecht und internationale Rechtsbeziehungen.

Darüber hinaus werden u. a. folgende Studiengänge mit Master-Abschluss LL.M., M.A. oder mit dem Abschluss Staatsexamen angeboten (Tab. 3.1).

Zu den privaten Anbietern dieser Studiengänge zählen die Bucerius Law School, Europäische Fernhochschule, Rheinische Fachhochschule Köln, SRH Hochschule Heidelberg, Dresden International University, DIPLOMA Hochschule, German Graduate School of Management and Law, FOM Hochschule für Ökonomie und Management, Frankfurt School of Finance and Management, Fachhochschule der Wirtschaft, Hochschule Fresenius, NORDAKADEMIE.

Tab. 3.1 Aktuell angebotene Studiengänge im Bereich der Rechtswissenschaften

Arbeitsrecht	Master of Law and Business	Unternehmensrecht
Business Law	Master of Merger and Acquisitions	Wirtschaft und Recht
Compliance and Corporate Security	Medizinrecht	Wirtschaft und Recht – Schwerpunkt Management
Internationales Wirtschafts- und Unternehmensrecht	Rechtswissenschaft	Wirtschaft und Recht – Schwerpunkt Wirtschaftsrecht
Master of International Business and Tax Law	Steuerrecht	Wirtschaftsrecht

3.3.2 Wirtschaftswissenschaften

Laut dem ▶ Gabler Wirtschaftslexikon ist der Gegenstand des Faches Wirtschaftswissenschaften die Erforschung der Gesetzmäßigkeiten in der Wirtschaft. Dem Fach haftet das Klischee an, ein langweiliges Studium für Wichtigtuer zu sein. Die meisten sind jedoch recht entspannte Studierende. Angesichts der Beliebtheit des Studiums scheint das Klischee nicht viele abzuschrecken. Vielleicht auch, da die Jobaussichten sehr gut sind. Wirtschaftswissenschaftler arbeiten überall im Wirtschaftssystem mit und kommen oftmals auch in Führungspositionen. Dabei ist es vielfach nicht so entscheidend, ob man sich für die betriebswirtschaftliche (BWL) oder die volkswirtschaftliche (VWL) Variante entscheidet.

Betriebswirte betrachten Bedingungen, mit denen Unternehmen konfrontiert sind. Beispielsweise werden Fragen zur Konkurrenzsituation des Unternehmens beleuchtet. Es werden staatliche Regelungen in Planungen einbezogen und vieles mehr. Sie arbeiten oft im Bereich Verkauf oder Finanzen einer Firma. Oder sie tragen durch Marktforschung und strategische Planung dazu bei, dass Ingenieure und Designer bestimmte Produkte entwickeln können. Betriebswirte kalkulieren dann wieder für solche Produkte die Preise und organisieren die notwendige Logistikkette. Eine volkswirtschaftliche Fokussierung im Studium erlaubt eine betriebsübergreifende Perspektive zur Handhabung grundlegender Fragen des Wirtschaftens einer Gesellschaft vor dem Hintergrund immer neuer Herausforderungen. Finanz- und Wirtschaftskrisen stellen hier besondere Herausforderungen dar, da man ja die Wirtschaft

> Wirtschaftswissenschaftler arbeiten überall im Wirtschaftssystem mit und erlangen oftmals Führungspositionen.

gesamtgesellschaftlich so gestalten möchte, dass die Lebensgrundlagen der Menschen nicht zerstört werden.

Durch ein Studium der Wirtschaftswissenschaften wird man dafür ausgebildet, aus unterschiedlichen Perspektiven die Beziehungen von Menschen untereinander zu behandeln. Somit ist es wichtig, gerne mit Menschen zusammenzuarbeiten. Man sollte kein Eigenbrötler sein, sondern auf Mensch zugehen können (siehe auch den Beitrag „Aus der Praxis" dazu). Betriebswirtschaftlich orientierte Studiengänge sind mehr auf die ökonomische Praxis von Unternehmen ausgerichtet. Volkswirtschaftlich fokussierte Studiengänge behandeln auch Fragestellungen aus der Philosophie, den Politikwissenschaften, der Soziologie und den sozialwissenschaftlichen Fächern. Daher sollte man auch an Themen aus diesen Bereichen interessiert sein. In beiden Studienrichtungen ist man mit Modellierungen von Szenarien konfrontiert. Daher gehören Mathematik, Statistik und Informatik zu den Studieninhalten. Es ist sicher von Vorteil, wenn man gut organisiert ist, Studieninhalte gut aufnehmen kann, aber auch die Studienzeit zur Netzwerkbildung nutzt.

Aus der Praxis
Christoph Heyn studierte Hotelmanagement an der Internationalen Hochschule Bad Honnef mit Diplomabschluss (2009). Heute arbeitet er in leitender Position für die Marriott-Kette in den USA.

Von Bad Honnef nach Washington: Als er seine Technik zum ersten Mal ausprobierte, klopfte ihm das Herz bis zum Hals: Christoph Heyn stand auf dem Flur des Luxushotels vor den Toren Washingtons, in der Hand sein Smartphone, das er an die Zimmertür hielt. Es machte „Klick". „Da wusste ich, dass wir einen riesigen Schritt weitergekommen sind", sagte Heyn. Wer online eincheckt und dann per Bluetooth-Technik und PIN die Zimmertür öffnet, kann direkt von der Hotelgarage in sein Bett gehen. „Das spart jede Menge Zeit", konstatiert Heyn, der die bahnbrechende Technik mit seinem Team derzeit bei den Marriott-Hotels weltweit einführt.
Die Mischung aus Spitzen-Hotellerie, internationaler Tätigkeit und technischen Innovationen ist es, die ihn an seiner Arbeit fasziniert: „Was ich hier mache, ist ein Traumjob", schwärmt der 31-Jährige. Vor sechs Jahren ist er aus Deutschland in die USA übergesiedelt, um in der Zentrale jener Hotelkette zu arbeiten, die unter ihrem Dach mehr als 20 Marken vereint.
Den Grundstein zu seiner Karriere in der Hotel- und Tourismusbranche legte Heyn aber schon, als er noch Schüler war: Mit 15 Jahren gründete er im Internet ein Reiseportal, das auf Schweden spezialisiert war. Er verkaufte sein Start-up schließlich und nahm an einer klassischen Universität ein Wirtschaftsstudium auf. „Ganz schnell habe ich aber gemerkt, dass mir die Inhalte zu

3.3 · Rechts-, Wirtschafts- und Sozialwissenschaften

breit sind, ich wollte mich lieber spezialisieren. So kam ich an die IUBH", sagte er. Bereut hat er den Schritt nicht. Im Gegenteil, die maßgeschneiderten Inhalte und die gute Lehre begeisterten ihn. Und: „Das IUBH-Konzept, bei dem Praktika in das Studium integriert sind, war für mich ein Volltreffer!"

Für sein erstes Praktikum ging er nach Los Angeles, in das Marketing des Hotels Ritz-Carlton, welches ebenfalls zur Marriott-Kette gehört. Nach einem Auslandssemester in Arizona war Heyn dann für sein zweites Praktikum wiederum im Ritz-Carlton, dieses Mal in Washington. Im Anschluss daran stieg er gleich fest ein.

Die Technik zum digitalen Check-in, an der er derzeit arbeitet, ist für Christoph Heyn so eine Art Meisterstück: Er führt ein Team, in dem Techniker, Designer und Hotelexperten aus dem operativen Bereich am gleichen Strang ziehen. Derzeit sind sie zwischen Abu Dhabi und Peking unterwegs, um die nächsten Hotels umzustellen. Und immer noch ist Heyn begeistert vom Pioniergeist seiner Aufgabe: „Der Check-in läuft in Hotels seit hundert Jahren immer gleich ab. Wir stellen das jetzt auf den Kopf!"

Die Studienangebote der Wirtschaftswissenschaften, oder neudeutsch „Economics", haben sich deutlich verändert. Unter dem Gesichtspunkt der fachlichen Struktur haben sich die klassischen Studienangebote der Volks- und Betriebswirtschaft an den aktuellen Bedarf angepasst. Es werden heute viele Hybridstudiengänge angeboten. Dabei wird in Studiengängen für Wirtschaftsingenieure, Wirtschaftsrecht oder Wirtschaftsinformatik neben betriebswirtschaftlichem Basiswissen, Spezialwissen mit Anwendungsbezug in bestimmten Branchen vermittelt. Auf spezifische Anwendungsbereiche bezogene und mit englischen Bezeichnungen versehene oder in Englisch angebotene Studiengänge sind heute bei den meisten privaten Hochschulen im Portfolio. Dazu zählen beispielsweise Mode-Marketing, Immobilienmanagement, Tourismuswirtschaft oder „Sports Management" und „Culinary Arts and Food Management". Dennoch stellen immer noch bei den meisten neuen Studienangeboten betriebs- und volkswirtschaftliche Inhalte den Kern der Ausbildung dar. So sind Bereiche wie Produktion, Vertrieb, Marketing, Management und Personalwesen in unterschiedlicher Ausprägung Teil eines jeden wirtschaftswissenschaftlichen Studiums. Wie man einen Jahresabschluss erstellt und richtig liest, juristische Grundlagen, Mathematik, Statistik und volkswirtschaftliche Zusammenhänge gehören ebenfalls dazu. Heute wird vielfach in Bachelor-Studiengängen eine Grundausbildung der Betriebswirts- und Volkswirtschaft angeboten. Dabei ist das Studium so ausgelegt, dass es einerseits wissenschaftlich fundiert und zugleich praxisnah ist. So werden betriebliche Abläufe ebenso behandelt wie die Grundlagen für Investitions-und Finanzierungsentscheidungen.

Hybridstudiengänge verbinden fachspezifisches Basiswissen mit anwendungsbezogenem Wissen bestimmter Berufsfelder oder Branchen.

Nicht zu kurz kommen aber auch Aspekte der persönlichen Weiterentwicklung, die durch eine Kombination des Vermittelns eines wissenschaftlichen Grundverständnisses mit der Einübung berufspraktischer Fähigkeiten im Sinne von Selbstmanagement, Präsentationstechniken und Führungsqualifikation erreicht werden. Ein solcher Abschluss kann bei einem Vollzeit-Präsenzstudium in Abhängigkeit vom Lehrplan der Hochschule in fünf bis sieben Semestern erzielt werden. Für ein Fernstudium benötigt man in der Regel sechs bis acht Semester. Mit einem Master-Studiengang wie zum Beispiel einem „Master of Business Administration" (MBA) kann eine weitere Spezialisierung erfolgen. Ein solcher Studiengang vermittelt, wie ein Unternehmen richtig analysiert werden kann und welche Handlungsmaßnahmen sich daraus ableiten lassen. Durch die Vermittlung relevanter Managementdisziplinen wird dem Studierenden deutlich, wie man einen Gesamtüberblick über unternehmerische Prozesse und Strukturen erhält. Dabei kommt auch die Vermittlung der empirischen Forschungslehre nicht zu kurz. Besonderer Wert wird auf die Entwicklung persönlicher Führungsqualitäten gelegt, um Herausforderungen im Projekt- und Changemanagement meistern zu können. Zielgruppe für Executive MBAs sind Experten aus verwandten oder ferneren Disziplinen wie beispielsweise Ärzte. Dieser Personenkreis kann oftmals in zwei Semestern diese zusätzliche Qualifikation erreichen. So können bereits vorhandene Fachkenntnisse durch wirtschaftliche Methodenkompetenz, Managementkompetenz, Wirtschaftsethik, Verhandlungstheorie und Kenntnisse über Projekt- und Qualitätsmanagement erweitert werden.

Mit einem sehr erfolgreichen Absolventen, der Wirtschaftswissenschaften an einer privaten Hochschule studiert hat, haben wir im April 2018 ein Interview geführt. Wir wollten von ihm wissen, welche Tipps er unseren Lesern sowohl für Ihre Studienwahl als auch für ihren Berufseinstieg geben kann.

- **Aus der Praxis: Interview mit Christian Zahn**

Christian Zahn schloss seinen Bachelor in Business Administration 2004 und seinen Master of Arts in Banking & Finance 2005 jeweils an der Frankfurt School of Finance and Management ab. Er absolvierte dabei Auslandssemester und -praktika in Sydney und New York. Heute ist er Partner bei McKinsey & Company.

- **Was waren für Sie die wichtigsten drei Gründe für das Studium an einer privaten Hochschule – der Frankfurt School of Finance and Management?**

Erstens wird den Studierenden eine Kombination aus hohem akademischem Anspruch und Praxis vermittelt. Das wird ihnen regelrecht in die DNA geschrieben. Wissenschaftlich basiertes

3.3 · Rechts-, Wirtschafts- und Sozialwissenschaften

Wissen wird so vermittelt, dass es später im Beruf unmittelbar genutzt werden kann. Die Studierenden erhalten also nicht nur eine Wissensbasis, sondern können während des Studiums auch gezielt Kompetenzen entwickeln, die später gebraucht werden, um das erworbene Wissen optimal einzusetzen.

Zweitens war für mich die Größe der Hochschule entscheidend. Es war kein Massenbetrieb, man bekam unmittelbare Nähe zu den Professoren, aber auch zu anderen Studenten und den Alumni. Etwa 80 % der Professoren kannten meinen Namen und den der Kommilitonen. Ich selbst kannte fast alle Studierenden meines Jahrgangs mit Namen.

Und der dritte Grund war, dass der gesamte Studienapparat auf Leistung ausgerichtet ist. Meiner Einschätzung nach war das effizienter und zielgerichteter als an vielen anderen Hochschulen. Man wird dazu angeregt, Leistung erbringen zu wollen und nicht erbringen zu müssen. Diese inspirierende Atmosphäre führt bei den Studierenden oft zu sehr guten Studienergebnissen. Inhaltlich war für mich der klare Fokus auf die Bankenindustrie in Kombination mit einer tiefen Ausbildung in BWL, VWL und Jura entscheidend.

- **Was sind aus Ihrer Sicht die drei wichtigsten Tipps, die Sie Studierenden geben würden, wenn sie sich für eine Managementkarriere möglichst gut durch ein Studium vorbereiten wollen?**

Ganz wichtig ist, ein Studienfach zu wählen, das einen wirklich begeistert. Und eine Hochschule auszuwählen, an der man sich wirklich wohlfühlt. Die Atmosphäre muss sich gut anfühlen und zu einem passen.

Für die Entscheidung zwischen privater oder öffentlicher Hochschule spielt es eine Rolle, was man beruflich anstrebt. In vielen wirtschaftswissenschaftlichen Bereichen bzw. Unternehmen kommen mit Blick auf die jeweils angebotene Lehr- und Forschungsqualität nur eine begrenzte Auswahl an staatlichen und privaten Hochschulen in Deutschland als „sichere Bank" infrage, um bestmögliche Voraussetzungen für eine Bewerbung zu haben. Plant man als wirtschaftswissenschaftlich ausgebildeter Akademiker den Einstieg bei global führenden Unternehmen, bei Investmentbanken oder selbst als Unternehmer, sind die top privaten Business Schools eine gute Wahl. Wer noch nicht so genau weiß, was sein akademischer Schwerpunkt sein soll, wer noch in verschiedene andere Fächer hineinschnuppern möchte und vielleicht vorübergehend etwas ganz anderes machen will, sollte eher die Breite einer öffentlichen Hochschule suchen. Auch da gibt es eine Reihe von Fakultäten mit exzellenter Qualität.

Als Drittes würde ich raten, während des Studiums drei bis fünf Fachthemen, die einen besonders interessieren, fachlich wirklich zu vertiefen. In diesen Bereichen sollte man sich profunde fachliche Kenntnisse aneignen. Und ganz wichtig: Zum Ausgleich sollte man sich gleichzeitig mit etwas ganz anderem beschäftigen. Das kann richtig „off-track" sein und vermeintlich nicht zum eigenen Thema passen. Es sollte einen einfach persönlich interessieren.

- **War aus Ihrer Sicht das Studium an einer privaten Hochschule eine gute Vorbereitung für Ihren Erfolg?**

Absolut. Mein Studium war eine sehr gute Vorbereitung für mein späteres Berufsleben. Es hat die Grundlage gelegt, um in meinem Bereich erfolgreich zu sein.

- **Würden Sie bei Personalrekrutierung Personen mit einem Abschluss einer privaten Hochschule ins Auge fassen?**

Selbstverständlich! Wie bereits erwähnt, kommt in vielen wirtschaftswissenschaftlichen Bereichen bzw. Unternehmen nur eine begrenzte Auswahl an staatlichen und privaten Hochschulen in Deutschland wirklich infrage. Bei der Ausbildung an staatlichen Hochschulen hat man mehr Wahlmöglichkeiten als bei privaten Hochschulen. Das heißt, dass die Ausbildung unterschiedlich sein kann. Dies kann aus Sicht der suchenden Unternehmen je nachdem mehr oder auch weniger vorteilhaft sein. Das kommt auf den jeweiligen Bedarf und die Rekrutierungsstrategie an. Bei den einschlägigen privaten Hochschulen weiß das Unternehmen relativ genau, welches Profil es bei einem Kandidaten erwarten kann. Bei technischen, akademischen Qualifikationen sowie Soft Skills kann man bei Bewerbern von privaten Hochschulen von einer geringeren Heterogenität ausgehen. Private Hochschulen haben lange Erfahrung mit Assessment-Centern und verlassen sich nicht auf die Abiturnoten alleine. Man muss einen klaren Ausbildungsstrang durchlaufen und somit haben Unternehmen eine klare Vorstellung von den Kompetenzen solcher Bewerber.

- **Haben Sie weiterhin engen Kontakt zu Kommilitonen?**

In Deutschland sind Alumni-Netzwerke zwar weniger etabliert als in den USA. An privaten Hochschulen entstehen allerdings durch die kleinen Lerngruppen eher Netzwerke. Solche Kontakte sind auch heute noch wertvoll für mich und meine Arbeit. Wenn ich Alumni der Frankfurt School treffe, ist es klar, dass wir uns duzen, auch wenn wir uns vorher noch nicht kannten. Auch mein engerer Freundeskreis besteht zu einem großen Teil aus ehemaligen Kommilitonen. Und auch zu Professoren habe ich noch Kontakt.

3.3 · Rechts-, Wirtschafts- und Sozialwissenschaften

Tab. 3.2 Aktuell angebotene -Studiengänge im Bereich der Wirtschaftswissenschaften

Accounting and Controlling	Green Business Management	Marketing und Digitale Medien
Arbeitsmarktmanagement	Handelsmanagement	Marketingkommunikation
Banking and Finance	Hotelmanagement	Marketingmanagement
Beratung und Vertriebsmanagement	Immobilienmanagement	Modemanagement
Betriebswirtschaft Logistik Management	Immobilienwirtschaft	Modemarketing
Betriebswirtschaft, Marketing & Communications	Intercultural Management	Musik- & Kulturmanagement
Betriebswirtschaftslehre	International Business	Ökonomie
Brand Management	International Business Admin. – Focus on E-Business	Personalmanagement
Business Administration	International Hotel &Tourismus Management	Politik, Administration & International Management
Business Administration in Non-profit-Organisationen	International Industry and Trade Management	Projektmanagement
Business Communication Management	International Management	Public Management
Business Management	International Management for Service Industries	Real Estate
Business Psychologie	International Marketing Management	Retail and Distribution
Corporate Banking	International Sports Management	Sales Management
Culinary Arts and Food Management	Internationale Betriebswirtschaft	Sicherheitsmanagement
Dienstleistungsmanagement	Internationalen Tourismus- und Eventmanagement	Sociology, Politics & Economics
E-Commerce	Internationales Business	Sports Management
Engineering Management	Internationales Business & Fashion Management	Steuern und Prüfungswesen
Entrepreneurship	Internationales Marketing	Steuerrecht
Eventmanagement	Internationales Tourismusmanagement	Technische Betriebswirtschaft
Eventmanagement und Entertainment	Kommunikation & Online-Werbung	Tourism Marketing Management
Fashion and Product Management	Kommunikationsdesign und Werbung	Tourismus- & Eventmanagement
Fashion Management	Kulturmanagement	Tourismus-, Hotel und Eventmanagement
Finance & Accounting	Logistik	Tourismuswirtschaft

(Fortsetzung)

◘ Tab. 3.2 (Fortsetzung)

Financial Information Systems	Luftverkehrsmanagement	Werbung und Marktkommunikation
Financial Services Management	Management	Wirtschaftsprüfung und Steuern
Finanz- und Anlagenmanagement	Management & Financial Markets	Wirtschaftspsychologie
Führungs- und Organisationsberatung	Management in international Business	Wirtschaftswissenschaften, Immobilienmanagement
General Management	Management, Philosophy and Economics	Zentralbankwesen
Global Economics & Management	Marketing and Communications Management	

Zu den an privaten Hochschulen angebotenen Studiengängen mit Bachelor-Abschluss (B.A. oder B.Sc.) in den Wirtschaftswissenschaften zählen die Studiengänge in ◘ Tab. 3.2.

Zu den angebotenen Studiengängen mit Master-Abschluss MBA, M.Sc., M.Eng. oder M.A. zählen die in ◘ Tab. 3.3 angegebenen Studiengänge.

Private Hochschulen, die diese Fächer anbieten, sind u.a. die in ◘ Tab. 3.4 angegebenen.

3.3.3 Sozialwissenschaften

Das ▶ Gabler Wirtschaftslexikon definiert Sozialwissenschaften als Sammelbezeichnung für alle wissenschaftlichen Disziplinen, die sich mit dem Zusammenleben der Menschen auseinandersetzen. Daher werden sie auch als Gesellschaftswissenschaften bezeichnet. Neben der Theorie sind empirische Studien die methodische Basis für wissenschaftliche Untersuchungen in den Sozialwissenschaften. Zu der Methodik empirischer Untersuchungen gehören Befragungen zur Erfassung von Meinungen oder Einstellungen, Beobachtungen in Form von unauffälliger Erfassung von Verhalten, Experimente zur Erfassung unbewusster Aspekte, Inhaltsanalysen zur Erhebung zurückliegender Ereignisse oder Dinge sowie Tests, mit denen Vergleichbarkeit durch Standardisierung angestrebt wird. Gruppendiskussionen werden oft als Einstieg in ein Thema genutzt, sind jedoch kaum generalisierbar und können das Bild verzerren. Klassischer Weise werden folgende Disziplinen zu den Sozialwissenschaften gezählt: Anthropologie, Sozialphilosophie, Sozialethik, Sozialgeschichte, Sozialpsychologie, Soziologie, Pädagogik, empirische Sozialforschung, Bevölkerungswissenschaft, Völkerkunde, Anthropogeografie, Kunstwissenschaft, Kulturwissenschaft, Religionswissenschaft, Rechtswissenschaft,

Tab. 3.3 Aktuell angebotene Master-Studiengänge im Bereich der Wirtschaftswissenschaften

Advanced Management	General Management für Nicht-Ökonomen	Marketing & Communications
Betriebliches Demografie- und Gesundheitsmanagement	General Management/Master of Business Administration	Marketingkommunikation
Betriebswirtschaftslehre	Global Management and Governance	Marketingmanagement
Brand and Luxury Goods Management	Global Marketing Management	Master in Management
Business Management	Health Care Management	Master of Finance
Business Process Administration	Human Resources Management	Mittelstandsmanagement
Business Process Engineering	Immobilienmanagement	Politics, Administration & International Relations
Communication and Leadership	Intercultural Management	Projektentwicklung
Construction Management	International Brand Management	Quantitative Finance
Controlling	International Business	Real Estate & Leadership
Controlling, Finanzen und Risikomanagement	International Business – Financial Management	Real Estate Management
Corporate Banking	International Business – Human Resource Management & Leadership	Real Estate Projekt Management
Corporate Communication	International Commercial and Contract Management	Risk and Safety Management
Corporate Finance and Controlling	International Healthcare Management	Steuern und Prüfungswesen
Corporate Management and Economics	International Hospitality Management	Steuern und Rechnungslegung
Digital Business Modelling and Entrepreneurship	International Management	Strategic Management in Logistics
Digital Marketing	International Tourism & Event Management	Sustainable Marketing & Leadership
Digital Media Business	Internationales Marketing und Medienmanagement	Systemisches Management und Nachhaltigkeit
Digitales Energiemanagement	Internationales Mittelstandsmanagement	Talentmanagement
Entrepreneurship und Innovation	International Business – Strategic Management & Consulting	Taxation, Accounting, Finance
Executive MBA	Kultur und Management	Unternehmensführung
Finance	Leadership and Management	Versicherungsmanagement

(Fortsetzung)

◘ **Tab. 3.3** (Fortsetzung)

Finance & Accounting	Management in mittelständischen Unternehmen	Wertorientierte Unternehmensführung
Finance and Banking	Management of Creative Industries	Wirtschaftspädagogik
Finanzmanagement	Management of Financial Institutions	Wirtschaftsprüfung und Steuern
Fitnessökonomie	Marken- und Modemanagement	Wirtschaftswissenschaften Modemanagement
Führungskompetenz	Marketing	

◘ **Tab. 3.4** Hochschulen, die aktuell im Bereich der Wirtschaftswissenschaften Studiengänge anbieten

accadis Hochschule Bad Homburg	Fachhochschule Dresden	International School of Management
AKAD University	Fachhochschule für die Wirtschaft Hannover	IST-Hochschule für Management
Akkon Hochschule für Humanwissenschaften	Fachhochschule für Sport und Management	Jacobs University
Alanus Hochschule für Kunst und Gesellschaft	Fachhochschule Wedel	Karlshochschule International University
Allensbach Hochschule	FOM Hochschule für Ökonomie und Management	Leibniz-Fachhochschule
AMD Akademie Mode und Design	Frankfurt School of Finance and Management	Mediadesign Hochschule für Design und Informatik
BAU International Berlin University of Applied Sciences	German Graduate School of Management and Law	Munich Business School
bbw Hochschule	Hamburg School of Business Administration	Nordakademie
Brand Academy Hamburg	HFH Hamburger Fern-Hochschule	Northern Business School
Business School Berlin	HHL Leipzig Graduate School of Management	Private Hochschule für Wirtschaft und Technik
Cologne Business School	Hochschule 21	Private Hochschule Göttingen
Cusanus Hochschule	Hochschule der Bayerischen Wirtschaft	Provadis School of International Management & Technology
Design akademie berlin	Hochschule der Bundesagentur für Arbeit	Quadriga Hochschule Berlin
Deutsche Hochschule für Prävention und Gesundheitsmanagement	Hochschule der Deutschen Bundesbank	Rheinische Fachhochschule Köln
DIPLOMA Hochschule	Hochschule der Sparkassen-Finanzgruppe	SRH Fernhochschule

(Fortsetzung)

3.3 · Rechts-, Wirtschafts- und Sozialwissenschaften

Tab. 3.4 (Fortsetzung)

Dresden International University	Hochschule der Wirtschaft für Management	SRH Hochschule Berlin
EBC Hochschule	Hochschule Fresenius	SRH Hochschule für Wirtschaft und Medien Calw
EBS Universität für Wirtschaft und Recht	Hochschule Fresenius Onlineplus	Steinbeis Hochschule Berlin
EBZ Hochschule für Ökonomie und Management	Hochschule für angewandtes Management	Touro College Berlin
ESCP Europe	Hochschule für Kommunikation und Gestaltung	Universität Witten/Herdecke
Europäische Fachhochschule Rhein/Erft	Hochschule für Kunst, Design und Populäre Musik Freiburg	University of Applied Sciences Europe
Europäische Fernhochschule Hamburg	Hochschule für Medien, Kommunikation und Wirtschaft	VWA-Hochschule für berufsbegleitendes Studium
European School of Management and Technology	Hochschule Macromedia	WHU Otto Beisheim School of Management
Fachhochschule der Wirtschaft	Hochschule Weserbergland	Wilhelm Büchner Hochschule
Fachhochschule des Mittelstandes	Internationale Hochschule Bad Honnef (IUBH)	Zeppelin Universität

Politikwissenschaft, Medienwissenschaft, Kommunikationswissenschaft, Sprachwissenschaft, Wirtschaftswissenschaft und eng verwandte Gebiete. Bei neuen Studiengängen tauchten 2017 vielfach Begriffe wie Soziale Arbeit, Philosophie und Psychologie auf (Hachmeister 2017b). Es gibt aber auch gewisse Überschneidungen zu den Geisteswissenschaften und den Naturwissenschaften. Die Abgrenzung ergibt sich am deutlichsten durch die Ausrichtung der Wissenschaftsgebiete. Sozialwissenschaften sind auf die Prozesse menschlichen Zusammenlebens ausgerichtet, wohingegen die Geisteswissenschaften sich mit den Produkten menschlichen Daseins beschäftigen. Solche sind beispielsweise Sprache, Philosophie oder Mathematik. Naturwissenschaften sind objektbezogen und versuchen das Entstehen, den Aufbau und das Vergehen der unbelebten und belebten Natur zu erklären. Zu diesem Thema gibt es einen riesigen Schatz an Literatur. Einen guten Einblick in die wichtigste Literatur zu den Sozialwissenschaften gibt das Buch von Samuel Salzborn (Salzborn 2014).

Aus der Praxis

Monika Rimmele studierte an der Hertie School of Governance mit einem Abschluss Master of Public Policy (2011). Sie arbeitet heute als Senior Director Government Affairs bei Siemens Healthineers.

Private Hochschulen bieten ihren Studierenden Vorlesungen im kleinen Kreis. Diese sind thematisch interdisziplinär und interkulturell aufgebaut. Da die Studierenden selbst sehr international sind, ist die internationale Ausrichtung der Themen ein Mehrwert. Die eigenen Hintergründe und Erfahrungen, die von den Studierenden mitgebracht werden, sind ein anderer spannender Mehrwert.

Die praxisnahe Herangehensweise, die Vorlesungen mit Pflichtaufgaben aus der Berufswelt verbindet, wie beispielsweise Memos, Projektpläne oder Präsentationen, ist ein klarer Vorteil. Dies hat uns Studierende hervorragend auf den Berufseinstieg vorbereitet und dafür gesorgt, dass wir mit praxisnahen Kompetenzen direkt in den Beruf starten konnten.

Zusätzliche Einblicke in Politik und Wirtschaft geben zudem die vielen Veranstaltungen, die Themen des Studienangebots der Hertie School widerspiegeln und ergänzen. So werden neue Sichtweisen eröffnet. Es wird verdeutlicht, wie Theorie in der Praxis funktioniert. Nicht zu unterschätzen sind die guten Möglichkeiten zum Netzwerken und Kontakte knüpfen.

Ich habe in meinem Studium zusätzlich zu der ausgezeichneten akademischen Ausbildung vor allem auch viele praktische Erfahrungen und Kompetenzen gewonnen. Die ersten Grundlagen meines beruflichen Netzwerks sind im Studium entstanden. Diese einzigartige Kombination hat mich hervorragend auf meinen Berufseinstieg vorbereitet.

Meine Tipps für Studierende:
- Fokussieren Sie sich auf Themen, die Sie am spannendsten und interessantesten finden.
- Seien Sie neugierig und offen für neue und unbekannte Themen.
- Nutzen Sie jede Möglichkeit, sich zu vernetzen, um mit Experten und anderen Sichtweisen in Kontakt zu kommen und sich auszutauschen.

Zu den Sozialwissenschaften gehören viele verschiedene wissenschaftliche Gebiete, die von Anthropologie bis hin zur Wirtschaftswissenschaft reichen. Wie in anderen Fächergruppen gibt es ebenfalls bei den Sozialwissenschaften Hybridstudiengänge (Hachmeister 2017b). Wie beispielsweise angewandte Kindheitspädagogik, Sozialpädagogik, Sozialmanagement oder anwendungsorientierte Studiengänge wie Bildung und Erziehung in der Kindheit oder Life Coaching.

Zu Beginn des Studiums lernt man sozialwissenschaftliche Grundlagen, die unterschiedliche Gesellschaftstheorien und Denkmodelle enthalten. Die kritische Hinterfragung solcher Theorien und deren wissenschaftliche Analyse sind Teil des Lehrspektrums. Empirische Untersuchungen sind in allen sozialwissenschaftlichen Disziplinen Teil der wissenschaftlichen Methodik. Mathematisches Wissen ist daher eine wichtige Voraussetzung. Ebenso sind Kenntnisse in Statistik sowie Vertrautheit mit Statistikprogrammen erforderlich, um ein Studium erfolgreich abschließen zu können. Durch den Umgang mit den Methoden der empirischen Forschung soll erlernt werden, Aussagen von Statistiken kritisch zu beurteilen. Neben der Methodik empirischer Forschung wartet ein breit gefächertes Themenspektrum aus verschiedenen Studienrichtungen. Wichtig sind analytische Fähigkeiten, Disziplin, aber auch ein gewisses naturwissenschaftliches Verständnis. Wie bei allen Studienfächern sind Belastbarkeit, Motivation und die Fähigkeit zum abstrakten Denken nützlich.

Der Studienverlauf bei den verschiedenen sozialwissenschaftlichen Fächern ist sehr unterschiedlich. Für die meisten Studiengänge trifft aber Folgendes zu: Bei einem Bachelorstudiengang kann man in sechs bis acht Semestern (berufsbegleitend bis zu zwölf Semester) zum Abschluss kommen. Neben den Vorlesungen sind meist Seminare, Hausarbeiten und Praxisprojekte zu absolvieren. Die Bachelorarbeit wird am Ende des Studiums verfasst und kann bei manchen Studiengängen auch in Kooperation mit einem Unternehmen geschrieben werden. Hier werden dann beispielsweise ein Sachverhalt aus dem Praktikum aufgegriffen und ein neues Konzept oder ein neuer Lösungsansatz erarbeitet. Sofern der abgeschlossene Studiengang als Zulassungsvoraussetzung für einen Masterstudiengang hinreichend ist, kann sofort mit einen Masterstudium begonnen werden. Alternativ kann man natürlich auch erst Berufserfahrung sammeln und später einen Master machen.

Folgende in den ◘ Tab. 3.5 und 3.6 genannten Studiengänge in den Sozialwissenschaften werden an privaten Hochschulen mit Bachelor-Abschluss (B.A. oder B.Sc.) und Master-Abschluss (M.A. oder M.Sc.) angeboten.

◘ Tab. 3.7 listet die Hochschulen mit sozialwissenschaftlichem Studienangebot.

Tab. 3.5 Aktuell angebotene Bachelor-Studiengänge (B.A. & B.Sc.) im Bereich der Sozialwissenschaften

Allgemeine Verwaltung	Interdisziplinäre Frühförderung	Religions- & Gemeindepädagogik/Soziale Arbeit integrativ
Arbeits- und Organisationspsychologie	International Relations: Politics and History	Soziale Arbeit
Beratung für Bildung, Beruf und Beschäftigung	Kindheitspädagogik	Soziale Arbeit und Integrationsmanagement
Berufspädagogik, Pflege und Gesundheit	Kindheitspädagogik & Management	Sozialmanagement
Berufspädagogik und Gesundheit	Life Coaching	Sozialpädagogik
Betriebswirtschaftliches Bildungs- & Kulturmanagement	Management Soziale Arbeit	Sozialpädagogik und Management
Betriebswirtschaft und Wirtschaftspsychologie	Markt und Werbepsychologie	Sprache und Sprachförderung in Sozialer Arbeit
Bewegungspädagogik und Tanz in Sozialer Arbeit	Medizinpädagogik	Sportpsychologie
Bildung und Erziehung in der Kindheit	Musikpädagogik und Musikvermittlung in Sozialer Arbeit	Theologie, Sozialraum und Innovation
Business Psychologie	Pädagogik der Kindheit	Verwaltungsbetriebswirtschaft
Economics, Politics and Social Thought	Pädagogik im Gesundheitswesen	Waldorfpädagogik
Human Development	Praktische Theologie und Soziale Arbeit	
Integrated Social Sciences	Public Policy	

Tab. 3.6 Aktuell angebotene Master-Studiengänge (M.A. & M.Sc.) im Bereich der Sozialwissenschaften

Business Coaching and Change Management	Klinische Psychologie und Psychotherapie	Pädagogik
Eurythmiepädagogik	Kommunales Verwaltungsmanagement	Public Policy
Evangelische Gemeindepraxis	Management, Ethik und Organisation	Soziale Arbeit, Gesundheitsförderung &Rehabilitation
International Relations	Medienpsychologie	Systemische Beratung

● **Tab. 3.7** Hochschulen, die aktuell im Bereich der Sozialwissenschaften Studiengänge anbieten

Akkon Hochschule für Humanwissenschaften	FOM Hochschule für Ökonomie und Management	Kommunale Hochschule für Verwaltung in Niedersachsen
Alanus Hochschule für Kunst und Gesundheit	Freie Hochschule Stuttgart	Medical School Berlin
APOLLON Hochschule der Gesundheitswirtschaft	H:G Hochschule für Gesundheit & Sport, Technik & Kunst	Medizinische Hochschule Brandenburg Theodor Fontane
Bard College Berlin	Hertie School of Governance	MSH Medical School Hamburg
Business School Berlin	Hochschule der Bundesagentur für Arbeit	NORDAKADEMIE
Carl Remigius Medical School	Hochschule der Wirtschaft für Management	Northern Business College
Cologne Business School	Hochschule Fresenius	Private Hochschule Göttingen
CVJM-Hochschule	Hochschule Fresenius online plus	Rheinische Fachhochschule Köln
DIPOLMA Hochschule	Hochschule für angewandte Pädagogik	SHR Fernhochschule
DPFH Hochschule Sachsen	Hochschule für angewandtes Management	SHR Hochschule Heidelberg
EBC Hochschule	Hochschule für Medien, Kommunikation und Wirtschaft	Steinbeis Hochschule Berlin
Europäische Fernhochschule Hamburg	HSD Hochschule Döpfer	Touro College Berlin
Evangelische Hochschule Tabor	IB Hochschule Berlin	Universität Witten/Herdecke
Fachhochschule Clara Hoffbauer Potsdam	International School of Management	University of Applied Science Europe
Fachhochschule des Mittelstands	Internationale Hochschule Bad Honnef	Wilhem Löhe Hochschule
Fachhochschule Dresden	Internationale Hochschule Liebenzell	
Fliedner Fachhochschule Düsseldorf	Jakobs Universität	

3.4 Humanmedizin/Gesundheitswissenschaften

Bei privaten Hochschulen hat sich im Jahr 2015 die zweitgrößte Gruppe der Studierenden für den Bereich Humanmedizin und Gesundheitswissenschaften entschieden. Das angebotene Fächerspektrum in diesem Bereich ist sehr breit und reicht von einem vollständigen Medizinstudium über Zahnmedizin bis hin zu beispielsweise Pflege- und Therapiewissenschaften, Logopädie und Management von verschiedenen Bereichen im Gesundheitswesen. Hierbei handelt es sich auch teilweise um duale Studienangebote und eine vertiefte Ausbildung in früheren Ausbildungsberufen. Ein numerus-clausus-freies Medizinstudium ist in Deutschland zurzeit nur an privaten Universitäten möglich. Solche Studienmöglichkeiten bietet die 1983 gegründete und staatlich anerkannte Universität Witten/Herdecke. Darüber hinaus bietet die 2014 gegründete private medizinische Hochschule Brandenburg Theodor Fontane in Neuruppin medizinische Abschlüsse an. Ausländische Hochschulen sind in Deutschland ebenfalls vertreten. Dazu zählt beispielsweise der Asklepios Campus Hamburg, welcher eine Zweigstelle der Budapester Semmelweis Universität und Teil des Asklepios Konzerns ist. In Nürnberg ist außerdem eine Zweigstelle der österreichischen medizinischen Paracelsus Privatuniversität ansässig.

Das Angebot für ein Studium der Gesundheitswissenschaften ist an privaten Hochschulen sehr groß. Denn einerseits werden die Menschen immer älter und andererseits hat das Thema Gesundheit einen hohen gesellschaftlichen Stellenwert bekommen. Entsprechend boomt die Gesundheitsbranche. Parallel dazu sind die medizinischen Möglichkeiten umfänglicher, aber auch komplexer geworden. Daraus resultiert ein Fachkräftemangel, der zu hervorragenden Berufsaussichten nach einem Studium führt.

3.4.1 Humanmedizin

Der Begriff Medizin oder genauer Humanmedizin umfasst im weitesten Sinne alle Handlungen, die zur Erkennung, Behandlung, Heilung oder Vorbeugung von Krankheiten des Menschen unternommen werden. Die wissenschaftliche Medizin fußt auf vielen anderen Wissenschaften wie Chemie, Physik, Biologie, Psychologie, Soziologie, Pharmakologie, Physiologie etc. (Bock 1993; Köbberling 2005).

Für ein Medizinstudium sollte man in jedem Fall über analytische Fähigkeiten und ein erhebliches naturwissenschaftliches Verständnis verfügen. Eine hohe Belastbarkeit sowie Verantwortungsbewusstsein und Sozialkompetenz sind ebenfalls wichtige Voraussetzungen. Da das Studium sehr viele naturwissenschaftliche Grundlagen enthält, sollte man Basiskenntnisse in Chemie, Biologie und Physik haben. Kenntnisse der englischen Sprache sind heutzutage auch in der Medizin wichtig.

Der Studienverlauf ist in einen vorklinischen und klinischen Teil unterteilt. Im vorklinischen Teil wird ein Großteil des theoretischen Grundlagenwissens vermittelt. Dabei handelt es sich in erster Linie um die klassischen naturwissenschaftlichen Fächer Chemie, Biologie und Physik. Im Laufe des Studiums wird man weitere Kenntnisse in Biochemie, in Physiologie, Anatomie und Psychologie erwerben. Experimentelle Phasen und Laborpraktika sind ergänzend zu absolvieren. Der klinische

Teil des Studiums ist auf die Erkennung und Behandlung von Krankheiten ausgerichtet. Und man beschäftigt sich mit Themen wie Chirurgie, Neurologie, Pharmakologie, Notfallmedizin, Humangenetik und weiteren. Die Studiendauer ist relativ lang und beträgt auch an privaten Hochschulen in der Regel mindestens zwölf Semester und endet mit dem Staatsexamen. Die angebotenen Studiengänge an privaten Hochschulen im Bereich Medizin mit Abschluss Staatsexamen sind Humanmedizin sowie Zahn-, Mund- und Kieferheilkunde.

3.4.2 Gesundheitswissenschaften

Der Begriff Gesundheitswissenschaften ist im Englischen bedeutungsgleich mit Health Science oder Public Health. Er stellt in Anlehnung an die Gesundheitsdefinition der Weltgesundheitsorganisation (WHO) einen Sammelbegriff dar. Er bezieht sich auf Fachbereiche, die sich mit den physischen, psychischen und sozialen Bedingungen von Gesundheit und Krankheit in ihrer systemischen Verknüpfung beschäftigen. Dabei steht nicht nur die Person alleine, sondern auch der Gesundheitsstatus der Bevölkerung und resultierende Rückwirkungen auf Individuen im Vordergrund. Gesundheitswissenschaften sind interdisziplinär ausgerichtet und umfassen naturwissenschaftliche, ökonomische, aber auch pädagogische Fächer. Aus fachlicher Perspektive wird Gesundheit in diesem Kontext nicht als Abwesenheit von Krankheit betrachtet. Vielmehr ist das Ziel, Krankheiten in der Bevölkerung zu vermeiden, einzudämmen und gleichzeitig Gesundheit und qualitativ wertige Langlebigkeit zu fördern. Da das angebotene Fächerspektrum sehr breit ist, sind Spezialisierungen notwendig. Als Basis für ein Studium der Gesundheitswissenschaften dienen meist Fächer wie BWL, VWL, Medizin, Pflegewissenschaften und Soziologie. Aber auch Fachgebiete wie Sport oder Fitness können enthalten sein. Abhängig von der Studienrichtung können dann auch noch Fächer wie Gesundheitsmanagement, Gesundheitsinformatik, Gesundheits- und Medizinrecht, Qualitätsmanagement, Soziale Arbeit, Orthobionik oder Pädagogik dazu kommen. Das Spektrum der akademischen Spezialisierungsmöglichkeiten im Bereich Gesundheitswissenschaften ist riesig. Einzelne Studienrichtungen können mehr medizinisch, ökonomisch, mathematisch, juristisch, pädagogisch oder auch sozial ausgerichtet sein. Dem entsprechend gibt es eine große Zahl von Hybridstudiengängen. Ebenso gibt es viele anwendungsorientierte Studiengänge wie Fußballmanagement, Fitnessökonomie, Management im Gesundheitswesen sowie Gesundheitspsychologie oder Medizinpädagogik (Hachmeister 2017b).

Aus der Praxis
Felix Neumann studierte Orthobionik an der PFH Private Hochschule Göttingen mit Abschluss B.Sc. 2016. Er ist heute Prokurist in der Sanitätshaus o.r.t. GmbH in Göttingen.

Der Studiengang „Orthobionik" an der PFH Private Hochschule Göttingen hat mir genau die richtige Kombination aus Medizin und Technik geboten. Mit seinen biomechanischen, medizinischen, ingenieurwissenschaftlichen, psychologischen und betriebswirtschaftlichen Inhalten weist er eine hohe wissenschaftliche Vielfalt auf. Gleichzeitig versetzt er mit einem großen handwerklichen Teil die Studierenden in die Lage, Patienten mit prothetischen und orthetischen Hilfsmitteln zu versorgen. In Deutschland besteht die Möglichkeit mit geringem Aufwand die Meisterprüfung anzuhängen.

Insbesondere die kontinuierliche, enge Zusammenarbeit mit Unternehmen aus der Branche, mit den Dozenten/Professoren und auch mit meinen Kommilitonen hat dazu beigetragen, dass ich noch heute ein gut funktionierendes Netzwerk habe. Im Nachhinein kann ich sagen, dass mich mein Studium nicht nur fachlich, sondern auch persönlich geprägt hat. Für meine Karriere haben sich bereits während des Studiums viele Möglichkeiten aufgezeigt.

Das angebotene riesige Spektrum der Spezialisierungsmöglichkeiten bei den Gesundheitswissenschaften erschwert es, spezifische Fähigkeiten als Voraussetzung für ein Studium zu definieren. Schließlich kann man sich beruflich mit Fragen globaler Ernährungssicherheit oder Bioterrorismus beschäftigen, in der Entwicklungshilfe und bei Naturkatastrophen helfen, als Journalist für medizinische Fachzeitschriften arbeiten, als Gesundheitsberater tätig sein oder in einer Klinik verschiedene Funktionen ausfüllen.

Da empirische Untersuchungen auch im Bereich der Gesundheitswissenschaften eine wichtige Rolle spielen, sind Interesse an und Kenntnisse in Statistik hilfreich. Analytische Fähigkeiten, kulturelles Interesse und gute Englischkenntnisse sind in jedem Fall von Vorteil. Das Wichtigste ist aber ein großes Interesse an gesundheitswissenschaftlichen Themen. Außerdem sind ein naturwissenschaftliches Verständnis sowie Belastbarkeit, Motivation und die Fähigkeit zum abstrakten Denken sowie Sozialkompetenz und Kommunikationsstärke in jedem Fall hilfreich.

Aus der Praxis
Janette Klapprott studierte Gesundheitswissenschaft an der Apollon Hochschule mit Abschluss B.Sc. 2009 und M.Sc. 2015. Heute hat sie bei einer gesetzlichen Krankenversicherung eine Managementposition.

3.4 · Humanmedizin/Gesundheitswissenschaften

Auf das Studium an einer privaten Hochschule wurde ich durch meinen Arbeitgeber, eine gesetzliche Krankenversicherung (GKV), aufmerksam. Dafür habe ich ein Studium an einer staatlichen Einrichtung abgebrochen. Der Vorteil der privaten Hochschule lag für mich sofort auf der Hand: Neben der Empfehlung durch den Arbeitgeber, der eine „Business to Business" (B2B) Vereinbarung mit der Hochschule hatte, bot insbesondere die klar strukturierte Orientierung an den vielfältigen Themen des Gesundheitswesens bessere Karrierechancen, als ein rein betriebswirtschaftlich orientiertes Studium an einer staatlichen Einrichtung. Ich war überrascht, dass es an der privaten Hochschule für alle berufsbegleitenden Studierenden ausreichend Freiräume gibt, um mit dem eigenen Lernstil persönliche Ziele zu erreichen – stets sehr praxisorientiert, motivationsfördernd und mit der Aufforderung, interdisziplinär zu arbeiten. Mein Ziel während des BA-Studiums „Gesundheitsökonomie" war es, mich persönlich, wie auch beruflich, weiterzuentwickeln, sei es durch den Zugewinn neuer sozialer Kompetenzen, als auch durch das Aneignen von fundiertem Fachwissen auf Praxisebene. Die abwechslungsreichen Studieninhalte erlaubten es mir, dieses Ziel sehr gut zu erreichen, und die gelernten Inhalte sofort in meinen Berufsalltag einzubringen. Studienleiter, Dozenten und Mitarbeiter der Serviceeinrichtungen waren unglaublich motiviert. Diese Qualität der individuellen Betreuung erlebt man an einer staatlichen Hochschule wohl seltener. So gab es zum Beispiel keine festen Öffnungszeiten eines „Prüfungsamtes", die Mitarbeiter waren täglich von 8–18 Uhr erreichbar und auch per Mail kam die Antwort innerhalb von 48 h. Durch das besondere Engagement wurden selbst in kritischen Lernphasen – und die hat jeder Student – immer schnellstmöglich passende Lösungen gefunden. Eine Projektarbeit, zu zweit im Modul Healthmarketing verfasst, konnte sogar außerhalb des Studienplanes einem externen Gremium präsentiert werden. Wir erhielten dafür eine Auszeichnung (Unikosmos Award 2013).
Es war der Gründungspräsident der privaten Hochschule, der mich von einem Auslandsstudium in Kalifornien überzeugen konnte. Denn die Hochschule unterhält eine Kooperation mit Sacramento. Sicher bieten auch staatliche Hochschulen Auslandssemester an, aber der intensive Service, die fachliche Unterstützung, die ich dort erlebt habe, verblüffte mich immer wieder. Unter anderem inspirierte mich 2012 die Bezeichnung „uncertainty avoidance", die unser Dozent in Kalifornien für die typisch deutsche Unsicherheitsvermeidung nutzte, meine Bachelor-Arbeit zum „Risikomanagement" zu schreiben. Mein 2015 – wieder berufsbegleitend – absolviertes Masterstudium an der Apollon Hochschule ermöglichte es mir, bis heute weitere verantwortungsvolle Tätigkeitsbereiche im Unternehmen zu übernehmen.

Beim Studium der Gesundheitswissenschaften gibt es fast alle Studienmodelle. Von einem Vollzeit-Präsenzstudium bis zu einem berufsbegleitenden Studium in seinen verschiedenen

Formen sowie ein duales Studium. Der Studienverlauf hängt primär von der Studienform ab. Für einen Bachelor dauert es in der Regel sechs bis acht Semester. In dieser Zeit ist auch die Bachelorarbeit fertigzustellen. In den ersten Semestern werden Grundlagen der Gesundheitswissenschaft, Betriebswirtschaftslehre (BWL), wissenschaftliches Arbeiten, Einblicke in verschiedene Gesundheitssysteme, Medizin, Pflegewissenschaften etc. vermittelt. Spezialisierungen erfolgen im Anschluss individuell nach der jeweiligen Studienausrichtung. Dabei können dann Themen wie empirische Gesundheitsforschung, Gesundheitspädagogik, Gesundheitspsychologie, Biowissenschaften, Gesundheitsökonomie sowie Gesundheitspolitik oder Ethik hinzukommen. Mit weiteren drei bis vier Semestern besteht auch die Möglichkeit, sich noch mehr zu spezialisieren und einen Masterabschluss zu erhalten. Private Hochschulen bieten bei den Gesundheitswissenschaften eine große Vielfalt an Studiengängen an. Einige Hochschulen sind sogar auf diesen Bereich fokussiert.

Folgende Studiengänge in den Gesundheitswissenschaften werden an privaten Hochschulen mit Bachelor-Abschluss (B.A. oder B.Sc.) und Master-Abschluss (M.A., MBA, MaHE, MaHM oder M.Sc.) angeboten (◘ Tab. 3.8 und 3.9). Zu den anbietenden Hochschulen zählen die in ◘ Tab. 3.10 genannten.

3.5 Sprach- und Kulturwissenschaften

Die Gruppe der Sprach- und Kulturwissenschaften umfasst laut einer aktuellen Studie die drittgrößte Gruppe der Studierenden an privaten Hochschulen in Deutschland (Engelke et al. 2017). Am beliebtesten ist dabei das Fach Psychologie. Dieses wird auch oft in Verbindung mit wirtschaftlichen Fragestellungen unterrichtet. So wird häufig das Fach Wirtschaftspsychologie angeboten. Da Psychologie aber eine bereichsübergreifende Wissenschaft ist, kann sie weder gänzlich den Sozial-, Geistes- noch den Naturwissenschaften zugeordnet werden. Im internationalen Vergleich wird sie oft den Cultural Studies zugeordnet. Wir schließen uns hier dieser Zuordnung an, wohl wissend, dass es auch gute Argumente für andere Klassifizierungen gibt. Bei im Jahr 2017 neu angebotenen Studiengängen standen allerdings Begriffe wie „Geschichte, Medien, Kommunikation, Kultur/Cultural, Literatur (-wissenschaft) im Vordergrund (Hachmeister 2017b).

◘ **Tab. 3.8** Aktuell angebotene Bachelor-Studiengänge im Bereich der Gesundheitswissenschaften

Angewandte Pflegewissenschaft	Health Management	Orthobionik
Angewandte Therapiewissenschaften	Hebamme	Osteopathie
Cardiovascular Perfusion	Hebammenkunde	Outdoorsport- & Adventuremanagement
Chiropraktik	Heilpädagogik	Pflege
Dentalhygieniker	Innovative Versorgung in der Pflege	Pflege- und Gesundheitsmanagement
Ergotherapie	Intensivierte Fachpflege	Pflegemanagement
Ernährungsberatung	International Sports Management	Pflegepädagogik/Pädagogik für den Rettungsdienst
Erweiterte Klinische Pflege	Kunst im Sozialen, Kunsttherapie	Pharmaökonomie
Fitness & Health Management	Lebensmittelmanagement & -technologie	Physician Assistance
Fitnessmanagement	Logopädie	Physiotherapie
Fitnessökonomie	Management für Gesundheitsberufe	Präklinische Versorgung und Rettungswesen
Fitnesstraining	Management im Gesundheits- und Sozialmarkt	Präventions- & Gesundheitsmanagement
Fußballmanagement	Management im Gesundheitswesen	Präventions-, Therapie- und Rehabilitationswissenschaften
Gesundheit & Management für Gesundheitsberufe	Management und Ökonomie im Gesundheitswesen	Public Healthcare & Case management
Gesundheits- & Pflegemanagement	Management von Gesundheitseinrichtungen	Social Management
Gesundheits- & Krankenpflege	Medical Controlling & Management	Sport & angewandte Sportwissenschaft
Gesundheits- und Sozialmanagement	Medical Practice Management	Sport & Event Management
Gesundheitsmanagement	Medical Research Management	Sportmanagement
Gesundheitsökonomie	Medizinalfachberufe	Sportökonomie
Gesundheitspädagogik	Medizinische Assistenz – Chirurgie	Sportsbusiness Management
Gesundheitsphysiologie	Medizinische Radiologie-Technologie	Technologie- & Innovationsmanagement im Gesundheitswesen
Gesundheitspsychologie & Medizinpädagogik	Medizinökonomie	Theater im Sozialen, Theaterpädagogik
Gesundheitstechnologie	Medizinpädagogik	Therapie Management

(Fortsetzung)

Tab. 3.8 (Fortsetzung)

Gesundheitstourismus	Molekulare Biomedizin	Versorgungsmanagement für Menschen im Alter
Health Care Management	Musiktherapie	Wirtschaftswissenschaften Gesundheitsmanagement
Health Care Studies	Notfallhilfe & Rettungsmanagement	
Health Insurance Management	Notfallsanitäter	

Tab. 3.9 Aktuell angebotene Master-Studiengänge im Bereich der Gesundheitswissenschaften

Angewandte Gerontologie	International Hospital and Healthcare Management	Osteopathie
Chiropraktik	International Pharma-Economics, Health Economics & Market Strategies for Healthcare Products	Pädagogik der Gesundheitsberufe
Clinical Research	Kinder Osteopathie	Palliative Care
Clinical Research Management	Krankenhauspharmazie	Paradontologie & Implantattherapie
Executive MBA Health Care Management	Kunsttherapie	Peridontology
Führung & Management im Gesundheits- & Sozialwesen	Management im Gesundheits- & Sozialmarkt	Pflegewissenschaft
Gesundheits- und Sozialmanagement	Management im Gesundheitswesen	Prävention & Gesundheitsmanagement
Gesundheitsmanagement	Management von Organisationen und Personal im Gesundheitswesen	Präventionsmedizin
Gesundheitsökonomie	Manuelle Therapie	Sport-/ Gesundheitsmanagement
Gesundheitspädagogik	Medizincontrolling	Sportmanagement
Gesundheitspädagogik & Bildungsmanagement	Medizinische Orthobionik	Sportökonomie
Gesundheitswirtschaft & Ethik	Medizinökonomie	Sportpsychologie/Sportpsychologische Beratung
Gesundheitswissenschaften	Medizinpädagogik	Sports Business & Communication
Global Sport Management	Musiktherapie	Sports-/Reha-Engineering
Health Care Management	Naturheilkunde & komplementäre Medizin	Sportwissenschaft
Health Economics	Neurorehabilitation	Therapiewissenschaften

(Fortsetzung)

3.5 · Sprach- und Kulturwissenschaften

Tab. 3.9 (Fortsetzung)

Health Management	Oral Implantology	Wirtschaftswissenschaften-, Tourismus- & Gesundheitsmanagement
Heilpädagogik	Oral Rehabilitation	Green Business Management
Interdisziplinäre Therapie in der Pädiatrie	Orale Medizin und Zahnheilkunde	

Tab. 3.10 Hochschulen, die aktuell im Bereich der Gesundheitswissenschaften Studiengänge anbieten

accadis Hochschule Bad Homburg	FOM Hochschule für Ökonomie und Management	Medizinische Hochschule Brandenburg Theodor Fontane
Akkon-Hochschule für Humanwissenschaften	Frankfurt School of Finance and Management	Munich Business School
Alanus Hochschule für Kunst und Gesellschaft	H:G Hochschule für Gesundheit und Sport, Technik und Kunst	PraxisHochschule
APOLLON Hochschule der Gesundheitswirtschaft	HFH Hamburger Fern-Hochschule	Private Hochschule Göttingen
bbw Hochschule	Hochschule 21	Rheinische Fachhochschule Köln
Carl Remigius Medical School	Hochschule Fresenius	SRH Fernhochschule
Deutsch Hochschule für Prävention und Gesundheitsmanagement	Hochschule Fresenius online plus	SRH Hochschule für Gesundheit Gera
DIPLOMA Hochschule	Hochschule für angewandtes Management	SRH Hochschule Heidelberg
Dresden International University	Hochschule für Künste im Sozialen	Steinbeis Hochschule Berlin
EBC Hochschule	HSD Hochschule Döpfer	Universität Witten/Herdecke
EBS Universität für Wirtschaft und Recht	IB-Hochschule Berlin	University of Applied Sciences Europe
Fachhochschule des Mittelstands	Internationale Hochschule Bad Honnef	Wilhelm Büchner Hochschule
Fachhochschule Dresden	IST-Hochschule für Management	Wilhelm Löhe Hochschule
Fachhochschule für Sport und Management Potsdam	Leibniz-Fachhochschule	
Fliedner Fachhochschule Düsseldorf	Medical School Berlin	

3.5.1 Sprachwissenschaften

Sprachwissenschaften befassen sich mit den einzelnen Bestandteilen von Sprache sowie deren Entstehung, Herkunft und deren geschichtliche Entwicklung. Im Studium werden vielseitige Anwendungen von Sprache in mündlicher und schriftlicher Kommunikation ebenso wie möglicherweise vorhandene Störungen bei der Nutzung von Sprache beleuchtet. Beziehen sich die wissenschaftlichen Untersuchungen auf eine spezielle Sprache wie beispielsweise auf die deutsche Sprache, spricht man von Germanistik. Werden Aspekte untersucht, die verschiedene Sprachen gemeinsam haben, spricht man von Linguistik oder allgemeiner Sprachwissenschaft. Die wissenschaftlichen Verästelungen der Sprachwissenschaften reichen natürlich viel weiter und umfassen u. a. Grammatiktheorie, Sprachtypologie, historische Sprachwissenschaft, Sprachtherapie und vieles mehr. Moderne Aspekte der Medien- und Kommunikationswissenschaften können ebenfalls dazu gerechnet werden. Je nach Ausrichtung der Hochschule werden Studiengänge wie Media Management, Creative Design, Digital Film Design oder aber auch Kommunikationsmanagement, Journalistik, Film und Fernsehen angeboten.

Bei dem Studium der Sprachwissenschaften ist ein Talent zur Erfassung von Texten zwingend notwendig. Ein Interesse an Geschichte ist ebenfalls nützlich. In Abhängigkeit von der Studienausrichtung sind Kenntnisse verschiedener Fremdsprachen oftmals essenziell. Somit sind Sprachbegabung und Kommunikationsstärke wesentlich für das Studium. Darüber hinaus ist es wichtig, analytisch denken zu können, Durchhaltevermögen und Disziplin zu haben.

Sprachwissenschaften sind fächerübergreifend ausgerichtet und somit extrem facettenreich. Beispielsweise wird zur Erforschung von Sprachstörungen oft mit Medizinern oder Psychologen zusammengearbeitet. Um regionale Sprachentwicklungen zu untersuchen, gibt es Kooperationen mit Geografen oder Historikern. Beim Studium stehen zu Anfang meist Grammatik und Textanalysen sowie Semantik, Phonetik oder auch Rhetorik auf dem Studienplan. Neben der klassischen Ausrichtung des Studiums auf wissenschaftlich-historische Themen, werden auch viele aktuelle Anwendungsaspekte beleuchtet. Dabei spielen die verschiedenen Formen der Kommunikation eine wesentliche Rolle (zum Beispiel interkulturelle Kommunikation, Kommunikation mit Onlinemedien, Wirtschaftskommunikation), aber auch Themen wie Computerlinguistik, Neurolinguistik, Soziolinguistik oder aber Audio-, Animations- oder Kommunikationsdesign. Die Studiendauer ist in der Regel mit sechs Semestern für einen Bachelor zu veranschlagen und weiteren vier Semestern für einen Master.

3.5.2 Kulturwissenschaften

Wohingegen der Begriff Sprachwissenschaften seit Langem etabliert ist und reflektierende Auseinandersetzungen mit Sprache weit in vorchristliche Zeiten hineinreichen, ist der Begriff Kulturwissenschaften vergleichsweise jung. Die Anfänge einer eigenen Disziplin reichen bis in die 1920er-Jahre zurück. Der Begriff in seiner angelsächsischen Fassung Cultural Studies hat jedoch erst in den 1960er-Jahren größere Bekanntheit erfahren. Seit der Einrichtung von Studiengängen in diesem Bereich ist allerdings die Debatte über die Abgrenzung der Kulturwissenschaften entstanden (Kittsteiner 2008). Es wird hinterfragt, wie sie sich beispielsweise von den Geisteswissenschaften unterscheiden. Im kulturwissenschaftlichen Studium beschäftigt man sich in erster Linie mit Kulturleistungen der Gesellschaft. Dazu gehören beispielsweise Kunst, Wirtschaft und Religion. Ein interdisziplinärer Ansatz ist charakteristisch für die Kulturwissenschaften. Es gibt entsprechend viele Hybridstudiengänge. Dabei werden empirische Methoden zum Vergleich verschiedener Kulturen genutzt. Es kommen aber auch historische Methoden zur Analyse der geschichtlichen Entwicklung einzelner Bereiche der Kultur zum Einsatz.

Kulturelles Interesse ist eine Grundvoraussetzung für das Studium der Kulturwissenschaften. Sofern man sich gerne mit intellektuellen, kulturellen Themen befasst, aber sich nicht auf einen engeren Themenbereich festlegen möchte, sind Kulturwissenschaften eine interessante Option. Hilfreich ist es sicherlich, wenn man zu Beginn des Studiums bereits gewisse Grundkenntnisse der Sozialwissenschaften und der Geschichte hat. Sprachbegabung und Kommunikationsstärke sind ebenfalls von Nutzen. Da es auch sehr viel englische Fachliteratur gibt, sind entsprechende Sprachkenntnisse von Vorteil.

Aus der Praxis
Clara Sellen studierte Business Administration mit Abschluss B.A. (2016) an der Hessischen Berufsakademie. Aktuell studiert sie Psychology & Management (M.Sc.) an der ISM (International School of Management).

Es gibt nicht vieles, was einen aus der schönsten Stadt am Rhein weg locken kann. Doch das duale Bachelor-Studium der Betriebswirtschaftslehre bei der KfW-Bankengruppe hat mich nach meinem Abitur nach „Mainhattan" verschlagen. In diesen drei Jahren habe ich neben dem hessisch Babbeln, der grünen Soße und dem Äppler vieles mehr kennengelernt. In den ersten zwei Jahren haben wir neben unserem dualen Studium an zahlreichen Samstagen auch noch die klassische Bankausbildung absolviert. Nach drei sehr lehrreichen, aber auch intensiven Jahren war mir aber klar: Ich brauche zunächst einmal eine Pause, um mir über meinen weiteren Berufsweg klar zu werden.

Der Großteil der dualen Bachelor-Studenten bei uns entscheidet sich nach Übernahme im Unternehmen für einen berufsbegleitenden Master. Doch den „normalen" Weg zu gehen, kam für mich nicht wirklich infrage. Ich wollte endlich auch die „wahre" Studentenluft schnuppern. Also entschied ich mich nach einem Jahr Festanstellung für eine Arbeitszeitreduzierung. Und für ein Master-Vollzeit-Studium der Wirtschaftspsychologie an der International School of Management (ISM). Warum nicht Finance oder Banking? Das liegt beim Standort Frankfurt doch wohl nahe! Weil ich nicht, wie viele meiner Freunde und Kommilitonen, Karriere als Investmentbankerin machen will. Ich will vielmehr verstehen, wie sie ticken.

Völlig fasziniert bin ich von der Breite des Faches Wirtschaftspsychologie. Denn wir werden ausgebildet, um später an der Schnittstelle zweier großer Fachbereiche zu arbeiten. Im Mittelpunkt unseres Studiums stehen die Zusammenhänge zwischen Individuum, Gesellschaft und Unternehmen. Dabei geht es bei weitem nicht nur um die Organisation von Assessment-Centern oder die Erstellung und Durchführung von Einstellungsinterviews. Denn auch die Strukturierung und Zuweisung von Arbeitsprozessen, das Coaching und die Weiterbildung von Mitarbeitern, die Planung von Veranstaltungen, die das Team-Building stärken und Maßnahmen zur Burn-Out-Prävention werden zu unseren späteren Arbeitsbereichen gehören.

Nach zwei Semestern bereue ich rein gar nichts an meiner Entscheidung. Die im dualen Studiengang erlernte Disziplin und ein gutes Zeitmanagement helfen sehr dabei, die Vorlesungen, Klausuren und Hausarbeiten an der ISM mit meiner Teilzeitstelle bei der KfW zu vereinbaren.

Und ganz wichtig für meine Entscheidung für diesen Studiengang an der ISM war die Möglichkeit, einen Teil meines Studiums im Ausland zu absolvieren. Die nächsten vier Monate werde ich an der Edinburgh Napier University verbringen. Dann werde ich neben einem Pflichtpraktikum meine Masterthesis schreiben. Wie es dann weitergeht, wird sich zeigen.

Oh, und welche Stadt am Rhein ich anfangs meinte? Na, Köln natürlich.

Das Studienangebot der Kulturwissenschaften ist sehr vielfältig, wobei verschiedene Hochschulen jeweils eigene Akzente setzen. Häufig erwarten die Studierenden im Studium Themenkomplexe aus den Sozialwissenschaften, der Kunstwissenschaft, Geschichte, Philosophie, Psychologie, Kulturreflexion, Medienkultur und kultureller Praxis. Statistik und Kurse zur Praxis beim wissenschaftlichen Arbeiten sind meist Teil des Studiengangs. Für einen Bachelor-Abschluss (B.A.) werden inklusive der Bachelor-Arbeit

3.5 · Sprach- und Kulturwissenschaften

üblicherweise sechs Semester benötigt. Im Anschluss besteht auch die Möglichkeit, einen Master of Arts (M.A.) zu erlangen. Ein solches Studium ist in der Regel in weiteren vier Semestern abzuschließen. Die späteren Berufsoptionen sind vielfältig und reichen von klassischen Arbeitsorten in Museen oder Archiven bis hin zur Tourismusbranche, zum Marketing und den Medien.

Folgende Studiengänge in den Sprach- und Kulturwissenschaften werden an privaten Hochschulen mit Bachelor-Abschluss (B.A. oder B.Sc.) und Master-Abschluss (M.A.) angeboten ◘ Tab. 3.11 und 3.12). Zu den anbietenden Hochschulen zählen die in ◘ Tab. 3.13 genannten.

◘ Tab. 3.11 Aktuell angebotene Bachelor-Studiengänge im Bereich der Sprach- und Kulturwissenschaften

3D-Design & Management	Humanities, the Arts & Social Thought	Medien- & Kommunikationsmanagement in Unternehmen
Angewandte Psychologie	Illustration	Medien- und Wirtschaftspsychologie
Animation Design	Industrial Design	Medieninformatik
Audiodesign	Informations- und Kommunikationstechnik	Medienkommunikation und Journalismus
Automotive & Mobility Management	Interkulturelle Theologie und Diakonie global	Medienmanagement
Brand Communication	Interkulturelle Theologie, Migration & globale Zusammenarbeit	Medienwirtschaft & -management
Communication & Media Management	Interkulturelles Management und Kommunikation	Modedesign
Communication, Culture & Management	International Business Communication	Motion Design
Creative Design	International Business Management	Musikproduktion
Creative Media	International Business Psychology	Philosophie
Design	Internationale Medien- & Technikkommunikation	Philosophie und Kulturreflexion
Design & Innovationsmanagement	Internationale Wirtschaftskommunikation	Praktische Jüdische Studien
Design Thinking	Journalism & Business Communication	Produktdesign
Digital & Interaction Design	Journalismus	Produktionsdesign
Digital Design	Journalismus & PR-Management	Psychologie
Digital Film Design	Journalismus & Unternehmenskommunikation	Psychologie mit Schwerpunkt Psychotherapie
Digital Media Management	Journalistik	Psychologie und Management

(Fortsetzung)

◘ **Tab. 3.11** (Fortsetzung)

Digitales Management	Kommunikationsdesign	Psychologie und Mentale Gesundheit
Evangelische Theologie	Kommunikationsmanagement	Psychotherapiewissenschaft
Fachübersetzen Wirtschaft/Technik	Marketing- & Medienmanagement	Technische Kommunikation & Informationsdesign
Film + Motion Design	Media & Creative Industries Management	Theologie/Pädagogik im interkulturellen Kontext
Film und Fernsehen	Media Design	Theologie/Soziale Arbeit im interkulturellen Kontext
Fotografie	Media Management	Übersetzen Chinesisch
Gamedesign	Medien- & Eventmanagement	Wirtschaftskommunikation
Grafikdesign	Medien- & Kommunikationsdesign	Wirtschaftskommunikation Chinesisch
Grafikdesign & Visuelle Kommunikation	Medien- & Kommunikationsmanagement	Wirtschaftspsychologie

◘ **Tab. 3.12** Aktuell angebotene Master-Studiengänge im Bereich der Sprach und Kulturwissenschaften

Angewandte Psychologie für die Wirtschaft	Interkulturelles Kommunikation & Moderation	Philosophie
Business Information Management	International Brand Communication	Philosophie und Kulturreflexion
Communication & Leadership	International Marketing and Media Management	Pioneering in Arts, Media & the Creative Industries
Digital Business Management	Internationale Medienkommunikation	Psychologie
Dolmetschen	Jewish Civilizations	Psychotherapie – Tiefenpsychologisch fundierte Psychologie
Evangelische Theologie	Kommunikationsdesign	Public Management
Gebärdensprachendolmetschen	Konvergenter Journalismus	Public Policy
Holocaust Communication and Tolerance	Medien- & Kommunikationsmanagement	Rechtspsychologie
Human Communication – Kommunikationspsychologie und -management	Medien- & Kommunikationsmanagement in Unternehmen	Religion und Psychotherapie
Informations- und Kommunikationstechnik	Mittelaltermaster	Strategic Design
Intercultural Theology	Museologie	Wirtschaftspsychologie

3.5 · Sprach- und Kulturwissenschaften

Tab. 3.13 Hochschulen, die aktuell im Bereich der Sprach- und Kulturwissenschaften Studiengänge anbieten

accadis Hochschule Bad Homburg	Fachhochschule für Interkulturelle Theologie	ISM International School of Management
AKAD University	Fachhochschule Wedel	Jakobs University
AMD Akademie Mode und Design	Freie Theologische Hochschule Gießen	Karlshochschule International University
APOLLON Hochschule der Gesundheitswirtschaft	H:G Hochschule für Gesundheit & Sport, Technik &Kunst	Media Akademie – Hochschule Stuttgart
Bard College Berlin	Hamburg School of Business Administration	Mediadesign Hochschule für Design und Informatik
BAU International Berlin University of Applied Science	Hochschule Fresenius	Medical School Berlin
bbw Hochschule	Hochschule Fresenius onlineplus	MSH Medical School Hamburg
Berliner Technische Kunsthochschule	Hochschule für Angewandte Sprachen	Private Hochschule Göttingen
Brand Academy Hamburg	Hochschule für angewandtes Management	Provadis School of International Management & Technology
Business School Berlin	Hochschule für Jüdische Studien Heidelberg	Psychologische Hochschule Berlin
Cologne Business School	Hochschule für Kommunikation und Gestaltung	Quadriga Hochschule Berlin
Cusanus Hochschule	Hochschule für Kunst, Design und Populäre Musik	Rheinische Fachhochschule Köln
DEKRA Hochschule für Medien	Hochschule für Medien, Kommunikation und Wirtschaft	Sigmund Freud Privat Universität Berlin
Design akademie Berlin	Hochschule für Telekommunikation	SRH Hochschule der populären Künste
DIPLOMA Hochschule	Hochschule für Wirtschaft und Management	SRH Hochschule für Wirtschaft und Medien Calw
Dresden International University	Hochschule Macromedia	Touro College Berlin
Europäische Fernhochschule Hamburg	HSD Hochschule Döpfer	Universität Witten/Herdecke
Evangelische Hochschule Tabor	IB-Hochschule Berlin	University of Applied Science Europe
Fachhochschule des Mittelstandes	International Psychoanalytic University Berlin	Vitruvius Hochschule Leipzig
Fachhochschule Dresden	Internationale Hochschule Liebenzell	Zeppelin Universität

3.6 Ingenieurwissenschaften

Ingenieurwissenschaften behandeln Fragestellungen, die sich mit der Entwicklung, Konstruktion und Produktion technischer Produkte beschäftigen. Aus den allgemeinen Ingenieurwissenschaften haben sich die Disziplinen Bauingenieurwesen, Elektrotechnik und Maschinenbau sowie eine Reihe weiterer Disziplinen entwickelt, die oftmals eng verbunden sind. Die Ingenieurausbildung in Deutschland ist international besonders gut angesehen und deutsche Technik ist weltweit gefragt. Die Studiengänge bei den Ingenieurwissenschaften umfassen von Architektur und Automatisierungstechnik bis hin zur Wasserwirtschaft und zum Wirtschaftsingenieurwesen ein sehr breites Spektrum an Fächern. Im Jahr 2017 angebotene neue Studiengänge enthielten Begriffe wie Engineering, Management, Informationstechnik, Mechatronik, Maschinenbau, Elektrotechnik, Embedded Systems oder Systems Engineering (Hachmeister 2017b). Die Studiengänge, die an privaten Hochschulen angeboten werden, sind in den ◘ Tab. 3.14 und 3.15 zusammengefasst.

◘ Tab. 3.14 Aktuell angebotene Bachelor-Studiengänge im Bereich der Ingenieurwissenschaften

Angewandte Materialwissenschaften	Immobilien- & Baumanagement	Prozesstechnik
Architektur	Industrial Engineering Management	Rohstoffingenieur
Bau- und Immobilienmanagement	Industriemanagement	Technische Betriebswirtschaft
Bauingenieurwesen	Handwerksmanagement	Montageingenieur
Digital Engineering	Innenarchitektur	Technische Betriebswirtschaft und Dienstleistungen
Electrical and Computer Engineering	Intelligent Mobile Systems	Testing
Electrotechnical Systems	Kunststofftechnik	Verfahrenstechnik
Elektro- und Informationstechnik	Logistik und Handel	Vermessungswesen
Elektrotechnik	Logistikmanagement	Vertriebsingenieurwesen
Energieverfahrenstechnik	Maritime Management	Wirtschaftsingenieurwesen
Energiewirtschaft und -management	Maschinenbau	Wirtschaftsingenieurwesen, Logistik
Fahrzeugtechnik	Maschinenbau-Informatik	Wirtschaftsingenieurwissenschaften Medien
Geotechnik und Angewandte Geologie	Mechatronik	Wirtschaftsingenieurwissenschaften, Logistik und Supply Chain Management, Digital Industry 4.0

3.6 · Ingenieurwissenschaften

Tab. 3.15 Aktuell angebotene Master-Studiengänge im Bereich der Ingenieurwissenschaften

Bauen im Bestand	Handelslogistik	Shipping
Betriebssicherheitsmanagement	Global Logistic & Supply Chain Management	Renewable Energy and Environmental Management
Business Engineering	Industrial Management	Smart City Design
Business Process Engineering	Innovations- und Technologiemanagement	Supply Chain Engineering and Management
Engineering	International Business and Engineering	Technical Management
Engineering Management	International Technology Transfer Management	Technology & Innovation Management
Facility Management	Leadership & Supply Chain Management	Transportmanagement
Fahrzeugsicherheit und Verkehrsunfallforschung	Logistik	Verbundwerkstoffe/Composites
Geodesy & Land Management	Maschinenbau	Wirtschaftsingenieurwesen
Geoingenieurwesen und Nachbergbau	Projektmanagement Bau	

Wenn man daran interessiert ist, technische Lösungen für den alltäglichen oder auch spezifischen Bedarf zu entwickeln, ist ein ingenieurwissenschaftliches Studium eine gute Wahl. Allerdings sollte man nicht nur Interesse an Technik haben, sondern auch gut in Mathematik und, je nach Fachrichtung, in naturwissenschaftlichen Fächern wie Chemie, Biologie oder Physik sein. Ohne die Aneignung von erheblichem Grundlagenwissen lässt sich ein Studium nicht abschließen. Dies gilt, obwohl Ingenieurwissenschaften anwendungsorientiert sind. Analytische Fähigkeiten und abstraktes Denken sind in jedem Fall weitere wichtige Voraussetzungen für dieses Studium. Aufgrund der zunehmenden Globalisierung sind auch Englischkenntnisse von wachsender Bedeutung.

Ingenieurwissenschaftliche Studiengänge werden als Vollzeit-Präsenzstudium, berufsbegleitendes Studium in seinen verschiedenen Formen, als duales Studium und als Fernstudium angeboten, das allerdings meist mit Präsenzstudienanteilen gekoppelt ist. Zu den grundlegenden Studiengebieten gehören meist Thermodynamik, Mechanik, Werkstoffkunde und Optik. Spezialisierungen sind in Abhängigkeit von der Hochschule unterschiedlich. Neben Maschinenbau, Elektrotechnik und Bauingenieurwesen werden oft Verfahrenstechnik, Architektur, Informatik, Kommunikationstechnik oder Wirtschaftsingenieurwesen angeboten. Das Studium bis zum Bachelor-Abschluss ist weniger wissenschaftlich und sehr praxisnah ausgerichtet.

Tab. 3.16 Hochschulen, die aktuell im Bereich der Ingenieurwissenschaften Studiengänge anbieten

AKAD University	German Graduate School of Management and Law	NORDAKADEMIE
Alanus Hochschule für Kunst und Gesellschaft	Hamburg School of Business Administration	Private Hochschule für Wirtschaft und Technik
bbw Hochschule	HFH Hamburger Fern-Hochschule	Private Hochschule Göttingen
BAU International Berlin University of Applied Sciences	Hochschule 21	Provadis School of International Management and Technology
DIPLOMA Hochschule	Hochschule der Bayerischen Wirtschaft	Rheinische Fachhochschule Köln
Dresden International University	Hochschule Fresenius	SRH Hochschule Heidelberg
Europäische Fachhochschule Rhein/Erft	Hochschule Macromedia	Steinbeis Hochschule
Europäische Fernhochschule Hamburg	Hochschule Weserbergland	Technisch Hochschule Georg Agricola
Fachhochschule der Wirtschaft	Internationale Hochschule Bad Honnef	VWA-Hochschule für berufliches Studium
Fachhochschule des Mittelstands	Jakobs Universität	Wilhelm Büchner Hochschule
Fachhochschule Wedel	Kühne Logistics University	
FOM Hochschule für Ökonomie und Management	Management & Technology	

Hybridstudiengänge werden häufig angeboten. Der Studienverlauf hängt von der Studienform ab. Für eine Vollzeit Bachelor-Ausbildung muss man mit sechs Semestern rechnen plus zwei bis vier Semester für einen Master-Abschluss. Durch Praktika in Unternehmen wird man an den Berufsalltag herangeführt. Oftmals werden auch Auslandssemester angeboten.

In ◘ Tab. 3.14 und 3.15 sind Studiengänge in den Ingenieurwissenschaften privater Hochschulen mit Bachelor-Abschluss (B.A., B.Eng. oder B.Ss.) und Master-Abschluss (M.Eng., MBE oder M.Sc.) zusammengefasst. Zu den anbietenden Hochschulen zählen die in ◘ Tab. 3.16 genannten.

3.7 Mathematik, Naturwissenschaften

Mathematik, Informatik, Naturwissenschaften und Technik gehören in Deutschland zu den beliebtesten Studienfächern. Im Jahr 2017 dominierte in der Fächergruppe Mathematik,

Naturwissenschaften der Begriff Informatik. Data Science, Life Science, Neuroscience sowie die klassischen Fächer Physik/Physics, Mathematik und Chemie/Chemistry waren ebenfalls oft Bestandteil neu angebotener Studiengänge (Hachmeister 2017b).

3.7.1 Mathematik

Eine allgemein anerkannte Definition des Begriffs Mathematik gibt es nicht. Wikipedia sagt: „Mathematik ist eine Wissenschaft, die durch logische Definitionen selbstgeschaffene abstrakte Strukturen mittels Logik auf ihre Eigenschaften und Muster untersucht". Mario Livio hat sich mit dem Thema in einem besonders interessanten Buch auseinandergesetzt, welches bei tiefer gehendem Interesse zu empfehlen ist (Livio 2010). Mathematik ist eng verwandt mit Informatik, da diese mathematisch basierte und computerisierte Datenverarbeitung beinhaltet.

Neben Interesse an dem Fach sollte man bereits durch die Schule gut auf das Studium vorbereitet worden sein. Man sollte also gute Grundkenntnisse in Mathematik haben. Das Studium ist anspruchsvoll, man sollte Spaß am logischen und abstrakten Denken haben. Da zum Lösen von Aufgabenstellungen oft verschiedene Ansätze ausprobiert werden müssen, sollte man Dingen auf den Grund gehen wollen und die nötige Hartnäckigkeit und Ausdauer besitzen. Schließlich sollte man auch Freude an der Genauigkeit der mathematischen Sprache beim Lesen und Formulieren haben.

Mathematik als Studienfach wird an vielen staatlichen Hochschulen und Universitäten angeboten. In der Gruppe der privaten Hochschulen bietet bisher nur die Jakobs Universität in Bremen ein reines Mathematik-Studium an. Es besteht dort die Möglichkeit, sich in ein englischsprachiges, dreijähriges Bachelorprogramm einzuschreiben sowie einen Master oder einen Promotions-Studiengang zu belegen. Angeboten werden an privaten Hochschulen allerdings viele fachübergreifende Hybridstudiengänge wie beispielsweise Energieinformatik, Business Informatics oder Technische Informatik.

Aus der Praxis
Heiko Faure studierte Wirtschaftsinformatik an der AKAD Hochschule mit Abschluss Diplom (1998). Er arbeitet heute bei der IF Interface AG als Vice President Business Development.

Seine bisherige Karriere beschreibt Heiko Faure selbst als „Ringschluss". Das Studium hat ihm diesen Weg bereitet, das wird im Gespräch immer wieder deutlich. Ein Studium, das als notwendiger Türöffner begonnen wurde, entfachte schließlich ganz neue Leidenschaften.

„Aus der mangelnden Bereitschaft, einen guten Job aufzugeben", hat Heiko Faure sich einst für ein Studium an der privaten Fernhochschule entschieden, erzählt er. Als mathematisch-technischer Assistent war er etwa ein Jahr zuvor bei der Mannesmann Mobilfunk GmbH als Unix-Systemspezialist eingestiegen. Pausieren für ein Studium kam nicht infrage. Der überschaubare Zeitraum habe ihn vom Angebot der AKAD Hochschule überzeugt. Also legte er 1995 los. Ein Studium zum Diplom-Wirtschaftsinformatiker (FH) sollte es damals sein. Denn Karriere könne er, so wurde ihm im Konzern nahegelegt, nur mit Studienabschluss machen. Er schaffte es in der Regelstudienzeit. Neben dem „Schein", den er brauchte, trieb ihn aber auch die Frage an, wie ein Unternehmen funktioniert, wie man es leitet. Und tatsächlich: Schon während des Fernstudiums übernahm er die erste Führungsrolle. Es folgte eine typische Konzernkarriere. „Der stringente Aufstieg innerhalb des Mannesmann-/Vodafone-Konzerns basierte auf meinem Studium", sagt Heiko Faure heute. Bis zum leitenden Angestellten schaffte er es nach oben.

Diese Position hatte nicht mehr viel mit Technik zu tun, woraufhin er seine neue Leidenschaft für Human Resources entdeckte. Aus dem „Nerd", wie er sich selbst beschreibt, war eine Führungspersönlichkeit geworden, die dies fortan zum Hauptjob machen wollte. Er wechselte als Mitglied der Geschäftsleitung zu Rother & Partner, einem Beratungsunternehmen in der Organisationsentwicklung. Fünf Jahre lang war dies seine berufliche Heimat. Danach arbeitete er als Partner des Start-ups L&B Solutions GmbH mit an dessen Wachstum. Daraufhin übernahm er Verantwortung im Mittelstand. Seit über zwei Jahren ist der 46-Jährige nun bei der IF Interface AG als Vice President Business Development tätig. Und obwohl das Studium jetzt schon eine ganze Weile her ist, ist es immer noch präsent: „Die Theorie ist nach wie vor Grundlage meines tagtäglichen Handelns", sagt er.

3.7.2 Naturwissenschaften

Der Begriff Naturwissenschaften stellt einen Oberbegriff dar, unter dem Wissenschaften zusammengefasst sind, die sich mit Erscheinungen, Vorgängen und der Struktur der Natur befassen. Dabei wird angestrebt, Gesetzmäßigkeiten in den Abläufen der Natur zu erfassen und sie durch Messungen, Analysen und vergleichende Studien zu belegen. So sollen Naturphänomene

3.7 · Mathematik, Naturwissenschaften

erklärt, beherrscht und für den Menschen nutzbar gemacht werden. Klassische naturwissenschaftliche Fächer sind Biologie, Chemie, Physik und Medizin, wobei die Medizin mehrere Disziplinen vereint. Heute werden Naturwissenschaften vielfach in die Wissenschaft von der belebten und unbelebten Natur unterteilt. Zu den unbelebten physikalisch und mathematisch ausgerichteten Naturwissenschaften zählen beispielsweise Astronomie, Geophysik, Physik, Chemie sowie ihre verschiedenen und auch verbindenden Teilgebiete wie Astrophysik, Geophysik, Seismologie, Mineralogie, Meteorologie, physikalische Chemie und andere. Biologische Naturwissenschaften repräsentieren den belebten Teil der Natur und umfassen beispielsweise Botanik, Zoologie, Physiologie, Genetik, Molekularbiologie, Ökologie, Anthropologie, verschiedene überschneidende Wissenschaften wie Biophysik und Biochemie und Randgebiete wie Agrarwissenschaften oder Geografie, die oft nicht vollständig zu den Naturwissenschaften gezählt werden (Kricheldorf 2014).

Neben fachspezifischen sind heute zunehmend auch interdisziplinäre Kenntnisse gefragt. In Abhängigkeit vom Studiengang können auch solche fächerübergreifenden Kenntnisse in einem naturwissenschaftlichen Studium erworben werden. Obwohl die verschiedenen naturwissenschaftlichen Studiengänge sehr vielfältig sind, sind für ein solches Studium generell Fähigkeiten wie logisches Denken, Neugier, mathematische Kenntnisse, Zielstrebigkeit, Durchhaltevermögen und Teamfähigkeit notwendig. Da alle naturwissenschaftlichen Fächer heutzutage ohne den Einsatz von Computern nicht mehr auskommen, sind Anwendungskenntnisse von Computern essenziell und Programmiersprachen auch oft hilfreich. Desktop-publishing-Fähigkeiten sind ebenfalls hilfreich, wenn man tiefer gehend in die Forschung einsteigen möchte. Bei einigen Fächern ist auch ein technisches Verständnis von Nutzen.

Angebotene Studiengänge in Mathematik und Naturwissenschaften an privaten Hochschulen mit Bachelor-Abschluss (B. Eng. oder B.Sc.) und Master-Abschluss (M.Sc.) sind in den ◘ Tab. 3.17 und 3.18 aufgelistet. Zu den anbietenden Hochschulen zählen die in ◘ Tab. 3.19 genannten.

Die Kurse werden in Abhängigkeit von der Hochschule in deutscher oder englischer Sprache angeboten. Wie bei anderen Studiengängen sind für einen B.Sc.-Abschluss in der Regel sechs Semester und für einen M.Sc. drei bis vier weitere Semester notwendig.

◨ **Tab. 3.17** Aktuell angebotene Bachelor-Studiengänge im Bereich der Mathematik und Naturwissenschaften

Angewandte Biologie für Medizin und Pharmazie	Computer Games Technology	Mathematics
Angewandte Chemie für Analytik, Forensik & Life Science	Computer Science	Medical Chemistry and Chemical Biology
Angewandte Informatik	E-Commerce	Medical Natural Sciences
Biochemistry and Cell Biology	Earth and Environmental Science	Pharmazeutische Chemie
Biopharmaceutical Science	Energieinformatik	Physics
Biosciences – Angewandte Biologie für Medizin und Pharmazie	Industriechemie	Smart Technology
Business Informatics	Informatik	Software Engineering & Information Security
Business Intelligence	Information Science for Business	Technische Informatik
Chemical Engineering	Informations- und Wissensmanagement	Telekommunikationsinformatik
Chemie	IT-Engineering	Web Development
Chemische Verfahrenstechnik	IT-Management, Consulting & Auditing	Wirtschaftschemie
Chemistry	Kommunikations- und Medieninformatik	Wirtschaftsinformatik

◨ **Tab. 3.18** Aktuell angebotene Master-Studiengänge im Bereich der Mathematik und Naturwissenschaften

Basin and Petroleum System Dynamics	Internet Management	SAP Master
Bio-analysis and Pharmaceutical Analysis	IT-Management	Wirtschaftschemie
Computational Life Science	IT-Management & Information Systems	Wirtschaftsinformatik
Data Engineering	IT-Sicherheit	
E-Commerce	Medieninformatik	

3.8 · Kunst, Kunstwissenschaften

Tab. 3.19 Hochschulen, die aktuell im Bereich der Mathematik und Naturwissenschaften Studiengänge anbieten

AKAD University	Frankfurt School of Finance and Management	Leibniz-Fachhochschule
bbw Hochschule	Hamburg School of Business Administration	NORDAKADEMIE
Design akademie Berlin	HFH Hamburger Fern-Hochschule	nta Hochschule Isny
DIPLOMA Hochschule	Hochschule der Bayerischen Wirtschaft	Provadis School of international Management& Technology
Europäische Fachhochschule Rhein/Erft	Hochschule der Deutschen Bundesbank	Rheinische Fachhochschule Köln
Europäische Fernhochschule Hamburg	Hochschule Fresenius	SRH Hochschule Heidelberg
Fachhochschule der Wirtschaft	Hochschule für Telekommunikation	Steinbeis Hochschule Berlin
Fachhochschule für die Wirtschaft Hannover	Hochschule Weserbergland	Vitruvius Hochschule Leipzig
Fachhochschule Wedel	Internationale Hochschule Bad Honnef	Wilhelm Büchner Hochschule
FOM Hochschule für Ökonomie und Management	Jakobs University	

3.8 Kunst, Kunstwissenschaften

Kunst und Kunstwissenschaft sind eng verwandte Disziplinen. Der Unterschied besteht im Wesentlichen darin, dass es bei Kunst um einen praktischen Ansatz geht. Dieser beinhaltet das Studium einer oder mehrerer Disziplinen der Kunst, wobei das intensive Studium von Kunst und das Erlernen von Techniken zu innovativer Arbeit und letztlich zur möglichst perfekten Kreation von Werken führen soll. Dazu gehört natürlich auch das Studium von Kunst, wie sie in den verschiedenen Epochen der Vergangenheit ausgeführt wurde und welchen gesellschaftlichen, religiösen oder politischen Strömungen sie unterlag.

Bei der Kunstwissenschaft steht der kreative Akt der Schaffung von Werken nicht im Vordergrund. Sie beschäftigt sich vielmehr mit der wissenschaftlichen Auseinandersetzung, mit der Entwicklung der verschiedenen Kunstformen und mit Einflüssen auf diese Entwicklungen. Das Studium ist also wesentlich mehr theoretisch ausgerichtet und verlangt nicht das präzise Erlernen von Praktiken zur optimierten Kreation von Werken unterschiedlicher Art. Nach Hachmeister taucht bei allen im Jahr

2017 neu geschaffenen Studiengängen (47) der Begriff Design insgesamt 13 Mal auf. Allerdings fast immer in Kombination mit anderen Begriffen wie Game Design, Fashion Design oder Kommunikationsdesign. Auch der Begriff Media wird meist für Kombinations-Studiengänge wie beispielsweise Media Producer benutzt (Hachmeister 2017b).

3.8.1 Kunst

Das bis zur Meisterschaft entwickelte schöpferische Gestalten und Schaffen von Werken bezeichnet man als Kunst. Sie ist ein menschliches Kulturprodukt und das Ergebnis eines kreativen Prozesses. Dazu gehören die bildenden Künste mit Malerei, Grafik, Bildhauerei, Architektur, die Musik mit Komposition, die Literatur mit Epik, Lyrik und Essayistik, aber auch darstellende Künste wie Tanz, Ballett, Film, Theater oder Choreografie. Neue Medien haben natürlich auch ihren Weg in die Kunst gefunden. Die klassische Vorstellung von Kunst hat sich erweitert und heute sind Installationen und Medienkunst hinzugekommen, die auch bei privaten Hochschulen angeboten werden. Dazu zählen beispielsweise Studiengänge wie Design und Innovation Management, Mode- und Designmanagement oder Luxury and Fashion Management. Hinzugekommen sind auch Hybridstudiengänge wie Kunsttherapie oder Kunst und Theater im Sozialen.

Für ein Kunststudium ist Talent und der Wille essenziell, die notwendigen Fertigkeiten für das gewählte Fach zu perfektionieren. Das Studium vermittelt zwar auch theoretisches Hintergrundwissen, ist aber weitgehend praxisnah ausgerichtet. Somit werden Fertigkeiten optimiert und zu einem möglichst hohen Perfektionsgrad gebracht. Um dies zu erreichen, sind Ausdauer und der sichere Wille, das gesteckte Ziel zu erreichen, sehr wichtig.

Für die Zulassung zum Kunststudium muss man häufig eine Zulassungsprüfung absolvieren und gegebenenfalls bereits produzierte Werke vorstellen. Ist man aufgenommen, erhält man ein breites Grundwissen der verschiedenen Formen der Kunst. Jedoch spezialisiert man sich bereits früh auf die Optimierung der Fähigkeiten, die für das gewählte Fach notwendig sind.

Das Kunststudium an einer privaten Hochschulen ist oft auf sehr aktuelle Themen ausgerichtet, wie beispielsweise Mode, Design, Fotografie, neue Medien, Grafik und Illustration.

Bei privaten Hochschulen ist die Spezialisierung oft auf sehr aktuelle Themen ausgerichtet, wie beispielsweise Mode, Design, Fotografie, neue Medien, Grafik und Illustration. Dennoch werden auch klassische Bereiche wie Bildhauerei oder Malerei angeboten. Das Studium umfasst als Präsenzstudium in der Regel sieben bis acht Semester für einen Bachelor-Abschluss (B.A. oder B.F.A.). Ein Master-Abschluss erfordert weitere zwei bis vier Semester.

3.8.2 Kunstwissenschaft

Die Kunstwissenschaft beschäftigt sich mit der historischen Entwicklung von bildenden Künsten wie Bildhauerei, Architektur, Malerei, Grafikdesign bis hin zu neuen Medien. Dabei untersucht man die historische und aktuelle Entwicklung von Techniken und Motiven. Das Studium ist stark theoretisch ausgerichtet, sodass praktische Kenntnisse der bildenden Künste zwar hilfreich, aber nicht unbedingt essenziell sind.

Kunstwissenschaften stellen zu einem gewissen Teil die theoretische Seite der Kunst dar. Man betrachtet die Entwicklung der Kunst in ihren verschiedenen Ausprägungen und Epochen und ordnet sie in den geschichtlichen, sozial ökonomischen oder politischen Kontext ein. Daher ist Interesse an Geschichte, Religion und Sozialwissenschaften hilfreich. Da der Studiengang sehr auf beschreibende und analytische Forschungsarbeit ausgerichtet ist, sollte man bereit sein, sich viel mit Fachliteratur zu beschäftigen. Man sollte in der Lage sein, Werke zu analysieren und zu interpretieren. Sprachbegabung und Kommunikationsstärke sind somit fast so wichtig wie kulturelles Interesse.

In Kunstwissenschaft beleuchtet man Stilmerkmale und lernt diese verschiedenen Epochen zuzuordnen und in den historischen Kontext zu bringen. In der Regel sind die Studiengänge sehr anwendungsorientiert und beinhalten oftmals verschiedene Formen von Designstudien. Für die verschiedenen von privaten Hochschulen angebotenen Bachelor-Abschlüsse in Kunstwissenschaft ist mit sieben bis acht Semestern zu rechnen. Ein Master-Studiengang erfordert – je nach Fachgebiet – weitere zwei bis fünf Semester.

Folgende Studiengänge in Kunst und Kunstwissenschaften werden an privaten Hochschulen mit Bachelor-Abschluss (B. A. oder B.F.A.) und Master-Abschluss (M.A. und M.F.A.) angeboten

Tab. 3.20 Aktuell angebotene Bachelor-Studiengänge im Bereich der Kunst und Kunstwissenschaften

Bildende Kunst	Fotografie/Medien	Modedesign
Bildhauerei	Freie Bildende Kunst	Photography
Bildhauerei/Plastik	Gestaltung, Kunst und Medien	Web Development
Design	Illustration	Populäre Musik
Design und Innovation Management	Kunst für Lehramt	Raumkonzept und Design
Eurythmie	Malerei/Grafik	Sozialkunst
Fashion Design	Mode & Designmanagement	

Tab. 3.21 Aktuell angebotene Master-Studiengänge im Bereich der Kunst und Kunstwissenschaften

Bildende Kunst	Kunst & Theater im Sozialen	Wissensbildung in Gestaltung, Kunst und Medien
Bildhauerei	Kunsttherapie	
Eurythmie	Luxury & Fashion Management	

Tab. 3.22 Hochschulen, die aktuell im Bereich der Kunst und Kunstwissenschaften Studiengänge anbieten

Alanus Hochschule	ESMOD Berlin Internationale Kunsthochschule für Mode	Hochschule Macromedia
AMD Akademie Mode und Design	Hochschule der bildenden Künste	Mediadesign Hochschule für Design und Informatik
Berliner Technische Kunsthochschule	Hochschule für Kunst, Design und Populäre Musik Freiburg	Merz Akademie
Design Akademie	Hochschule für Künste im Sozialen	Sigmund Freud Privat Universität Berlin

Tab. 3.20 und 3.21). Zu den anbietenden Hochschulen zählen die in Tab. 3.22 genannten.

3.9 Regionale Verteilung des Studienangebots

Die Verteilung der etwa 120 privaten Hochschulen ist regional stark unterschiedlich. Die Bundesländer Baden-Württemberg, Berlin und Nordrhein-Westfalen sind mit 27 bzw. jeweils 20 Hauptstandorten privater Hochschulen Spitzenreiter bei der Ansiedlung privater Hochschulen. In Mecklenburg-Vorpommern und Sachsen-Anhalt gibt es derzeit keine Hauptstandorte privater Hochschulen. Auch die Anzahl der Studierenden schwankt sehr stark zwischen den Bundesländern. Während Nordrhein-Westfalen im Jahr 2016 über 10.000 Absolventen im Erststudium an privaten Hochschulen hatte, waren es beispielsweise in Thüringen weniger als 500 Absolventen im gleichen Zeitraum (Abb. 3.3).

Auch wenn es keinen Hauptstandort einer privaten Hochschule in der Nähe gibt, ist oft ein Studium an einem Nebenstandort möglich. So kann bei Präsenzveranstaltungen gegebenenfalls die Länge des Anfahrtswegs reduziert werden.

3.9 · Regionale Verteilung des Studienangebots

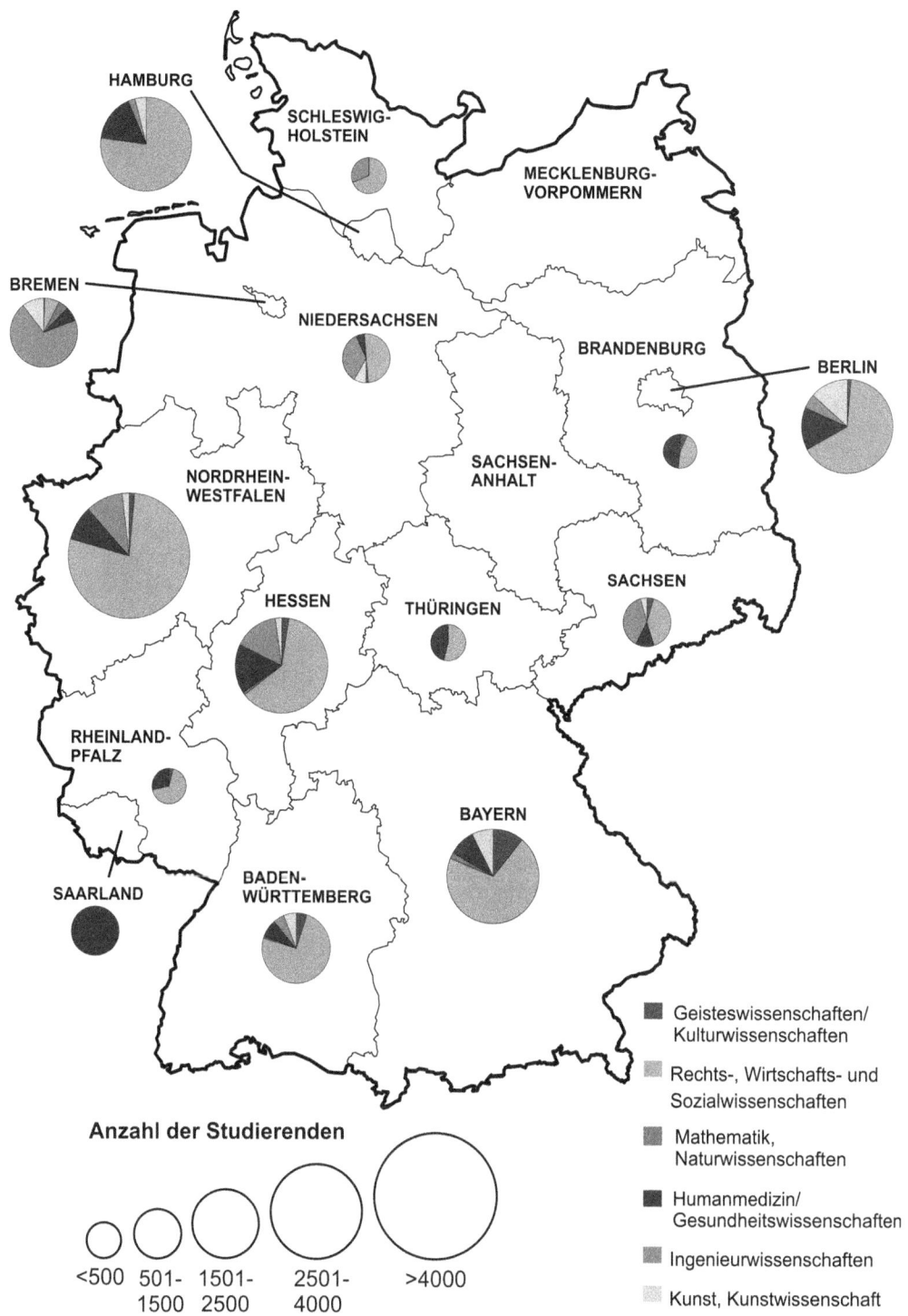

Abb. 3.3 Absolventen im Erststudium an privaten Hochschulen in Deutschland im Jahr 2016 nach Bundesland und Fächergruppe. (Statistisches Bundesamt 2017)

Außerdem erfreuen sich ortsunabhängig nutzbare Fernstudienangebote großer Beliebtheit (siehe ▶ Kap. 2). Frau Prof. Dr. Johanne Pundt, Präsidentin und Dekanin der APOLLON Hochschule drückt es so aus:

> Studieren ist zunehmend ein Teil einer neu gestalteten Lebensphase geworden, die Lernen mit Erwerbs- und Praxistätigkeit und mit dem Familienleben verbindet. Ein Fernstudium bietet flexible Möglichkeiten, neben beruflichen und privaten Verpflichtungen, einen Studienabschluss zu erwerben, der neue berufliche Chancen offenbart. Vor allem Frauen, die immer noch vornehmlich für die Kinderbetreuung zuständig sind, können somit Karriere und Familie vereinbaren. Dass dem so ist, zeigt der hohe Frauenanteil unter unseren Studierenden und Absolventen (achtzig Prozent). Auch ältere Studierende jenseits der Fünfzig und Studierende ohne Hochschulzugangsberechtigung nehmen zu, so dass sich der Spielraum an Möglichkeiten für die Verbindung von Lernen, beruflicher Tätigkeit und individueller Lebensplanung erweitert. Aber auch das ortsunabhängige Studieren ist ein Trend, den das Fernstudium unterstützt. Wir gehen daher von einer steigenden Nachfrage im Fernstudienmarkt aus, da zugleich Wissen zu einer zunehmend wichtigen gesellschaftlichen Ressource geworden ist.

In Bundesländern wie Nordrhein-Westfalen wird die gesamte Palette an Studienfächern privater Hochschulen in Deutschland angeboten. Das Angebot im Saarland ist beispielsweise auf die Gesundheitswissenschaften fokussiert. Da die angebotenen Studiengänge in der Regel sehr anwendungsorientiert sind und die Hochschulen oft mit Unternehmen kooperieren, ist die Wahl des Studienortes für die Suche nach einem späteren Arbeitgeber wichtig. Denn auch die Gehaltsstruktur einzelner Berufe und Branchen variiert sehr stark in den verschiedenen Bundesländern. Dazu gibt es aktuelle Informationen in ▶ Kap. 4 dieses Buches.

Tipps

3. Die Hochschule Ihrer Wahl sollte staatlich anerkannt und akkreditiert sein. Akkreditierte Studiengänge, die das Qualitätssiegel des Akkreditierungsrates tragen, werden auf Grundlage des Staatsvertrages in allen Ländern hochschulrechtlich als qualitätsgesichert anerkannt. Sie erkennen diese Siegel auf der Webseite der jeweiligen Hochschulen. Sie tragen die Abkürzungen der jeweiligen Agentur.
4. Wählen Sie ein Studienformat und Fach, das Ihren zeitlichen Rahmenbedingungen und Neigungen

entspricht. Je besser Sie Ihr eigenes Zeitbudget kennen, desto passgenauer können Sie das geeignete Studienformat finden. Das gewählte Studienfach sollte Ihnen wirklich Spaß machen.

Literatur

Akkreditierungsrat. 2017. Akkreditierte Studiengänge und Hochschulen.
Bock, Klaus Dietrich. 1993. *Wissenschaftliche und Alternative Medizin, Paradigmen – Praxis – Perspektiven*. Berlin: Springer.
Buschle, Nicole, und Carsten Haider. 2016. *Private Hochschulen in Deutschland*. Wiesbaden: Statistisches Bundesamt WISTA.
Die Länder. 2017. *Studienakkreditierungsstaatsvertrag*. Deutschland.
Engelke, Jens, Ulrich Müller, und Ronny Röwert. 2017. *Erfolgsgeheimnisse privater Hochschulen. Im Blickpunkt*. ▶ https://doi.org/978-3-941927-79-7.
Gehlke, Anna, Cort-Denis Hachmeister, Lars Hüning, und Lisa de Vries. 2017. *Der CHE Numerus Clausus-Check 2017/18*. Gütersloh: CHE gemeinnütziges Centrum für Hochschulentwicklung.
Gull, Sascha. 2016. *Beliebte Studiengänge – Und die Alternativen Was studieren? Zehn Favoriten im Check!* Bochum: Unicum GmbH & Co. KG. ▶ https://unicheck.unicum.de/beliebte-studiengaenge-und-die-alternativen.
Hachmeister, Cort-Denis. 2017a. 19.000 Studiengänge: Vielfalt oder Wildwuchs? *WISU-Magazin* 12:1293–1294.
Hachmeister, Cort-Denis. 2017b. *Die Vielfalt der Studiengänge*. Gütersloh: CHE gemeinnütziges Centrum für Hochschulentwicklung.
Hochschulrektorenkonferenz. 2016. *Statistische Daten zu Studienangeboten an Hochschulen in Deutschland – Studiengänge, Studierende, Absolventinnen und Absolventen*. Bonn.
Kittsteiner, Heinz Dieter. (Hrsg.). 2008. *Was sind Kulturwissenschaften – 13 Antworten*. Paderborn: Wilhelm Fink Verlag.
Klenke, Kira. 2017. *Studieren kann man lernen*, 4. Aufl. Wiesbaden: Springer Gabler.
Köbberling, Johannes. 2005. *Der Begriff der Wissenschaft in der Medizin*. Wuppertal: AWMF – Arbeitsgemeinschaft der Wissenschaftlichen Medizinischen Fachgesellschaften.
Kricheldorf, Hans R. 2014. Was versteht man unter Naturwissenschaften? In: *Erkenntnisse und Irrtümer in Medizin und Naturwissenschaften*, Hrsg. Hans R. Kricheldorf, 11–45. Berlin, Heidelberg: Springer Verlag.
Livio, Mario. 2010. *Ist Gott ein Mathematiker?*. München: Beck.
OECD. 2017. Germany: (German Version). *Bildung auf einen Blick 2017: OECD Indikatoren* ([Hrsg.] Markus Schwabe). Bielefeld: Bertelsmann. ▶ http://dx.doi.org/10.1787/eag-2017-48-de.
Salzborn, Samuel. (Hrsg.). 2014. *Klassiker der Sozialwissenschaften*. Wiesbaden: Springer VS.
Spiegel. 2011. *Deutschlands beliebtestes Studienfach – "BWLer müssen vor allem büffeln."* Spiegel Online.
Statistisches Bundesamt. 2017. *Bildung und Kultur – Private Hochschulen*. Wiesbaden: Statistisches Bundesamt.
Wissenschaftsrat. 2012. *Private und kirchliche Hochschulen aus Sicht der Institutionellen Akkreditierung*. Köln.
Wissenschaftsrat. 2015. *Leitfaden der Konzeptprüfung nichtstaatlicher Hochschulen in Gründung*. Köln.

Die passende private Hochschule für Ihr Studium und Ihre beruflichen Ziele

4.1 Verschiedene Hochschulformen im Überblick – 132
4.1.1 Die Aufwerter, die flexiblen und die berufsorientierten privaten Fachhochschulen – 137
4.1.2 Private Verwaltungsfachhochschulen – 140
4.1.3 Private Kunsthochschulen – 142
4.1.4 Die Spezialisten und die Humboldtianer – 142

4.2 Verdienstmöglichkeiten mit erfolgreichem Studienabschluss – 147

Literatur – 153

© Springer Fachmedien Wiesbaden GmbH, ein Teil von Springer Nature 2019
A. Doll, A. P. Hansen, *Die Managerschmieden*, https://doi.org/10.1007/978-3-658-21250-6_4

Zusammenfassung

Dieses Kapitel geht auf die verschiedenen Typen von privaten Hochschulen ein. Eine Gruppe sind die Law, Business und Governance Schools. Sie zählen zur Top Liga in Deutschland und sind forschungs- und arbeitsmarktorientiert. Sie ziehen hervorragendes, international ausgerichtetes Personal an. Eine zweite größere Gruppe privater Hochschulen zeichnet sich durch eine Vielzahl auf den Arbeitsmarkt orientierter Studienangebote aus. In diesem Kapitel werden die unterschiedlichen Schwerpunkte dieser Hochschultypen erläutert. Praxisbeispiele von Professoren und Absolventen ermöglichen Ihnen einen realistischen Einblick in das Studium an den unterschiedlichen Hochschulformen. Abschließend erhalten Sie einen Überblick über die zu erwartenden Einkommen gruppiert nach Studienfächern und Branchen. Damit erhalten Sie eine realistische Einschätzung, mit welchem Gehalt Sie nach einem erfolgreichen Studienabschluss rechnen können.

4.1 Verschiedene Hochschulformen im Überblick

Die staatliche Anerkennung privater Hochschulen garantiert ihre Qualität.

Das Hochschulsystem wird in Deutschland weitgehend vom Bund und den Bundesländern getragen. Die Gruppe der staatlich anerkannten Hochschulen in privater und kirchlicher Trägerschaft wächst jedoch stetig an. Diese sind hochschulrechtlich den staatlichen Hochschulen gleichgestellt. Durch die staatliche Anerkennung fällt eine Hochschule in den Geltungsbereich der jeweiligen Landesgesetzgebung. Die angebotenen Studiengänge unterliegen der fachlichen Aufsicht des zuständigen Ministeriums, sodass die Qualität der Ausbildung staatlich kontrolliert ist. Angesichts ihrer weitgehenden Unabhängigkeit von staatlichen Zuwendungen, haben private Hochschulen aber einen wesentlich größeren Gestaltungsspielraum und mehr Flexibilität als staatliche Hochschulen. Daher können private Einrichtungen Reformideen rascher umsetzen, den Hochschulbetrieb zügig an zeitgemäße Gegebenheiten anpassen und neue Studiengänge testen. Aktuell gilt dies beispielsweise für innovative, digitale Lernformate im Präsenzstudium, aber nicht zuletzt auch im Bereich des „Distance Learning".

Aus der Praxis

Dr. Ulrich Bremer, Geschäftsführer der Dresden International University

Der Kunde von heute ist anspruchsvoll, mit gutem Recht. Und er ist in bestimmten Bereichen bereit, Geld für mehr Qualität auszugeben. Öffentliche Hochschulen sind stark reguliert.

4.1 · Verschiedene Hochschulformen im Überblick

Gremien und ein komplexes Regelsystem verlangsamen dort oftmals Innovationen. Viele Studierende fühlen sich an öffentlichen Hochschulen schlecht betreut. Der Praxisbezug ist dort nicht immer gegeben. Studierende, die keine wissenschaftliche Karriere anstreben, sollten frühzeitig mit der Wirtschaft in Berührung kommen.
Private Hochschulen bieten deutliche Vorteile: geringer Verwaltungsaufwand, kleine Studierendengruppen, eine exzellente Betreuung, vielseitige Netzwerkpartner, die auch als Dozenten agieren und eine enge Verzahnung zum Markt und zur Wirtschaft bei gleichzeitig hohem wissenschaftlichen Anspruch.

Der private Hochschulmarkt hat insbesondere in den letzten 15 Jahren stark expandiert. Diese Entwicklung hat sich aber bereits früher abgezeichnet (Göpfarth und Zinkahn 2002; Sperlich 2008). Die privaten Hochschulen in Deutschland zeigen bezogen auf ihre Studierendenzahlen zwischen 2005 und dem Wintersemester 2014/2015 eine Wachstumsrate von 233 % (Buschle und Haider 2016; Engelke et al. 2017). Aktuell kann von fast 220.000 Studierenden an privaten Hochschulen ausgegangen werden. Dieses Wachstum war u. a. deshalb möglich, weil die privaten Hochschulen ihre fachliche Ausrichtung im Wesentlichen an der Nachfrage orientiert haben. Im Vergleich zu staatlichen Hochschulen sind im Durchschnitt an einer privaten Hochschule nur etwa zehn Prozent der Studierenden eingeschrieben. Private Hochschulen heben diese geringe Studierendenzahl als einen ihrer Vorteile hervor. Denn damit wird eine individuellere Betreuung der Studierenden möglich und ein effizienteres Studium realisiert.

Aus der Praxis
Prof. Dr. Katharina Boele-Woelki, Präsidentin der Bucerius Law School

Wir bieten für die Studienbeiträge ein qualitativ und quantitativ erstklassiges Studium unter optimalen Rahmenbedingungen an, das an öffentlichen Hochschulen insbesondere durch hohe Studierendenzahlen und hohe Abbrecherquoten geprägt ist. Hier setzen wir an: Wir begrenzen die Anzahl der aufgenommenen Studierenden bewusst auf eine kleine Gruppe: 116 pro Jahr. Wir wählen diese Studierenden durch ein aufwendiges Auswahlverfahren aus. So stellen wir sicher, dass diese Studierenden auch hervorragend für ein Jurastudium geeignet sind. Das bietet den Studierenden darüber hinaus den Benefit, unter Gleichgesinnten zu studieren. Das Studienniveau ist höher und alle Studierenden sind besonders motiviert und leistungswillig. In der Konsequenz sind die Studienergebnisse und insbesondere die Examensergebnisse wesentlich besser. Das wirkt sich positiv auf die

Karrierechancen aus. Die Hochschule unterstützt die Karrierechancen aber auch durch die Pflege eines Netzwerks von Freunden und Förderern, unter denen sich potenzielle Arbeitgeber befinden.

Studiengänge an privaten Hochschulen sind auf einen schnellen Berufseintritt ausgerichtet.

Das Fächerspektrum privater Hochschulen ist vorrangig auf den Bereich wirtschaftsnaher Studienangebote ausgerichtet. Das breiteste Studiengangangebot gibt es bei den Rechts-, Wirtschafts- und Managementstudiengängen (Konegen-Grenier 2014). Es kommen aber auch viele Studiengänge in den Gesundheitswissenschaften, der Informatik, der Kommunikationstechnik, den Kulturwissenschaften, der Medientechnik und verschiedenen technischen Wissenschaften hinzu (siehe ▶ Kap. 3). Die meisten Studiengänge sind so ausgerichtet, dass Sie Ihren Weg ins Berufsleben nach einem Studienabschluss leicht und schnell finden können (Göpfarth und Zinkahn 2002). Dabei gilt, dass sich private Hochschulen an den Bedürfnissen der Studierenden orientieren und Verantwortung für diese übernehmen.

Prof. Helmut Anheier (PhD), von 2009–2018 Präsident der Hertie School of Governance, fasst es so zusammen:

> » Ein Studium an der Hertie School ist akademisch sehr anspruchsvoll, aber eben auch praxisorientiert. In Projektkursen wird zusammen mit Praxispartnern, zum Beispiel Unternehmen oder internationalen Organisationen, an „echten" Problemen gearbeitet und nahezu täglich sind Politiker, Diplomaten, Vertreter von Nichtregierungsorganisationen (NGOs) und Unternehmen hier zu Gast, um mit Studierenden zu diskutieren und zu arbeiten. Schon während des Studiums gibt es dadurch vielfältige karriererelevante Kontakte. Unsere Absolventen finden entsprechend schnell interessante Einstiegspositionen und viele von ihnen machen beeindruckende Karrieren, und zwar nicht nur in nationalen Verwaltungen und internationalen Organisationen, sondern auch bei Unternehmen, in der Zivilgesellschaft und in der Wissenschaft. Manche gründen auch selbst ein Unternehmen.

Aus der Praxis
Prof. Dr. Stephan Stubner, Rektor der HHL Leipzig Graduate School of Management

Wir stellen exzellente Arbeitgeberkontakte zur Verfügung. Und wir pflegen ein weltweites Alumni-Netzwerk. Unsere ehemaligen Studierenden fühlen sich untereinander verbunden und bieten ihr Know-how und wertvolle Kontakte an.

4.1 · Verschiedene Hochschulformen im Überblick

Unser MBA-Programm ist auch ein Türöffner für High Potentials aus dem Ausland: Rund 80 % der internationalen Absolventen der HHL werden Fach- und Führungskräfte in deutschen Firmen.

Betrachtet man das gesamte Spektrum der vom Statistischen Bundesamt[1] erfassten privaten Hochschulen, sind unterschiedliche strategische Ausrichtungen der einzelnen Hochschulen zu erkennen. Dies findet auch in den unterschiedlichen Trägerschaften[2] der Hochschulen seinen Ausdruck (Buschle und Haider 2016). Die privaten Hochschulen haben sich auf passgenaue Angebote für ihre jeweiligen Zielgruppen spezialisiert. In einer gemeinsamen Studie des Stifterverbands für die Deutsche Wissenschaft und McKinsey & Company wird zwischen fünf Gruppen von Hochschulen unterschieden (Frank et al. 2010). Diese Einteilung ist aber nicht absolut trennscharf zu verstehen (Engelke et al. 2017). Wir nutzen sie jedoch in diesem Ratgeber, um Ihnen eine Orientierungshilfe anzubieten. Als Unterstützung für Sie, um die richtige Hochschule zu finden, die zu Ihren individuellen Bedürfnissen passt.

Die erste Hochschulgruppe – *die Aufwerter* – bietet eine grundständige akademische Ausbildung in Bereichen früherer Lehrberufe an. Das Studienspektrum umfasst meist kaufmännische, mediale, IT oder gesundheitliche Fachbereiche.

Die zweite Gruppe – *die Flexiblen* – bietet Studiengänge für Studierende mit komplexen zeitlichen Anforderungen an. Daher werden berufsbegleitende und berufsintegrierte Studienformen auf oftmals grundständigem Niveau ebenso angeboten wie ein breites Spektrum von Fernstudiengängen oder verschiedene Formen von „Blended Learning" (Bargel 2013). Damit sind Studienformen gemeint, die die Vorteile eines flexiblen Studiums mit denen eines Präsenzstudiums kombinieren (siehe ▶ Kap. 2). Sie bieten mit ihren akademischen Abschlüssen bessere Karrierechancen in den von ihnen angebotenen Fächergruppen, insbesondere in den Gesundheits- und Medienwissenschaften.

> Die *Aufwerter* und die *Flexiblen* bieten eine grundständige akademische Ausbildung an. Sie bieten damit Personen eine akademische Ausbildung an, die früher eher eine Berufsausbildung gemacht hätten.

---

1 Neben den vom Statistischen Bundesamt erfassten Hochschulen gibt es noch weitere, die hier nicht behandelt werden. Denn wir haben uns aus methodischen Gründen dazu entschlossen, nur die vom Statistischen Bundesamt erfassten Hochschulen zu betrachten.

2 Hochschulen in kirchlicher Trägerschaft werden nicht näher betrachtet, da sie weitgehend auf theologische Themen spezialisiert sind und somit eine separate Gruppe von privaten Hochschulen bilden, die nicht im Fokus dieses Buches stehen.

Die Gruppe der – *Berufsorientierten* – bildet die dritte Gruppe von Hochschulen. In enger Partnerschaft mit ortsansässigen Unternehmen wird ein breites Spektrum von arbeitsmarktorientierten Studiengängen vom grundständigen Niveau bis zum Master-Studiengang angeboten. Dabei geht es vielfach um eine Weiterqualifizierung von bereits erfahrenen Mitarbeitern. Diese werden für neue oder durch Veränderungsprozesse neu entstandene Aufgaben qualifiziert. Diese Formen der akademischen Bildung sind sehr bedarfsorientiert und anwendungsbezogen.

> **Die *Berufsorientierten* bieten oftmals in Kooperation mit Unternehmen gezielte Aus- und Weiterbildung für Berufstätige an.**

Die Gruppe der – *Spezialisten* – betreibt Forschung und Lehre auf einem hohen akademischen Niveau. Die Spezialisierung liegt meist in Fachbereichen wie Jura, Wirtschafts- oder Sozialwissenschaften. Solche Hochschulen bieten oftmals auch Promotionsstudiengänge an.

Die – *Humboldtianer* – bieten nach dem Prinzip einer ganzheitlichen, inter- und multidisziplinären Ausbildung Studiengänge auf einem hohen akademischen Niveau an. Ziel ist dabei eine fachübergreifende Kompetenzentwicklung, die einer wissenschaftlichen oder wirtschaftlichen Anwendung im Beruf zugeführt werden kann.

> **Die *Spezialisten* und *Humboldtianer* bieten eine meist elitäre akademische Bildung mit der Option zur Promotion an. Sie bieten viele Chancen, sich rasch beruflich weiterentwickeln zu können. Die verschiedenen Business, Law und Governance Schools sind hierfür Beispiele.**

Die Landschaft der privaten Hochschulen in Deutschland ist zweigeteilt
Es gibt eine kleine Gruppe von Business Schools und Wirtschaftsuniversitäten, die zur Top Liga in der Bundesrepublik zählen. Sie zeichnen sich durch Forschungsstärke und damit durch eine hervorragende und international ausgerichtete Fakultät aus. Die Aufnahmekriterien sind streng. Die Programme entsprechen internationalen Standards und die Perspektiven der Absolventen sind hervorragend. Vielfach kommt ein „We-care-Element" dazu. Ist ein Studierender aufgenommen, tut die Schule viel, um einen erfolgreichen Abschluss möglich zu machen. Zusätzlich orientiert sich diese Gruppe an einer europäischen oder gar weltweiten Referenzgruppe, ausgedrückt durch die Leitakkreditierungen der Business Schools EQUIS, AACSB und AMBA. Als Ausdruck für Erfolg wird die obere Platzierung in Programm- oder institutionellen Rankings, zum Beispiel der Financial Times, verstanden. Eine zweite, weitaus größere Gruppe im Format der Fachhochschule zeichnet sich durch eine hohe und moderne Programmvielfalt aus. Damit werden Arbeitsmarkt- und Bildungstrends aufgenommen und in Bildungsprodukte umgesetzt. Oft sind diese Schulen regional aufgestellt und werden von der heimischen Wirtschaft nachhaltig unterstützt. Einige dieser Gruppen sprechen ausdrücklich Studierwillige an, die das staatliche System nicht integrieren kann oder will. Sie sprechen auch jene an, die erst „spät" auf den

4.1 · Verschiedene Hochschulformen im Überblick

Gedanken gekommen sind zu studieren. All diese Angebote zeichnen sich dadurch aus, dass sie Studierenden, die oft auch (Teilzeit) berufstätig sind, ein flexibles und deren erworbene berufliche Qualifikationen integrierendes Studienangebot anbieten.

Daher ist die Rolle der privaten Hochschulen einerseits führend und exzellenzorientiert und anderseits aufwertend durch Integration von gesellschaftlichen Gruppen, die als erste in ihrer Familie ein Hochschulstudium absolvieren.

Prof. Dr. Udo Steffens, Mitglied des Wissenschaftsrats

Vor diesem Hintergrund ist gut zu überlegen, welche Art von akademischer Bildung Sie anstreben. Entscheidend ist dabei auch, für welchen Karriereweg Sie sich entscheiden wollen. Sehen Sie sich als Praktiker, als Experte oder als Manager? Wie wichtig sind Ihnen hohe Verdiensterwartungen nach dem Studienabschluss?

Schritt für Schritt beschreiben wir nun für Sie die verschiedenen Hochschultypen. Diese sprechen eben auch unterschiedliche Studierende mit verschiedenen Erwartungen an. Nehmen Sie sich jetzt etwas Zeit. Ziehen Sie sich an einen Lieblingsort zurück, um in Ruhe zu überlegen, welchen Hochschultyp Sie persönlich bevorzugen. Was passt wirklich zu Ihnen?

4.1.1 Die Aufwerter, die flexiblen und die berufsorientierten privaten Fachhochschulen

Die größte Gruppe der privaten Hochschulen bilden die knapp 100 privaten Hochschulen im Format von Fachhochschulen (Statistisches Bundesamt 2017; ◘ Tab. 4.1). Einige der Hochschulen sind eher regional aufgestellt und werden von der heimischen Wirtschaft unterstützt. Andere wiederum sind national oder international aufgestellt und bedienen einen breiteren Kreis Studierwilliger. So gibt es auch in dieser Gruppe Hochschulen, die spezifische Studienangebote auf einem hohen internationalen Niveau anbieten und Partnerschaften mit ausländischen Spitzenuniversitäten unterhalten. Der größte Teil dieser Gruppe von Hochschulen lässt sich allerdings weitgehend den *Aufwertern, Flexiblen* und *Berufsorientierten* zuordnen (Frank et al. 2010; Engelke et al. 2017). Dies zeigt sich auch an den vergebenen Abschlüssen. Anders als bei privaten Universitäten überwiegen in allen Bundesländern bei privaten Fachhochschulen die Bachelorabschlüsse. Masterabschlüsse werden meist nur in relativ geringer Zahl vergeben. Die privaten Hochschulen in Nordrhein-Westfalen haben 2016 mit fast 10.000 bestandenen Abschlussprüfungen mit Abstand die größte Anzahl von Bachelorabschlüssen vergeben (◘ Abb. 4.1).

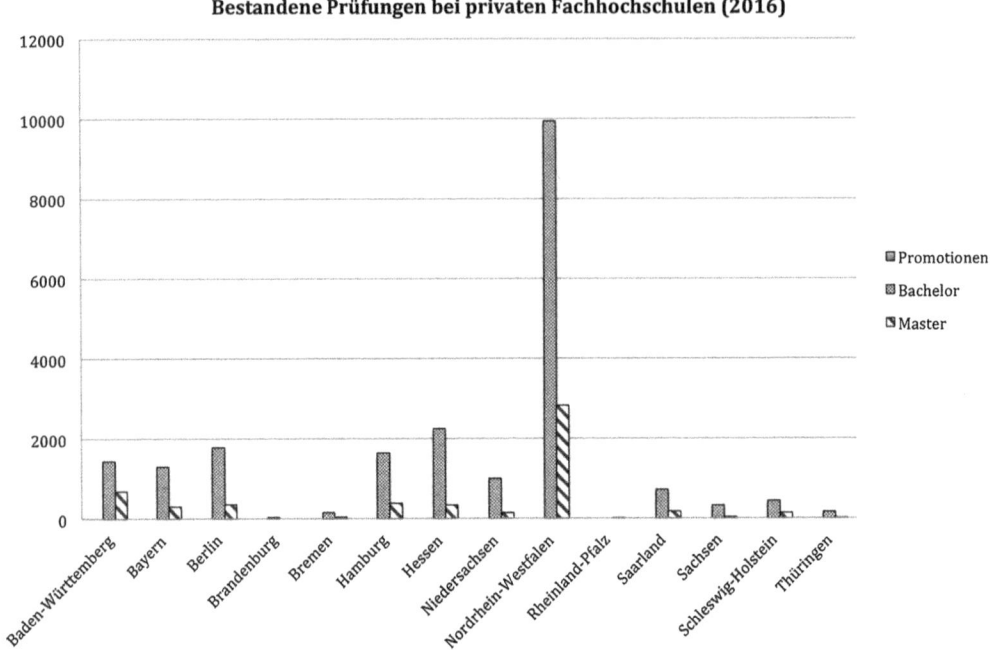

● Abb. 4.1 Erfolgreich abgelegte Abschlussprüfungen an privaten Fachhochschulen im Jahr 2016

Diese privaten Hochschulen bieten in erster Linie Studiengänge in den Fächergruppen Rechts-, Wirtschafts- und Sozialwissenschaften, Geisteswissenschaften und Kulturwissenschaften, Mathematik und Naturwissenschaften, Humanmedizin und Gesundheitswissenschaften, Ingenieurwissenschaften sowie Kunst und Kunstwissenschaften an. Zu den einzelnen Studienangeboten finden Sie ausführliche Informationen in Kapitel drei. Diese privaten Hochschulen beobachten genau den Bedarf am Arbeitsmarkt und richten ihre Bildungsprodukte danach aus. Dies beinhaltet Studiengänge (Bachelor & Master) aber auch Zertifikatskurse und andere Formen von Weiterbildung. Sie sprechen viele Personen an, die vielleicht im staatlichen System nicht studiert hätten. Die Gründe dafür sind vielfältig und reichen von ungewöhnlichen Bildungsbiografien über zeitliche Restriktionen durch Berufstätigkeit bis hin zu dem Wunsch, in kleineren Lerngruppen mit intensiverer Betreuung studieren zu wollen. Die von den privaten Hochschulen durchgeführte Auswahl der Studierenden fördert die Bildung einer sehr motivierten Studentenschaft. Das wirkt sich positiv auf das Studienniveau und die Leistungsbereitschaft aus, die ebenfalls für den späteren Beruf sehr wichtig ist. Darüber hinaus ermöglichen die kleineren Lerngruppen und die Verbindung zu Unternehmen die Bildung von Netzwerken, zu denen auch potenzielle Arbeitgeber zählen. So geben

4.1 · Verschiedene Hochschulformen im Überblick

diese privaten Hochschulen mit bedarfsorientierten und eng am Markt platzierten Studienangeboten ihren Absolventen ebenfalls alles mit auf den Weg, was einen erfolgreichen Eintritt in eine Management-Karriere erleichtert.

Aus der Praxis
Alessandra Rispoli schloss im Jahr 2015 ihren MBA Studiengang an der accadis Hochschule Bad Homburg ab. Sie ist heute Senior Director Operations bei einem amerikanischen Pharmaunternehmen.

Für mich gab es mehrere Gründe, einen MBA zu belegen – sowohl berufliche wie persönliche. Aus meiner Sicht sollte man sich als Führungskraft ständig weiterentwickeln. Gerade für jemanden wie mich mit naturwissenschaftlichem Hintergrund sind theoretische betriebswirtschaftliche Kenntnisse, die meine Managemententwicklung on the job in einen systematischen Kontext bringen, unabdingbar. Man gewinnt dadurch zusätzliche Kenntnisse und Kompetenzen, die es einem ermöglichen, seine Managementaufgabe auf einem höheren Niveau und vor allem ganzheitlicher zu gestalten. Dazu gehört unter anderem auch effektives Kommunizieren. Meine Erfahrung hat gezeigt, dass gelungene Business-Kommunikation ein wesentlicher Erfolgsfaktor ist. Und das erfordert, one step ahead zu sein. Man sollte also Sachverhalte und Entwicklungen vorwegnehmen können und die Key-Messages konsequent auf die Adressaten ausrichten. Auch das habe ich in meinem MBA-Studium lernen bzw. verbessern können. Ein MBA kreiert einfach bessere Leader!
Darüber hinaus ist es für Nicht-Wirtschaftswissenschaftler wie mich auf dem Weg von der Fach- zur Führungskraft entscheidend, ein Aufgabenfeld besser bearbeiten zu können. Ebenso entscheidend ist es aber auch, dass das MBA-Studium einem die Möglichkeit gibt, mit CEOs und CFOs auf Augenhöhe zu kommunizieren. Man lernt deren Beweggründe und Entscheidungen nachzuvollziehen. Man findet die passenden Anknüpfungspunkte der eigenen Themen, um sie in die Gesamtstrategie einzubauen. Und schließlich hat mich das MBA-Studium auch persönlich weitergebracht. Denn von dem durch zusätzliche Kenntnisse erweiterten Horizont und vom Feilen an den sozialen und kommunikativen Skills habe ich nicht nur beruflich, sondern auch in meiner Persönlichkeitsentwicklung profitiert.
Warum ich für diesen Entwicklungsschritt eine private Hochschule gewählt habe, kann ich an den Rahmenbedingungen „meiner Hochschule" festmachen. Das gesamte Programm war modern und am Markt orientiert. Viel Fallstudienarbeit und die praktische Anwendung waren für mich entscheidend. Es war authentisch, dass es hier um Real Life Business geht und nicht um abstrakte Theorien. Die angenehm kleinen Gruppengrößen

trugen zu einer persönlichen, familiären Atmosphäre bei, die ich als berufsbegleitende Studierende sehr geschätzt habe. Schließlich war es ja meine Freizeit, die ich investierte. Da war es mir wichtig, dass nicht nur die Inhalte passen, sondern ich mich in der gesamten Atmosphäre der Hochschule wohlfühle. Daneben gab es aber noch einen wesentlichen inhaltlichen Aspekt: Das Modul Business Ethics war für mich mit entscheidend, mich an der accadis zu bewerben. Solch ein Modul sollte ein Pflichtprogramm für alle MBA-Studiengänge sein. Neben unserer Funktion im Unternehmen sind und bleiben wir doch alle erst einmal Menschen!

Wenn das Studium auch eine sehr fordernde Zeit für mich war, würde ich meine Entscheidung für den MBA und für die accadis wieder so treffen. Beruflich haben sich mir dadurch neue Türen geöffnet, was ja letztlich auch meine Entwicklung von Sanofi-Aventis über Biotest bis hin zu meinem aktuellen amerikanischen Arbeitgeber gefördert und die Entwicklung von der Fach- zur Führungskraft ermöglicht hat.

> **Private Hochschulen (Tab. 4.1) geben mit bedarfsorientierten und eng am Markt platzierten Studienangeboten ihren Absolventen alles mit auf den Weg, was einen erfolgreichen Eintritt in eine Management-Karriere erleichtert.**

Verschiedene Onlineanbieter stellen tagesaktuelle Informationen zu den Hochschulen und den jeweiligen angebotenen Studiengängen zur Verfügung. Diese sind am Ende des Buches angegeben. Dort sind neben Suchmöglichkeiten nach verschiedenen Kriterien, wie Ort oder Studienfach, auch Rankings der verschiedenen Hochschulen zu finden.

4.1.2 Private Verwaltungsfachhochschulen

Das Statistische Bundesamt führt in einem Bericht (Statistisches Bundesamt 2017) eine private Verwaltungsfachhochschule, die Kommunale Fachhochschule für Verwaltung in Niedersachsen an. Diese Hochschule mit Bildungszentren in Hannover, Braunschweig und Oldenburg versteht sich als der zentrale Bildungsträger der Kommunen in Niedersachsen. Dabei ist das Ziel, Nachwuchskräften für die Verwaltung praxisnah wissenschaftlich-theoretische Grundlagen für ihre berufliche Tätigkeit zu vermitteln. Fortbildungsangebote sollen bereits erfahrenen Mitarbeitern weitere Qualifikationen ermöglichen. Außerdem begleitet die Hochschule Veränderungsprozesse in der Verwaltung. Somit ist diese Hochschule sehr spezifisch auf die Bedürfnisse der Kommunalverwaltung ausgerichtet und ist damit unter den privaten Hochschulen ein Einzelfall.

4.1 · Verschiedene Hochschulformen im Überblick

Tab. 4.1 Private Hochschulen im Format von Fachhochschulen (ohne Verwaltungsfachhochschulen) in Deutschland (Statistisches Bundesamt 2017)

Baden-Württemberg

SRH Hochschule für Wirtschaft und Medien, Calw

SRH Hochschule Heidelberg

German Graduate School of Management & Law Heilbronn

Priv. Fachhochschule Isny

Karlshochschule International University, Karlsruhe

Hochschule der Wirtschaft für Management (HdWM), Mannheim

Priv. FH für Kunsttherapie Nürtingen

Hochschule für internationales Management, Heidelberg

Fernhochschule Riedlingen

Allensbach Hochschule Konstanz

AKAD, FH Stuttgart

Hochschule für Wirtschaft, Technik und Kultur Berlin in Baden-Baden

Merz Akademie Hochschule für Gestaltung, Kunst und Medien, Stuttgart

Hochschule für Kunst, Design und Populäre Musik Freiburg i. Br.

Bayern

Hochschule Fresenius Idstein in München

Hochschule für angewandtes Management Erding

Hochschule für angewandte Sprachen, München, SDI

Hochschule Macromedia für angewandte Wissenschaften, München

Munich Business School München

Wilhelm Löhe Hochschule für angewandte Wissenschaften Fürth

Hochschule für Gesundheit und Sport Ismaning

Hochschule für Gesundheit & Sport, Technik & Kunst Berlin

Mediadesign H Berlin

SRH Hochschule Berlin

Berliner Technische Kunsthochschule

Hochschule für angewandte Pädagogik

Hochschule für Wirtschaft, Technik und Kultur

DEKRA Hochschule Berlin

Quadriga Hochschule Berlin

AMD Akademie Mode und Design

Hochschule Fresenius Berlin

German open Business School

Brandenburg

Fachhochschule für Sport und Management Potsdam

Bremen

APOLLON H der Gesundheitswirtschaft

Hochschule für Internationale Wirtschaft und Logistik (HIWL) Bremen

Hamburg

AMD Akademie Mode & Design

Europ. Fern-H Hamburg GmbH Hamburg

HFH Hamburger Fern-Hochschule

HSBA Hamburg School of Business Admin.

EBC Euro Business College Hamburg

Hochschule Fresenius Hamburg

Brand Academy Hamburg

MSH Medical School Hamburg (Priv. FH)

Hessen

Hochschule der Deutschen Gesetzl. Unfallversicherung, Bad Hersfeld

accadis Hochschule Bad Homburg

Wilhelm Büchner Hochschule Darmstadt

Leibniz FH Hannover

Nordrhein-Westfalen

Intern. Hochschule Bad Honnef

FH des Mittelstandes

Fliedner Fachhochschule Düsseldorf

Technische FH (TFH) Georg Agricola

EBZ Business School Bochum

Hochschule der Sparkassen-Finanzgruppe Bonn

Europäische FH (EUFH)

International School of Management

praxisHochschule Köln

FH für Ökonomie und Management Essen

IST-Hochschule für Management Düsseldorf

SRH Hochschule für Logistik und Wirtschaft

Business and Information Technology School

Cologne Business School (CBS)

Hochschule Fresenius Köln & Düsseldorf

Hochschule für Gesundheit & Sport Berlin in Unna

AMD Akademie Mode & Design Düsseldorf

Priv. Rheinische FH Köln

Berliner Techn. Kunsthochschule Iserlohn

Priv. FH der Wirtschaft Paderborn

Hochschule f. Medien, Kommunikation & Wirtsch. Köln

Rheinland-Pfalz

Cusanus Hochschule Bernkastel-Kues

Saarland

Deutsche Hochschule für Prävention und Gesundheitsmanagement, Saarbrücken

Sachsen

Hochschule für Telekommunikation Leipzig

(Fortsetzung)

Tab. 4.1 (Fortsetzung)

AMD Akademie Mode und Design München	Provadis School of Intern. Management and Technology, Frankfurt a.M.	Designhochschule Leipzig und Schwerin
Berlin		Fachhochschule Dresden
Touro College Berlin	Hochschule Fresenius Idstein	DPFA Hochschule Sachsen in Zwickau
Business School Berlin Potsdam H für Management	DIPLOMA - FH Nordhessen	**Schleswig-Holstein**
bbw Hochschule Berlin	CVJM-Hochschule Kassel	Priv. FH Elmshorn (Nordakademie)
Akkon Hochschule Berlin	**Niedersachsen**	Priv. FH Wedel
Medical School Berlin, Hochschule für Gesundheit und Medizin	Hochschule Weserbergland (HSW)	**Thüringen**
	Hochschule21, Buxtehude	SRH FH für Gesundheit Gera
Design Akademie Berlin, SRH H für Kommunikation und Design	FH für Interkult. Theologie Hermannsburg	
SRH Hochschule der populären Künste Berlin	Priv. FH Göttingen	
IB Hochschule Berlin	Priv. FH der Wirtschaft Hannover	
HS für Medien, Kommunikation und Wirtschaft Berlin	Fachhochschule Ottersberg	
	FH für Wirtschaft & Technik	

4.1.3 Private Kunsthochschulen

Zu den privaten Kunsthochschulen zählen die ESMOD Berlin, die Internationale Kunsthochschule für Mode und die Alanus Hochschule Alfter. Obwohl bei diesen Hochschulen der Schwerpunkt der Ausbildung im Bereich der Kunst oder Kunstwissenschaft liegt, werden aber auch Studiengänge wie Betriebswirtschaft, Heilpädagogik, Pädagogik oder Fashion Design angeboten.

4.1.4 Die Spezialisten und die Humboldtianer

- **Private Universitäten und gleichgestellte Hochschulen**

Die privaten Universitäten und ihnen gleichgestellte Hochschulen zählen insgesamt zu den *Spezialisten* oder *Humboldtianern* (Frank et al. 2010). Diese Gruppe der privaten Hochschulen bietet erstklassige Studiengänge in kleinen Lerngruppen an. Die Abbrecherquoten sind niedrig. Die Zulassung von Studierenden erfolgt nach einem strengen Auswahlverfahren. Es gibt keinen Numerus Clausus (NC).

> Bei den erzielten Abschlüssen an privaten Universitäten überwiegen die Masterabschlüsse. Vielfach werden aber auch forschungsorientierte Promotionsstudien angeboten.

4.1 · Verschiedene Hochschulformen im Überblick

Bei den privaten Universitäten in Bremen und Hamburg sind Bachelor-Abschlüsse jedoch am häufigsten. Nur an der privaten Universität Witten/Herdecke in Nordrhein-Westfalen bilden Promotionen die stärkste Gruppe von Abschlüssen bezogen auf das Jahr 2016. Dies verdeutlicht, dass es unter den privaten Universitäten unterschiedliche Forschungsausprägungen gibt, die sich in der Anzahl der vergebenen Promotionen niederschlagen (◘ Abb. 4.2). Jedoch kann man anhand der Anzahl der abgeschlossenen Promotionen alleine keine Aussage über die Qualität der Ausbildung machen.

Das hochwertige Studium vermittelt Kenntnisse und Fähigkeiten, die im angestrebten Berufsfeld unmittelbar genutzt werden können. Und hier liegen wesentliche Stärken privater Universitäten.

Private Universitäten sind auch sehr praxis- und bedarfsorientiert.

> „Zusätzlich zur exzellenten fachlichen Ausbildung liegt uns die Persönlichkeitsentwicklung unserer Studierenden sehr am Herzen. Daher geben wir ihnen die Möglichkeit, an Programmen teilzunehmen, die über das reine Curriculum hinausgehen, wie beispielsweise unser strukturiertes Coaching-Programm. Aber auch die internationale Ausrichtung unserer Universität kommt ihnen dabei zugute. Ich freue mich immer, wenn ich über unseren Campus in Oestrich-Winkel gehe und die vielen internationalen Studierenden

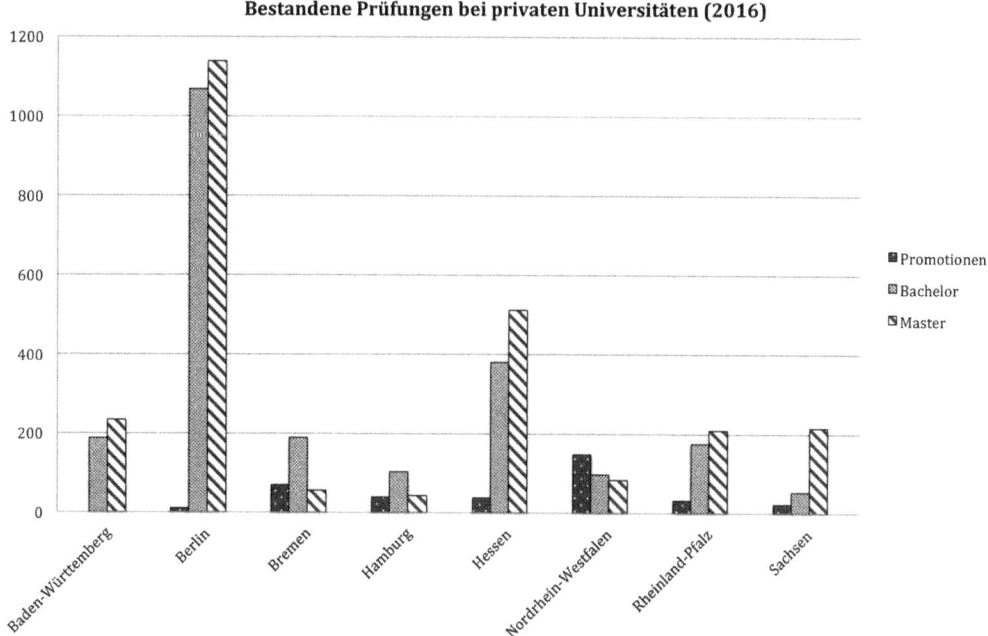

◘ Abb. 4.2 Erfolgreich abgelegte Abschlussprüfungen an privaten Universitäten im Jahr 2016

sehe (mehr als ein Drittel stammt aus dem Ausland). Durch das verpflichtende Auslandssemester fördern wir bewusst Toleranz und Weltoffenheit und vermitteln die in einer globalisierten Welt immer wichtiger werdenden interkulturellen Kompetenzen." sagt Julia Sander, Geschäftsführerin und Kanzlerin der EBS Universität und führt weiter aus:

„Alle unsere Programme sind auf ein Ziel ausgerichtet: Studierende mit den nötigen Kompetenzen auszustatten, die sie im späteren Berufsleben brauchen. Wir denken die Ausgestaltung unserer Studiengänge deswegen von der wissenschaftlichen und von der unternehmerischen Seite her. Unsere Studierenden arbeiten schon von Beginn an intensiv an Lösungen für echte Fragestellungen aus der juristischen und betriebswirtschaftlichen Praxis. So nehmen alle Studienanfänger an einem Projekt teil, in dem sie für ein Unternehmen konkrete Ideen zu aktuellen Entwicklungen erarbeiten, in diesem Jahr beispielsweise zum Thema „Autonomes Fahren". Mit diesen drei Standbeinen – Internationalität, intensive Betreuung und starke Praxisorientierung – machen wir junge Menschen fit für den Start ins Berufsleben. Unser Ziel ist es, dass sie als verantwortungsbewusste Unternehmer, Manager oder Juristen die Welt von morgen aktiv gestalten – zum Wohle aller. Entsprechend gut sind die Chancen, nach dem Studium direkt erfolgreich in das Berufsleben zu starten oder selbst eine Firma zu gründen."

> Kleine Lerngruppen, exzellente Betreuung, enge Verbindung zur Wirtschaft und Internationalität erleichtern den Berufseintritt und fördern eine starke Netzwerkbildung.

So belegen zwei private Universitäten im neuesten Gründungsradar des Stifterverbands unter den kleinen Hochschulen die zwei ersten Plätze. Dabei handelt es sich um die HHL Leipzig Graduate School of Management und die WHU – Otto Beisheim School of Management (Frank et al. 2017).

Aus der Praxis
Maximilian Mayer schloss im Jahr 2016 seinen MBA Studiengang an der HHL Leipzig Graduate School of Management ab. Er war Mitbegründer und ist heute Geschäftsführer des Food Tech Start-ups Redi in London.

Redi ist eine sogenannte „Click & Collect"-App für Frühstück, Mittagessen, Abendessen oder Kaffee to go. App-Nutzer ordern und bezahlen ihre Mahlzeiten online und holen ihre Bestellung im jeweiligen Restaurant einfach nur noch ab. Dabei sparen sie wertvolle Zeit und profitieren gleichzeitig von einem restaurantübergreifenden Kundenprogramm und exklusiven Aktionen. Seit dem Start vor einem Jahr hat Redi bereits über 25.000 Kunden gewonnen, kooperiert mit großen Handelsketten wie Wasabi und konnte 1,5 Mio. US$ Seed-Kapital einsammeln. Insgesamt vertrauen fast 200 sogenannter „mostly quick-service restaurants

4.1 · Verschiedene Hochschulformen im Überblick

(QSR)" der Plattform, was sie zur größten „Click & Collect"-App in Zentral-London macht.

Maximilian Mayer lernte während seines MBA-Studiums an der HHL Leipzig Graduate School of Management bei einer Accelerate-Konferenz seinen Geschäftspartner und Mitgründer Philipp Petrescu kennen. Das HHL Alumni-Netzwerk half auch im Anschluss. Maximilian Mayer: „Viele haben bereits erfolgreich ihr eigenes Unternehmen gegründet und konnten mir unglaublich wertvolle Tipps für Redi und meinen Start in London geben, da sie dort bereits einige Zeit verbracht hatten." Als lokaler B2C-Marktplatz profitiert Redi von einem großen Kreis an potenziellen Kunden, in deren Alltag Technologie eine hohe Relevanz hat. Deswegen auch London: „Prinzipiell kann man sagen, dass hier die Leute offener gegenüber der Nutzung unserer digitalen Anwendungen sind. Die größten Vorteile in London zu gründen, liegen zum einen in der höheren Risikoaffinität und einem Verständnis für junge Unternehmen, welche das Fundraising grundsätzlich erleichtert – zum anderen in dem großen Netzwerk an technologieinteressierten Menschen."

Von welchen der an der HHL erworbenen Kompetenzen Maximilian Mayer in seinem Job als Gründer und Geschäftsführer von Redi am meisten profitierte, erzählte er selbst nach einem Alumni Chapter Meeting in London: „Eine Kompetenz, die jeder an der HHL nur zu gut kennt, ist unter Druck arbeiten zu können. Mein Studium hat mich darauf vorbereitet, sowohl die richtigen Entscheidungen zu treffen als auch priorisieren zu können – und selbstverständlich mit Präsentationen den richtigen Nerv der Zielgruppe zu treffen. Ein durchstrukturiertes Pitchdeck anzufertigen und überzeugend zu präsentieren, ist ebenso wichtig wie der Inhalt selbst, um Gelder für das eigene Vorhaben einzusammeln."

Meinhard Weizmann, Geschäftsführer der Bucerius Law School, fasst es so zusammen:

> Im Jurastudium sind nach wie vor die Ergebnisse in den Staatsexamina für die späteren Berufschancen ausschlaggebend. Und hier ist das so genannte Prädikatsexamen quasi die Eintrittskarte in den Premiumarbeitsmarkt. An der Bucerius Law School erreichen rund 80 Prozent der Absolventen ein solches Prädikatsexamen. Entsprechend haben Sie keinerlei Probleme auf dem Arbeitsmarkt, im Gegenteil stellt sich oft die Qual der Wahl zwischen mehreren attraktiven Karriereoptionen. Abgesehen von formalen Kriterien der Examensergebnisse gibt das Studium aber noch eine Menge anderer Faktoren für eine erfolgreiche Karriere mit auf den Weg. Das ist all das, was wir unter „Jura Plus" zusammenfassen: eine umfassende

Allgemeinbildung, fachspezifische Fremdsprachenkompetenz, ein obligatorischer Auslandsaufenthalt und die Möglichkeit vom Netzwerk der Bucerius Law School zu profitieren. Kurz gesagt: Die enge Verzahnung zur Wirtschaft, ein starkes Netzwerk, kleine Studierendengruppen, exzellente Betreuung während des Studiums und marktorientierte Abschlüsse sind es, die bereits während des Studiums den Karriereweg ebnen.

Unter den privaten Universitäten hat die Dresden International University eine Sonderstellung, da sie mit der staatlichen Exzellenz Universität TU Dresden über die TUDAG (Technische Universität Dresden AG) verbunden ist. Alleiniger Aktionär der TUDAG ist die Gesellschaft von Freunden und Förderern der TU Dresden e. V. (GFF), sodass mit den Gewinnen der TUDAG über die GFF die TU Dresden unterstützt wird. Somit ist hier staatliche und private Hochschulbildung eng miteinander verknüpft. Dr. Ulrich Bremer, Geschäftsführer der Dresden International University, erklärt diesen Umstand so:

» Die DIU ist die Weiterbildungsuniversität an der TU Dresden, zahlreiche unserer wissenschaftlichen Leiter sind Professoren der Exzellenzuniversität. Wir verzahnen Wissenschaften und agieren interdisziplinär. Und aufgrund unserer schlanken Strukturen sind wir auch in der Lage, schnell auf Bedürfnisse des Marktes zu reagieren. Ich denke also, dass es für private Hochschulen durchaus Wachstumspotenzial gibt, wenn sie sich ihrer Möglichkeiten, aber auch ihrer Verantwortung bewusst sind. Qualität erhalten bzw. erhöhen, mit den Marktanforderungen agieren und auf die Bedürfnisse der Studierenden achten. In Zeiten des Fachkräftemangels sind private Hochschulen der Ort für die Rekrutierung dieser Fachkräfte und damit auch für die Sicherung des Wirtschaftsstandortes Deutschland.

Das Statistische Bundesamt listet in dieser Gruppe folgende Universitäten und Universitäten gleichgestellte Hochschulen auf (Statistisches Bundesamt 2017):

- **Baden-Württemberg**
  - Zeppelin Universität Friedrichshafen; ca. 1100 Studierende
  - Freie Hochschule Stuttgart; ca. 260 Studierende

- **Berlin**
  - ESCP Europe Berlin; weniger als 500 Studierende
  - European School of Management and Technology Berlin; ca. 300 Studierende
  - Hertie School of Governance Berlin; ca. 500 Studierende
  - Steinbeis Hochschule Berlin und DUW; ca. 7000 Studierende

4.2 · Verdienstmöglichkeiten mit erfolgreichem Studienabschluss

- International Psychoanalytic University Berlin; ca. 600 Studierende
- Bard College Berlin; ca. 200 Studierende

- **Brandenburg**
- Medizinische Hochschule Brandenburg in Neuruppin; ca. 160 Studierende

- **Bremen**
- Jacobs University Bremen, ca. 1200 Studierende

- **Hamburg**
- Bucerius Law School Hamburg; ca. 900 Studierende
- KLU Kühne Logistics University Hamburg; ca. 250 Studierende

- **Hessen**
- Frankfurt School of Finance & Management Frankfurt; über 2200 Studierende
- EBS Universität für Wirtschaft und Recht Wiesbaden; über 2200 Studierende

- **Nordrhein-Westfalen**
- Universität Witten/Herdecke Witten; über 2300 Studierende

- **Rheinland-Pfalz**
- WHU Otto Beisheim School of Management Vallendar; über 1100 Studierende

- **Sachsen**
- Dresden International University (DIU); über 2300 Studierende
- HHL Leipzig Graduate School of Management Leipzig; ca. 700 Studierende

4.2 Verdienstmöglichkeiten mit erfolgreichem Studienabschluss

In Deutschland ist die Arbeitslosigkeit unter Akademikern geringer als bei anderen Berufsgruppen. Sie liegt aktuell bei 2,6 %. Ökonomen sprechen daher aktuell von Vollbeschäftigung bei Akademikern in Deutschland.

Ebenso ist die Nachfrage nach hoch qualifizierten Arbeitskräften in den letzten zehn Jahren, also von 2007 bis 2017 um ca. 65 % gestiegen und hat aktuell mit 193.000 offenen Stellen den höchsten jemals in Deutschland statistisch erfassten Wert

> Ökonomen sprechen aktuell von Vollbeschäftigung bei Akademikern in Deutschland.

erreicht. Derzeit werden etwa zweieinhalb Mal so viele hochqualifizierte Arbeitskräfte benötigt wie derzeit im Bestand sind (Beckmann und Lindner 2017). Der Fachkräftemangel im hochqualifizierten Bereich ist also eklatant und wird sich voraussichtlich durch zusätzlich benötige Qualifikationen bei der Umsetzung der Arbeitswelt 4.0 noch weiter verstärken.

> Derzeit werden besonders Ingenieurwissenschaftler, Softwareentwickler sowie medizinisches und pharmazeutisches Personal gesucht.

Derzeit werden besonders Ingenieurwissenschaftler, Softwareentwickler sowie medizinisches und pharmazeutisches Personal gesucht (Beckmann und Lindner 2017). Das durchschnittliche Bruttojahreseinkommen aller Beschäftigten in Deutschland liegt bei etwa 58.150 EUR. Sofern keine Personalverantwortung mit der beruflichen Tätigkeit verbunden ist, liegt das Einkommen bei etwa 53.260 EUR. Es wächst allerdings mit der Anzahl der Mitarbeiter bis auf 82.400 EUR sofern Personalverantwortung für mehr als 100 Mitarbeiter besteht (StepStone 2018).

> Bei Akademikern liegen die Einkommen durchschnittlich etwa 30 % über denen von Beschäftigten ohne akademische Ausbildung.

Dieser Einkommensvorteil von Akademikern erstreckt sich über die gesamte Lebensarbeitszeit (◘ Abb. 4.3).

Wie ◘ Abb. 4.3 verdeutlicht, liegt bei Akademikern das Bruttodurchschnittsgehalt nach zwei Jahren bei etwa 46.000 EUR, nach drei bis fünf Jahren bei etwa 54.000 EUR, nach sechs bis zehn Jahren bei etwa 65.000 EUR, nach elf bis 20 Jahren bei etwa 77.000 EUR und nach mehr als 20 Jahren Erfahrung bei knapp 80.000 EUR (StepStone 2018).

> Absolventen privater Hochschulen können teilweise aufgrund ihrer erheblichen Praxiserfahrung mit höheren Einstiegsgehältern rechnen.

Absolventen privater Hochschulen können teilweise aufgrund ihrer erheblichen Praxiserfahrung mit höheren Einstiegsgehältern rechnen. Prof. Dr. Stephan Stubner, Rektor der HHL Leipzig Graduate School of Management sagt zur Gehaltsentwicklung der Absolventen der HHL: *„Die Studierenden steigen durchschnittlich mit etwa 60.000 EUR Anfangsgehalt ein. Drei Jahre nach Abschluss liegen die Gehälter bei etwa 80.000 EUR."*

Obwohl es also generell für Akademiker sehr gute Beschäftigungschancen gibt, existiert noch immer ein deutliches Lohngefälle zwischen West- und Ostdeutschland.

> Es existiert noch immer ein deutliches Lohngefälle zwischen West- und Ostdeutschland.

Das Schlusslicht bezüglich des Jahreseinkommens bildet Mecklenburg-Vorpommern. Der Abstand zu Hessen ist hier mit den höchsten durchschnittlichen Bezügen pro Jahr mit etwa 20.700 EUR am größten (◘ Abb. 4.4). Dies entspricht einem um etwa 33 % niedrigeren Durchschnittseinkommen von Beschäftigten im Vergleich zwischen Hessen und in Mecklenburg-Vorpommern.

4.2 · Verdienstmöglichkeiten mit erfolgreichem Studienabschluss

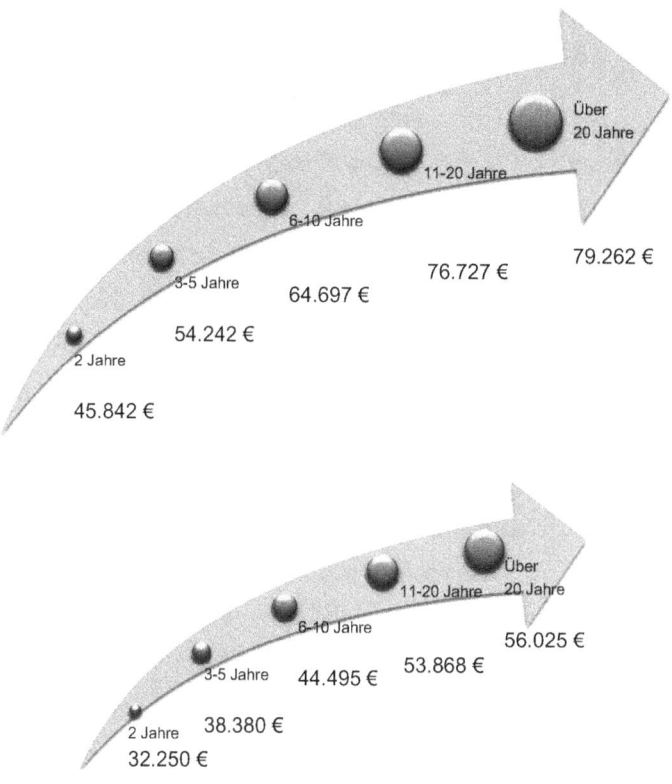

Abb. 4.3 Auf Basis einer Onlinebefragung von etwa 60.000 Personen durch StepStone ermitteltes Bruttodurchschnittsgehalt bei Akademikern (oben) und Nichtakademikern (unten). Sämtliche Gehaltsdaten sind in Euro angegeben und enthalten Boni, Prämien, Provisionen etc. (StepStone 2018)

Darüber hinaus bestehen beträchtliche Unterschiede zwischen und innerhalb der verschiedenen Berufsgruppen (Beckmann und Lindner 2017).

> **Überdurchschnittliche Gehälter werden in Medizin- und Ingenieurberufen, in den Naturwissenschaften, aber auch in Rechts- und Managementberufen erzielt.**

Diese Berufsgruppen schneiden auch betrachtet unter dem Aspekt der individuellen Bildungsrenditen – dem prozentualen Zugewinn an Arbeitseinkommen durch zusätzliche Bildung – am besten ab (Schubert et al. 2012; Buschle und Haider 2013). Die Top-Five-Studienfächer mit durchschnittlich der höchsten Bezahlung zeigt **Abb. 4.5**. Das durchschnittliche Jahresgehalt liegt bei allen diesen Fächern mehr als etwa 10.000 EUR über dem durchschnittlichen Einkommen in Deutschland.

Andererseits werden Berufstätige mit einem Studium im Bereich Bildung und Soziales erheblich schlechter bezahlt.

Es bestehen beträchtliche Unterschiede zwischen und innerhalb verschiedener Berufsgruppen.

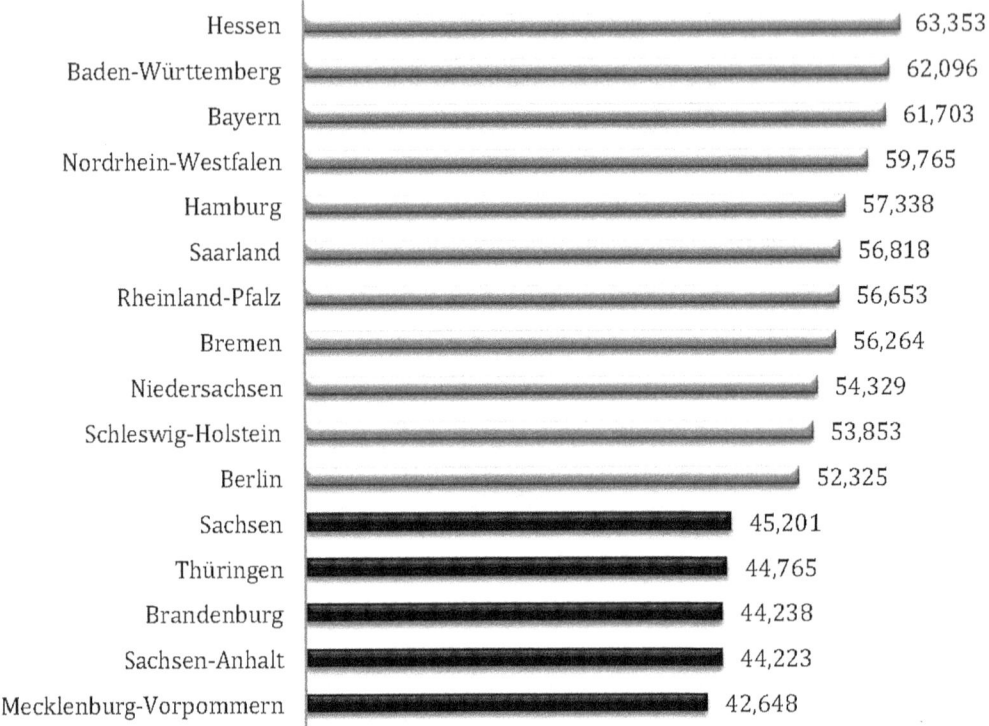

● Abb. 4.4 Auf Basis einer Onlinebefragung von StepStone ermitteltes Bruttodurchschnittsgehalt nach Bundesländern. Sämtliche Gehaltsdaten sind in Euro angegeben und enthalten Boni, Prämien, Provisionen etc. (StepStone 2018)

Berufstätige mit einem Studium im Bereich Bildung und Soziales werden erheblich schlechter bezahlt.

Pflege- und Therapieberufe liegen etwa auf vergleichbarem Gehaltsniveau mit Handwerksberufen.

Ärzte sowie Berufe im Bankenwesen, aber auch Ingenieure und IT- Fachleute verdienen wie auch Rechtsexperten derzeit am besten.

Dies wird deutlich, wenn man das Einkommen der verschiedenen Berufsgruppen betrachtet. Hier zeigt sich, dass Pflege- und Therapieberufe etwa auf vergleichbarem Gehaltsniveau mit Handwerksberufen liegen.

Dies gilt ebenso für Berufe im Bereich Bildung und Soziales. Wie auch bereits durch die Top-Studienfächer deutlich wurde, zeigt ● Abb. 4.6, dass Ärzte sowie Berufe im Bankenwesen, aber auch Ingenieure und IT-Fachleute zusammen mit Rechtsexperten in den höchsten Gehaltsgruppen liegen.

Daher wird deutlich, dass man mit der Wahl des Studienfaches die Weichen für

> **Die Wahl des Studienfachs hat entscheidenden Einfluss auf die späteren Verdienstmöglichkeiten.**

das später zu erwartende Einkommen stellt. Klar ist, dass solche Durchschnittswerte natürlich keine Garantie für ein späteres Einkommen sein können.

4.2 · Verdienstmöglichkeiten mit erfolgreichem Studienabschluss

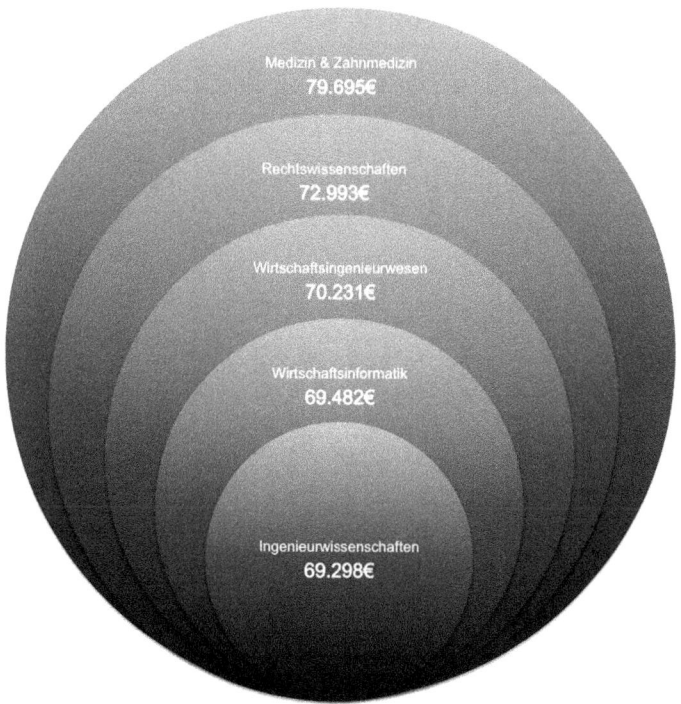

◘ **Abb. 4.5** Bruttodurchschnittsgehalt der Top-Five-Studienfächer pro Jahr. Sämtliche Gehaltsdaten enthalten Boni, Prämien, Provisionen etc. (StepStone 2018)

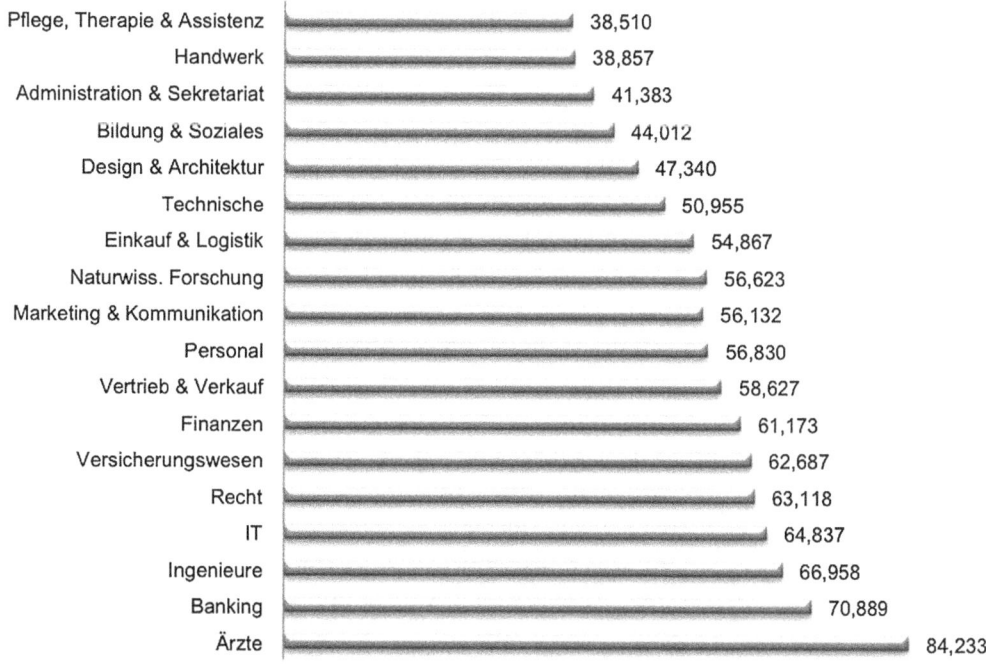

◘ **Abb. 4.6** Bruttodurchschnittsgehalt nach Berufsgruppen pro Jahr. Sämtliche Gehaltsdaten sind in Euro und enthalten Boni, Prämien, Provisionen etc. (StepStone 2018)

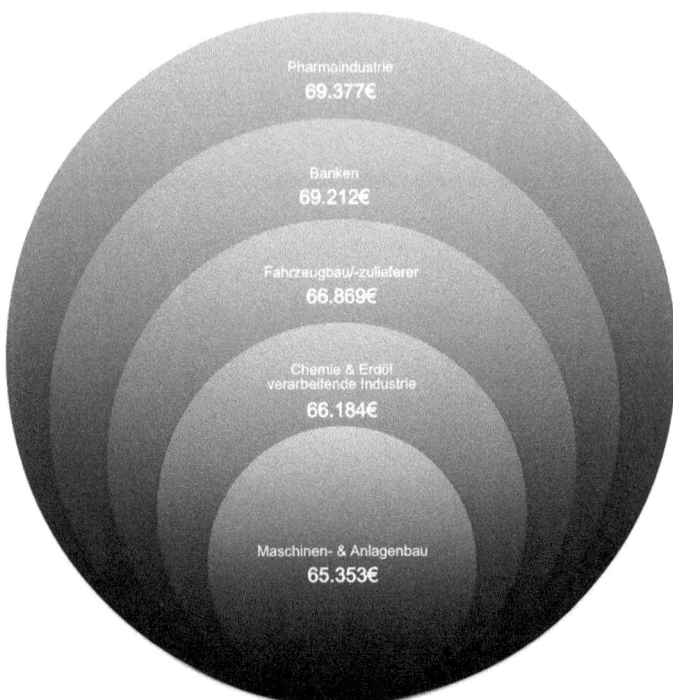

◘ Abb. 4.7 Bruttodurchschnittsgehalt pro Jahr der Top-Five-Branchen in Euro. Sämtliche Gehaltsdaten enthalten Boni, Prämien, Provisionen etc. (StepStone 2018)

Studienfach und Branche sind wichtig für spätere Verdienstmöglichkeiten.

Spürbare Unterschiede bei den Verdienstmöglichkeiten gibt es aber auch in Abhängigkeit von der Branche, in der man arbeitet. Dies führt zu deutlichen Unterschieden im Einkommen vergleichbar qualifizierter Personen. Sofern man also eine optimale Bildungsrendite erzielen möchte, ist die Branchenwahl neben der Studiums- und Berufswahl ein weiterer wichtiger Aspekt, um die eigenen Ziele zu erreichen.

Innerhalb der Branchen mit der besten Bezahlung steht die Pharmaindustrie an der Spitze. Darauf folgen Banken und Automobilhersteller sowie Automobilzulieferer wie ◘ Abb. 4.7 zeigt. Jedoch ist auffallend, dass die Unterschiede zwischen den Branchen wesentlich kleiner sind als die durch die jeweiligen Studienfächer bedingten Gehaltsunterschiede.

Die Wahl der Studienform und des Studiengangs sind wichtige Faktoren für späteren Traumjob.

Insofern kann man sagen, dass Sie durch die Wahl der richtigen Branche Ihre Bildungsrendite zwar noch weiter optimieren können. Doch Fehlentscheidungen bei der Studienfachwahl können Sie durch die Auswahl einer gut bezahlenden Branche kaum ausgleichen. Daher ist die Wahl der Studienform und des Studiengangs wahrscheinlich der wichtigste Schlüssel für das Erreichen Ihres Traumjobs. Bildung macht sich aber in jedem Fall bezahlt.

> **Tipps**
>
> 5. Wählen Sie eine Hochschule, an der Sie sich wohlfühlen, wo die Größe, der Ort, das Studienangebot und die Atmosphäre stimmen. Unterhalten Sie sich vor Aufnahme des Studiums mit Professoren und Studierenden, damit Sie sich ein vollständiges und realistisches Bild von der jeweiligen Hochschule machen können. Nutzen Sie auch angebotene Schnuppervorlesungen und Tage der offenen Tür.
> 6. Behalten Sie bei der Wahl des Studienfachs und Hochschulformats die späteren Verdienstmöglichkeiten – auch in der jeweiligen Branche – im Auge.

Literatur

Bargel, Tino. 2013. *Studieren in Teilzeit als Beitrag zur Flexibilisierung des Hochschulstudiums. Hefte zur Bildungs- und Hochschulforschung 69*. Universität Konstanz: Arbeitsgruppe Hochschulforschung.

Beckmann, Ralf, und Susanne Lindner. 2017. *Blickpunkt Arbeitsmarkt – Akademikerinnen und Akademiker*. Nürnberg: Bundesagentur für Arbeit.

Buschle, Nicole, und Carsten Haider. 2013. *Über den ökonomischen Nutzen der Bildung – Ansätze zur Berechnung von Bildungsrenditen*. Wiesbaden: Statistisches Bundesamt WISTA.

Buschle, Nicole, und Carsten Haider. 2016. *Private Hochschulen in Deutschland*. Wiesbaden: Statistisches Bundesamt WISTA.

Engelke, Jens, Ulrich Müller, und Ronny Röwert. 2017. *Erfolgsgeheimnisse privater Hochschulen. Im Blickpunkt*. ▶ https://doi.org/978-3-941927-79-7.

Frank, Andrea, Solveigh Hieronimus, Nelson Killius, und Volker Meyer-Guckel. 2010. *Rolle und Zukunft privater Hochschulen in Deutschland*. Essen: Ed. Stifterverband.

Frank, Andrea, René Krempkow, und Elena Mostovova. 2017. *Gründungsradar – Wie Hochschulen Unternehmensgründungen fördern*. Essen: Ed. Stifterverband.

Göpfarth, Gunter, und Bernd Zinkahn. 2002. *Handbuch Private Hochschulen in Deutschland*. Rostock: Ingo Koch.

Konegen-Grenier, Christiane. 2014. *Attraktive Alternative*. Köln: Institut der deutschen Wirtschaft.

Schubert, Torben, Elisabeth Baier, Miriam Hufnagl, Niclas Meyer, Esther Schricke, und Thomas Stahlecker. 2012. *Metastudie Wirtschaftsfaktor Hochschule*. Karlsruhe: Fraunhofer ISI.

Sperlich, Andrea. 2008. *Theorie und Praxis erfolgreichen Managements privater Hochschulen in Deutschland. Schriften*. Berlin: Berliner Wissenschafts-Verlag (BWV).

Statistisches Bundesamt. 2017. *Bildung und Kultur – Private Hochschulen*. Wiesbaden: Statistisches Bundesamt (Destatis).

StepStone. 2018. *Gehaltsreport 2018 für Fach- und Führungskräfte*. Düsseldorf.

Leben und Lernen: Tipps für eine gelungene Selbstorganisation

5.1 Studienorte – 156

5.2 Die Lebenshaltungskosten – 158

5.3 Die Studiengebühren an privaten Hochschulen in Deutschland – 167

5.4 Finanzierungsmöglichkeiten – 168

5.5 Erfolgreiche Lernstrategien – 173
5.5.1 Die verschiedenen Lerntypen beim Studieren – 175
5.5.2 Schlaf und Pausen für das effektive Lernen nutzen – 179

Literatur – 182

© Springer Fachmedien Wiesbaden GmbH, ein Teil von Springer Nature 2019
A. Doll, A. P. Hansen, *Die Managerschmieden*, https://doi.org/10.1007/978-3-658-21250-6_5

Zusammenfassung

Neben der Entscheidung für einen bestimmten Studiengang an einer privaten Hochschule sind auch die Ortswahl, die Höhe der Studiengebühren, die Finanzierung und die Selbstorganisation des Studiums wichtig. In diesem Kapitel finden Sie Informationen zu der räumlichen Verteilung von privaten Hochschulen in Deutschland. Wir informieren Sie zu den verschiedenen Kostenpositionen eines Studiums, zur studentischen Wohnsituation und zu sinnvollen Versicherungen sowie zur Studienfinanzierung. Experten geben Ihnen zu diesen Themen wertvolle Hinweise aus der Praxis. Zusätzlich erhalten Sie Tipps zu Ihrer eigenen Selbstorganisation.

5.1 Studienorte

Um ein Studium erfolgreich abschließen zu können, ist es auch wichtig, die eigene Lebenssituation und sich selbst gut zu organisieren. Dabei spielt die Wahl der richtigen Hochschule eine entscheidende Rolle. Da nur selten reine Onlinestudien angeboten werden, ist selbst bei einem der verschiedenen „Distance-Learning"-Angebote die Wahl des Studienortes oder des nächsten Studienzentrums von gewisser Bedeutung. Insbesondere ist die Ortswahl natürlich für ein Präsenzstudium wichtig.

Die Anzahl der Hochschulstandorte hat in den letzten Jahren stark zugenommen. Mehr als die Hälfte der 619 Hochschulstandorte sind zwischen 1991 und 2016 entstanden. Die meisten neuen Hauptstandorte entstanden in Berlin mit 28 Hochschulgründungen, in Baden-Württemberg und in Nordrhein-Westfalen mit jeweils 27 Gründungen (Hüning et al. 2017). Neben vielen Neugründungen in Großstädten und Ballungszentren wie Berlin, Hamburg, Köln, München und Stuttgart profitierten aber auch Regionen abseits der Ballungszentren von dieser Entwicklung. Mehr als ein Drittel aller neuen Standorte entstand in Kreisen oder kreisfreien Städten, in denen es zuvor kein Hochschulangebot gab. Dadurch müssen in Deutschland Studieninteressierte nur noch höchstens etwa sechzig Kilometer Luftlinie zurücklegen, um eine Hochschule zu erreichen. Mehr als die Hälfte aller Kreise besitzt eine Hochschulstadt und die nächste Hochschule ist für jeden in Deutschland höchstens eine Stunde Fahrtzeit entfernt (Hüning et al. 2017).

◘ Abb. 5.1 zeigt die Hauptstandorte privater Hochschulen in Deutschland. Unterschiedliche Teile des Studienangebots werden an verschiedenen Nebenstandorten oder parallel an mehreren

5.1 · Studienorte

◘ Abb. 5.1   Räumliche Verteilung der Hauptstandorte privater Hochschulen in Deutschland. (Olle 2018)

Standorten angeboten. Insgesamt stehen somit neben den Hauptstandorten mehr als 120 weitere Standorte privater Hochschulen für die Studierenden zur Verfügung. Hinzu kommen die Studienzentren verschiedener Fernhochschulen, die für die jeweiligen Präsensveranstaltungen genutzt werden.

Unter allen Hochschulen in Deutschland waren es die Fachhochschulen, die mit 84 % an allen Gründungen im Zeitraum 1991 bis 2016 am meisten zugelegt haben. Hierbei dominierten besonders die nicht staatlichen Institutionen mit einer Vielzahl an Nebenstandorten. Hatten private Hochschulen im Format von Fachhochschulen 1990 lediglich vier Nebenstandorte, stieg deren Zahl bis 2016 auf 116 (Dräger und Ziegele 2014; Hüning et al. 2017).

5.2 Die Lebenshaltungskosten

Die beiden größten Kostenkomponenten für ein Studium an einer privaten Hochschule sind die Lebenshaltungskosten und die Studiengebühren.

> Nach Daten der Sozialerhebung von 2016 benötigen Studierende im Durchschnitt etwa 918 EUR pro Monat zum Leben.

Nach Daten der Sozialerhebung von 2016 benötigen Studierende im Durchschnitt etwa 918 EUR pro Monat zum Leben. Die Sozialerhebung des Deutschen Studentenwerks ist eine Langzeituntersuchung, die bereits seit 1951 regelmäßig Auskunft über die soziale und wirtschaftliche Lage der Studierenden in Deutschland gibt. Sie wird vom Deutschen Zentrum für Hochschul- und Wissenschaftsforschung (DZHW) durchgeführt und vom Bundesministerium für Bildung und Forschung (BMBF) finanziert.

Der größte Teil der Lebenshaltungskosten wiederum entfällt heute auf die Miete.

Der größte Teil der Lebenshaltungskosten entfällt auf die Miete.

Ein Ergebnis der Erhebung ist, dass die allgemeine Mietpreisentwicklung 2016 auch für die Studierenden spürbar war. Der Anteil der Studierenden, die bei den Eltern wohnen, hat sich zwar trotzdem leicht verringert (20 %), dafür leben aber etwas mehr Studierende in einem Wohnheim (zwölf Prozent). Die Miete ist neben Studiengebühren der größte Ausgabeposten. In vielen Hochschulstädten wird es für Studierende immer schwieriger, preisgünstigen Wohnraum zu finden. Gerade Studierende aus weniger vermögenden Haushalten sind auf Plätze in Studentenwohnheimen angewiesen.

Nach den Ausgaben für die Miete folgen die Ausgaben für Lebensmittel, Transport und Kosten für die Gesundheitsversorgung wie Krankenversicherung, Arztkosten und Medikamente. ◘ Abb. 5.2 gibt einen Überblick über die Verteilung dieser Ausgaben.

5.2 · Die Lebenshaltungskosten

Monatliche Ausgaben 2016
Bezugsgruppe „Fokus-Typ", arithmetischer Mittelwert, ausgewählte Ausgabeposten

DSW/DZHW 21. Sozialerhebung

◘ Abb. 5.2   Monatliche Ausgaben basierend auf der Sozialerhebung 2016 (Deutsches Studentenwerk)

Die Lebenshaltungskosten in Ballungszentren unterscheiden sich erheblich von denen in Kleinstädten oder gar ländlichen Gebieten. Dies zeigt sich am deutlichsten bei Mieten und Mietnebenkosten. Die aktuell teuerste Stadt in Deutschland ist München (Landeshauptstadt München Sozialreferat 2017; Statista 2018; Stuttgart Landeshauptstadt 2018). Hier werden teilweise Quadratmeterpreise für Wohnraum von über 20 EUR verlangt. Jedoch hängt der Preis von verschiedenen Faktoren ab. Dies können die Lage, das Alter, die Ausstattung und der Pflege- und Wartungszustand eines Hauses, aber auch der Schnitt der Wohnung sein. Ob die Wohnung möbliert oder unmöbliert angeboten wird, wirkt sich natürlich auch auf deren Preis aus. Die Mietpreise in Deutschland zeichnen sich durch ein deutliches Preisgefälle zwischen Stadt und Land, aber auch von südlichen nach nördlichen Landesteilen aus. Bezogen auf die Hauptstandorte der privaten Hochschulen lässt sich das Preisgefälle von Metropolen hin zu Kleinstädten ebenso wie das Süd-Nord-Gefälle tendenziell, aber nicht statistisch signifikant bestätigen (◘ Abb. 5.3).

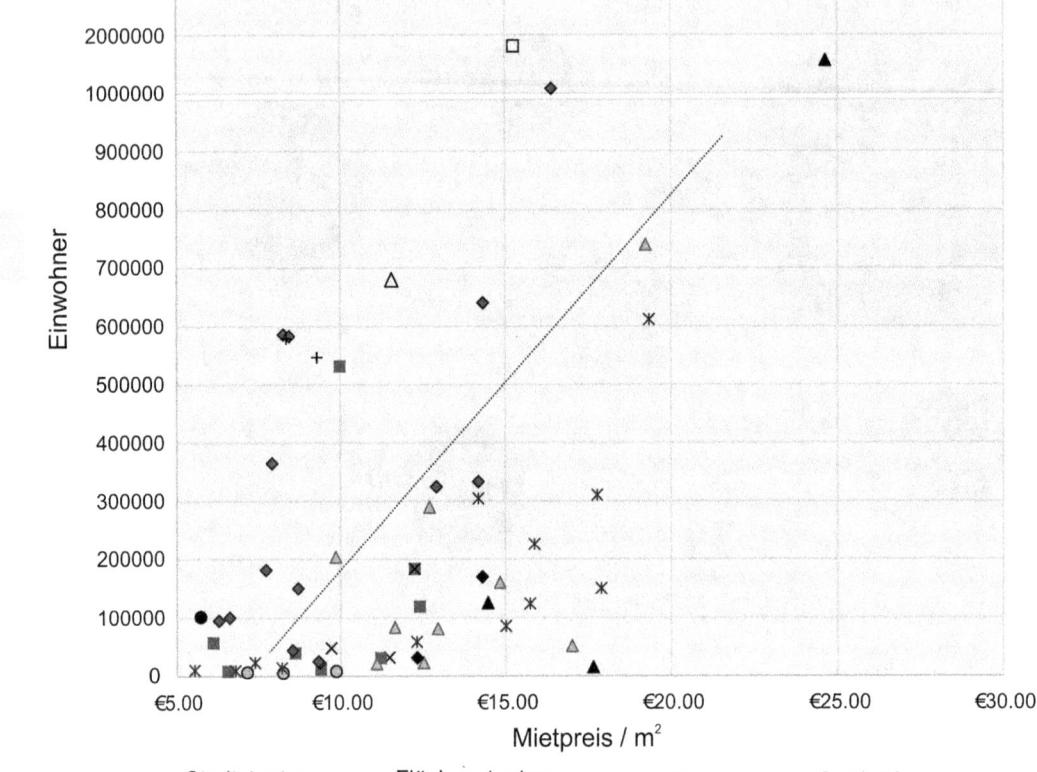

● **Abb. 5.3** Mietpreise auf dem allgemeinen Immobilienmarkt in Abhängigkeit von der Wohnbevölkerung in den jeweiligen Städten der Hauptstandorte privater Hochschulen. Die Grafik basiert auf Daten der im Internet veröffentlichten Angaben der Immowelt AG. (Immowelt AG 2018)

Während in Baden-Württemberg und Bayern die höchsten Mietkosten anfallen, sind sie in Thüringen oder Niedersachsen relativ niedrig, obwohl es auch Ausnahmen in allen Bundesländern gibt (Landeshauptstadt München Sozialreferat 2017; Stuttgart Landeshauptstadt 2018). Generell betrachtet sind Städte unter 10.000 Einwohner unter den Standorten privater Hochschulen am günstigsten.

Aus der Praxis
Prof. Dr. Florian Pfeffel, Präsident der accadis Hochschule Bad Homburg
Dass die accadis Hochschule in Bad Homburg und nicht in Frankfurt ist, bietet einige Vorteile. Die Mieten im Umland sind

5.2 · Die Lebenshaltungskosten

zumindest in einigen Lagen für Studenten erschwinglicher als in Frankfurt – wenngleich auch das Rhein-Main-Gebiet insgesamt nicht ohne ist. Darüber hinaus geht es in Bad Homburg ein bisschen beschaulicher zu, sodass man sich als Student gut dem Studium widmen und eine enge Studentencommunity bilden kann. Darüber hinaus ist man als Hochschule in einer Kleinstadt natürlich die erste und einzige Adresse, was zu einem starken standortbezogenen Zusammengehörigkeitsgefühl zwischen kommunaler Verwaltung, den Wirtschaftsunternehmen (auch Dax-Konzernen) und der Hochschule führt.

Andererseits profitiert man natürlich von der Nähe (wenige S-Bahn-Stationen in die Frankfurter Innenstadt) zum Zentrum des Ballungsgebiets. Hochschule und Studenten profitieren von der Verkehrsinfrastruktur und dem Freizeitangebot, das eine Großstadt wie Frankfurt bietet. Die Mischung macht's also!

Städte bis zu einer Größe vom 100.000 Einwohnern sind meist noch preislich moderat, wohingegen Städte mit einer Wohnbevölkerung von mehr als 500.000 kaum noch günstigen Wohnraum auf dem freien Markt bieten (Middendorff et al. 2017). Wenn finanzielle Kriterien eine große Rolle bei der Entscheidung für ein Studium spielen, sollte man die Mietkosten am Studienort im Auge haben.

Moritz Leetz vom Deutschen Studentenwerk fasst im folgenden Gastbeitrag die wichtigsten Kosten eines Studiums für Sie zusammen.

Was kostet ein Studium?
Die Kosten eines Studiums hängen von einer Reihe von Faktoren ab. Wer an einer staatlichen Hochschule studiert, zahlt keine Studiengebühren. Das ist an einer privaten Hochschule in der Regel anders. Hier liegen die Beiträge für die gesamte Studiendauer meist im niedrigen bis mittleren fünfstelligen Bereich.

Auch der Studienort hat großen Einfluss auf die Kosten eines Studiums. Studierende in München zahlen für ihre Unterkunft im Schnitt 387 EUR Miete im Monat. In Leipzig sind es nur 264 EUR. Generell sind die Lebenshaltungskosten im Osten Deutschlands niedriger als im Westen und in einer kleinen Stadt geringer als in einer Metropole.

Die dritte große Variable sind die Lebensumstände der Studierenden. In einer Wohngemeinschaft werden die Lebenshaltungskosten auf mehrere Köpfe verteilt und sind daher auf den einzelnen gerechnet meist niedriger als bei Studierenden, die alleine leben. Für Studierende, die noch bei ihren Eltern wohnen, entfallen die Mietkosten in der Regel ganz.

Im Durchschnitt haben Studierende 918 EUR im Monat zur Verfügung. Das ist das Ergebnis der 21. Sozialerhebung des Deutschen Studentenwerks, an der sich im Jahr 2016 mehr als 60.000 Studierende beteiligt haben.

Von diesem Geld geben sie 323 EUR im Monat für ihre Miete aus und 168 EUR für Ernährung sowie 94 EUR für Fortbewegung. Auf Kleidung entfallen 42 EUR und 20 EUR werden für Lernmittel ausgegeben.

Dabei beziehen die Studierenden ihr Budget in der Regel aus verschiedenen Quellen. Sechsundachtzig Prozent werden von ihren Eltern unterstützt, 61 % gehen arbeiten, 25 % beziehen BAföG und fünf Prozent erhalten ein

> Durchschnittlich geben Studierende 323 EUR im Monat für Miete aus.

Stipendium. Rechnet man die 918 EUR pro Monat auf sechs Semester eines Bachelorstudiums hoch, sind das gut 33.000 EUR, die Studierende im Schnitt für ein Studium an individuellen Kosten haben.

Die individuellen Kosten für ein Bachelorstudium sind etwa 33.000 EUR (ohne Studiengebühren).

Auf ein zehnsemestriges Masterstudium hochgerechnet sind es rund 55.000 EUR.

Aber: 28 %, also mehr als ein Viertel der Studierenden, muss mit weniger als 700 EUR monatlich auskommen. Das sind hochgerechnet auf sechs Semester nur gut 25.000 EUR (Studiengebühren privater Hochschulen sind darin nicht enthalten). Diese Zahlen beziehen sich auf ein Bachelorstudium, das in der Regelstudienzeit absolviert wird.

Die Regelstudienzeit ist aber etwa für Studierende mit Kind, die immerhin sechs Prozent aller Studierenden ausmachen, nur schwer einzuhalten. Gleiches gilt für die elf Prozent der Studierenden, die mit einer Behinderung oder chronischen Krankheit an der Hochschule eingeschrieben sind.

Es gibt also, bezogen auf die Kosten des Studiums, nicht den einen Studenten oder die eine Studentin. Die Studierendenschaft ist vielfältig und pluralistisch und so variieren auch die Ausgaben während des Studiums.

Moritz Leetz, Deutsches Studentenwerk

Bezogen auf die großen Hochschulstandorte in Deutschland zeigt sich, dass die monatlichen Ausgaben für Miete und Nebenkosten zwischen 387 EUR in München und 264 EUR in Leipzig schwanken, was einer Kostendifferenz von 123 EUR entspricht (◘ Abb. 5.4). Da Städte unter 10.000 Einwohner hier nicht erfasst sind, die Mietkosten aber in solchen Kleinstädten noch niedriger als in Leipzig liegen, ist für kleine private Hochschulstandorte mit noch niedrigeren Mieten zu rechnen. Somit trägt die Auswahl des Studiumstandortes auch wesentlich zu den zu veranschlagenden Kosten bei.

Wenn man Kosten sparen möchte, sollte man versuchen, einen Platz in einem Studentenwohnheim zu finden oder in eine WG zu ziehen. Wenn man nicht bei seinen Eltern oder mit einem Partner zusammen wohnt, sind diese beiden Wohnformen am günstigsten. Entsprechend beliebt sind sie bei Studierenden, wie ◘ Abb. 5.5 zeigt.

In Wohnheimen sind die durchschnittlichen Kosten für eine Monatsmiete mit 271 EUR am geringsten. Je nach Trägerschaft sind die Kosten bei den verschiedenen Wohnheimen jedoch unterschiedlich hoch. In Wohnheimen der örtlichen Studentenwerke liegen die durchschnittlichen Ausgaben für Wohn- und Nebenkosten bei 240 EUR monatlich.

Wohnen in einem Wohnheim der Studenten- und Studierendenwerke ist mit durchschnittlich 240 EUR Miete sehr günstig.

Bei anderen Trägern können sie bei über 300 EUR im Monat liegen. Mit 389 EUR pro Monat ist es mit Abstand am teuersten für Studierende in einer eigenen Wohnung zu wohnen. Mit monatlich 346 EUR ist ein Untermietsverhältnis die zweitteuerste Wohnform. Die durchschnittlichen monatlichen Kosten in einer Wohngemeinschaft liegen mit 310 EUR in der Regel über den Kosten in einem Studentenwohnheim (Middendorff et al. 2017). Die verschiedenen Wohnformen Studierender und deren anteilmäßige Verteilung auf Basis von Daten aus dem Jahr 2016 zeigt ◘ Abb. 5.5.

5.2 · Die Lebenshaltungskosten

Rangfolge der Hochschulstädte[1] nach der Höhe der monatlichen Ausgaben für Miete und Nebenkosten
Bezugsgruppe „Fokus-Typ", arithmetischer Mittelwert

EUR	Stadt	Rang		Rang	Stadt	EUR
387	München	1		31	Marburg	315
375	Köln	2		32	Rosenheim	315
375	Frankfurt/M.	3		33	Wuppertal	314
373	Hamburg	4		34	Augsburg	314
362	Berlin	5		35	Potsdam	314
353	Düsseldorf	6		36	Würzburg	314
352	Konstanz	7		37	Trier	314
350	Mainz	8		38	Kiel	310
348	Darmstadt	9		39	Dortmund	309
347	Essen	10		40	Siegen	308
347	Freiburg i. Br.	11		41	Passau	308
346	Bonn	12		42	Saarbrücken	304
340	Stuttgart	13		43	Bayreuth	303
336	Mannheim	14		44	Greifswald	302
332	Nürnberg	15		45	Bingen	302
331	Heidelberg	16		46	Osnabrück	301
330	Aachen	17		47	Paderborn	301
329	Ulm	18		48	Gießen	300
329	Lübeck	19		49	Kassel	299
327	Hannover	20		50	Göttingen	296
326	Bremen	21		51	Oldenburg	292
325	Erlangen	22		52	Magdeburg	289
325	Bamberg	23		53	Rostock	288
323	Tübingen	24		54	Hildesheim	273
322	Braunschweig	25		55	Erfurt	272
320	Bochum	26		56	Kaiserslautern	270
320	Münster	27		57	Halle/Saale	268
320	Regensburg	28		58	Jena	265
318	Karlsruhe	29		59	Dresden	264
316	Bielefeld	30		60	Leipzig	264

[1] Nur Standorte mit Angaben von mindestens 100 Studierenden und Einwohnerzahl > 10.000

DSW/DZHW 21. Sozialerhebung

◘ **Abb. 5.4** Rangfolge der Hochschulstädte nach der Höhe der monatlichen Ausgaben für Miete und Nebenkosten. (Deutsches Studentenwerk)

Wohnen im Studium

Die beliebteste Wohnform von Studierenden ist seit über fünfzehn Jahren die Wohngemeinschaft; Tendenz weiterhin steigend. Dreißig Prozent aller Studierenden teilen sich eine Wohnung mit Kommilitonen oder Freunden. Besonders beliebt ist die WG bei Studierenden im mittleren Studierendenalter von 24 bis 25 Jahren. Jüngere Studierende bis 21 Jahre, also viele Studienanfänger, wohnen zu etwa einem Drittel noch zu Hause bei den Eltern. Diese Zahl nimmt mit steigendem Alter der Studierenden kontinuierlich ab. So wohnt über die Gesamtdauer des Studiums nur jeder fünfte Studierende mit seinen Eltern zusammen und bei den über 30-Jährigen sind es nur noch sechs Prozent.

Wohnformen der Studierenden[1] 2016
in Prozent[2]

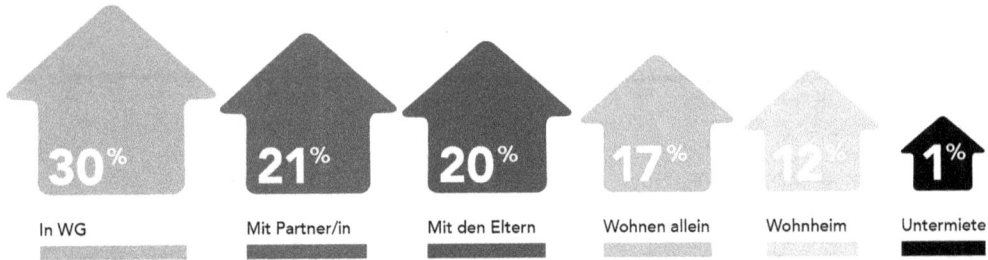

[1] Bei Studierenden mit mehreren Wohnorten wird ausschließlich die Wohnform am Hochschulort berücksichtigt
[2] Rundungsdifferenzen möglich

DSW/DZHW 21. Sozialerhebung

◘ **Abb. 5.5** Wohnformen der Studierenden 2016. (Deutsches Studentenwerk)

Je älter die Studierenden werden, desto häufiger wohnen sie alleine oder zusammen mit ihrer Partnerin oder ihrem Partner. Diese Gruppe macht bei den Studierenden bis zum 21. Lebensjahr nur 20 % aus. Bei den über 30-Jährigen beträgt sie schon fast 75 %.

Neben diesen altersspezifischen Vorlieben sind vor allem die Kosten entscheidend bei der Wohnungswahl. Für die Miete geben Studierende den höchsten Betrag ihres Budgets aus. Das sind durchschnittlich 323 EUR pro Monat und damit mehr als ein Drittel des ihnen zur Verfügung stehenden Geldes.

Dabei sind die regionalen Unterschiede groß. Studierende in München zahlen für ihre Unterkunft im Schnitt 387 EUR Miete im Monat. In Leipzig sind es nur 264 EUR im Durchschnitt. Generell sind die Wohnkosten im Osten Deutschlands niedriger als im Westen und in einer kleinen Stadt geringer als in einer Metropole.

Auch die jeweilige Wohnform hat einen großen Einfluss auf die Wohnkosten. Am günstigsten ist das Wohnen für Studierende zu Hause bei ihren Eltern. Denn diese verlangen in der Regel keine Miete von ihren Kindern.

Auch die zwölf Prozent der Studierenden, die in einem Wohnheim der Studenten- und Studierendenwerke wohnen, kommen bei der Miete günstig weg: sie zahlen durchschnittlich nur 240 EUR für ihre Unterkunft. Bundesweit stehen mehr als 192.000 Wohnheimplätze zur Verfügung.

Besonders wichtig ist Studierenden bei der Wohnungswahl neben einer günstigen Miete eine angemessene Wohnraumgröße. Genauso wichtig sind eine gute Verkehrsanbindung und die Nähe zur Hochschule. Im Durchschnitt benötigen Studierende 33 min von ihrem Wohnort zur Hochschule. Aber für ein Viertel der Studierenden beträgt der Weg höchstens 15 min. Einen besonders weiten Weg haben Studierende, die bei ihren Eltern wohnen – sie brauchen durchschnittlich 52 min bis zur Hochschule. Am schnellsten am Campus sind Studierende in einem Wohnheim. Sie brauchen nur 18 min.

Moritz Leetz, Deutsches Studentenwerk

5.2 · Die Lebenshaltungskosten

Neben den größten drei Faktoren der Lebenshaltungskosten Miete, Ernährung und Transport fallen in jedem Fall für Studierende Kosten für eine Krankenversicherung an, sofern sie nicht über einen Partner oder die Eltern bereits versichert sind. Diese Kosten schwanken in Abhängigkeit vom Anbieter zwischen ca. 70 bis 90 EUR. Durchschnittlich liegen sie etwa bei 80 EUR im Monat. Einzelheiten dazu und zu anderen sinnvollen Versicherungen werden im Folgenden von der Verbraucherzentrale NRW genauer ausgeführt. Freizeit, Kleidung, Telefon/Internet und Lernmittel sind weitere Kostenpositionen, die man in jedem Fall in seine Überlegungen einbeziehen sollte (◘ Abb. 5.2).

Im Durchschnitt benötigen Studierende 33 min von ihrem Wohnort zu Hochschule.

Krankenversicherung und mehr
In Deutschland ist eine Krankenversicherung Pflicht. Studenten müssen bei der Immatrikulation diesen Schutz über eine gesetzlichen Krankenkasse oder einen privaten Krankenversicherer nachweisen. Ist zumindest ein Elternteil über eine gesetzliche Krankenversicherung versichert und wird eine gewisse Einkommensgrenze nicht überschritten, ist der Studierende darüber im Rahmen der Familienversicherung beitragsfrei mitversichert. Dies gilt bis zur Vollendung des 25. Lebensjahres. Danach muss der Student mit wenigen Ausnahmen selbst für den beitragspflichtigen Versicherungsschutz sorgen. Dies kann im Rahmen einer studentischen Krankenversicherung erfolgen. Der monatliche Beitrag für die Krankenversicherung beträgt ca. 90,00 EUR (Stand: Januar 2018, AOK NORDWEST).
War der Student über den Vertrag eines Elternteils privat krankenvoll- und pflegepflichtversichert, läuft dieser Schutz unverändert beitragspflichtig weiter.
Beamtenkinder sind beihilfeberechtigt. Damit erhalten die Eltern einen Teil der entstandenen Krankheitskosten über die Beihilfe erstattet. Der verbleibende Rest muss über eine private Krankenversicherung versichert sein. Der Anspruch auf Beihilfe endet, wenn kein Anspruch auf Kindergeld mehr besteht. Dies ist in der Regel mit Vollendung des 25. Lebensjahres der Fall. Dann muss der Student selbst für den Versicherungsschutz sorgen.
Studenten, die ins Ausland reisen, sollten eine Auslandsreisekrankenversicherung abschließen. Dies gilt insbesondere dann, wenn jemand gesetzlich krankenversichert ist. Über die gesetzliche Krankenversicherung besteht zwar Versicherungsschutz in der EU und in Staaten, mit denen ein Sozialversicherungsabkommen besteht (zum Beispiel Schweiz), aber es ist möglich, dass der Reisende einen Teil der Behandlungskosten selbst übernehmen muss. Weiterhin gehört der Rücktransport nach Hause nicht zum Leistungskatalog der gesetzlichen Krankenversicherung und wird damit nicht übernommen.
Besteht eine private Krankenvollversicherung sollte ebenfalls eine Auslandsreisekrankenversicherung abgeschlossen werden, da zum einen die vereinbarte Selbstbeteiligung „geschont" werden kann und zum anderen der Rücktransport oft nicht über den privaten Krankenversicherer versichert ist.
Abhängig von der Dauer des Auslandaufenthaltes kann eine Auslandsreisekrankenversicherung für Auslandsaufenthalte mit einer Dauer von sechs Wochen oder eine Police für längerfristige Auslandsaufenthalte abgeschlossen werden.
Keine Pflichtversicherung, aber eine der wichtigsten Versicherungen ist die private Haftpflichtversicherung. Diese tritt dann ein, wenn ein Dritter geschädigt wird. Verursacht beispielsweise ein Fußgänger mit einem Fahrradfahrer einen Verkehrsunfall, muss dieser die entstandenen Schäden übernehmen. Anstelle des Schädigers tritt der private Haftpflichtversicherer für

den Schaden ein und wehrt gleichzeitig unberechtigte Forderungen ab. Die Versicherungssumme sollte in solch einem Vertrag mindestens 5 Mio. EUR betragen.

Haben die Eltern eine private Haftpflichtversicherung, fallen auch deren studierende Kinder bis zu einem gewissen Alter in diesen Versicherungsschutz. Dies ist sogar dann möglich, wenn der Hauptwohnsitz des Kindes in die Studienstadt verlegt wird. Die genauen Umstände sollten dem Versicherer mitgeteilt werden und von diesem das Bestehen des Versicherungsschutzes schriftlich bestätigt werden. Nicht alles erfasst die private Haftpflichtversicherung. Besondere Risiken müssen über spezielle Verträge versichert werden, beispielsweise Schäden, die Hunde oder Pferde verursachen, über eine Tierhalterhaftpflichtversicherung.

Eine Versicherung bei Verlust der Arbeitskraft ist auch schon für Studierende wichtig. Da Studenten in der Regel noch keine sechzig Monate in der gesetzlichen Rentenversicherung waren, haben sie oft keinen Anspruch oder nur in besonderen Fällen, zum Beispiel beim Wegeunfall, auf die (ohnehin zu niedrige) Erwerbsminderungsrente. Aus diesem Grunde sollte ein Student frühzeitig eine private Berufsunfähigkeitsversicherung abschließen. Dies sollte in Form einer Risikolebensversicherung mit einer Berufsunfähigkeitsrente oder einer Selbstständigen Berufsunfähigkeitsrente erfolgen.

Kapitalbildende/fondsgebundene Lebens- und Rentenversicherungen, die gleichzeitig eine zusätzliche Altersversorgung darstellen können, sind hier meist nicht sinnvoll. Aufgrund der im Beitrag enthaltenen Sparanteile ist der Beitrag entsprechend hoch und für Studenten meist nicht erschwinglich. Auch sollte das Versichern und Sparen grundsätzlich getrennt werden, da gerade bei einem finanziellen Engpass die Beiträge für die Kombination meist nicht aufgebracht werden können.

Kann eine Berufsunfähigkeitsabsicherung finanziell nicht getragen werden, kann über andere Vertragsformen nachgedacht werden. Hier, wie zum Beispiel bei der Unfallversicherung, handelt es sich dann zwar nicht um eine Alternative, aber zumindest um einen punktuellen Versicherungsschutz. Dieser greift zwar nicht bei einer Erkrankung, aber zumindest bei einer Invalidität nach einem Unfall.

Muss der Student finanzielle Verpflichtungen im Falle seines Todes absichern, sollte er dies über eine Risikolebensversicherung durchführen.

Kann der Student sich ein Kraftfahrzeug leisten, ist die Kfz-Haftpflichtversicherung ein Muss, ohne das Fahrzeug nicht für den Straßenverkehr zugelassen wird. Entweder sollte das Gefährt als Zweitwagen über ein Elternteil versichert werden oder ein Großelternteil kann einige wenige Rabatte auf den Studierenden übertragen. Die Haftpflichtversicherungssumme sollte mindestens fünfzig Millionen besser hundert Millionen Euro betragen.

Ob eine Teil- oder Vollkaskoversicherung Sinn macht, entscheidet sich nach dem Wert des Fahrzeugs.

Benutzt der Student vornehmlich ein Fahrrad für die Wege, kann dieses entweder in der Hausratversicherung der Eltern versichert werden oder über eine spezielle Fahrradversicherung. Letztere rechnet sich, wenn überhaupt, nur bei hochpreisigen Fahrrädern.

Nicht nur das Rad des Studenten kann über die Hausratversicherung der Eltern versichert sein, sondern auch der übrige Hausrat des Studierenden. Bei einem Zimmer des Studenten in der Wohnung der Eltern besteht der Schutz über den Vertrag der Eltern. Hat der Student ein Studentenzimmer in einem Wohnheim, besteht meist über die Hausratversicherung der Eltern Versicherungsschutz. Dies gilt bis zu zehn Prozent der Versicherungssumme, maximal meist bis 10.000 EUR. Der Versicherer sollte über die Wohnsituation informiert werden und um Deckungszusage gebeten werden. Eine Rechtsschutzversicherung sollte allenfalls in Form einer Verkehrsrechtsschutzversicherung für den Studenten bestehen. Haben die Eltern einen Vertrag, sollte hier Rücksprache mit dem Versicherer genommen werden, inwieweit

der Studierende Schutz darüber genießt. Eine Handyversicherung sollte auch ein Student meist nicht für sein Gerät abschließen.
Bei der Auswahl des Versicherungsschutzes sollte auch ein Studierender darauf achten, immer den größten bzw. teuersten möglichen Schaden abzusichern.

Elke Weidenbach, Verbraucherzentrale NRW

5.3 Die Studiengebühren an privaten Hochschulen in Deutschland

Die Studiengebühren privater Hochschulen sind neben den Lebenshaltungskosten der zweite Kostenfaktor bei einem Studium an privaten Hochschulen. Die Höhe der Studiengebühren ist erwartungsgemäß sehr unterschiedlich. Dies hängt einerseits mit der Preisgestaltung der Hochschule, dem Angebot für Studierende, den mit der Bereitstellung der Ausbildungslogistik verbundenen Kosten, der Fachrichtung, dem angestrebten Abschluss und weiteren Faktoren zusammen. Auch gibt es Unterschiede zwischen sowie innerhalb der verschiedenen Bundesländer. Die durchschnittlich höchsten Kosten fallen in Hamburg, Berlin, Bremen und Bayern an. Die durchschnittlich niedrigsten Studiengebühren sind in Schleswig-Holstein zu finden (◘ Abb. 5.6). Unabhängig von solchen Durchschnittswerten ist es für die finanzielle Betrachtung entscheidend, wie hoch die Studiengebühren für den angestrebten Studiengang und Studienabschluss an der gewählten Hochschule sind. Diese sollten Sie dann auch noch in Relation zu dem zu erwartenden Gehalt mit dem erzielten Abschluss setzen. Erst dann können Sie entscheiden, ob sich die Investition für Sie lohnt. Natürlich kann es aber auch abgesehen von der finanziellen Betrachtung viele Gründe für ein Studium an einer privaten Hochschule geben. Schließlich sind kleinere Lerngruppen und engere Betreuung für viele auch wichtige Gründe für ein Studium an einer privaten Hochschule.

Was die Spanne der Kosten für ein Studium an einer privaten Hochschule angeht, so schwanken die Studiengebühren pro Studienjahr in den verschiedenen Bundesländern durchschnittlich über alle Studiengänge zwischen etwa 3900 EUR und etwa 9300 EUR.

Ein Studium mit einem MBA-Abschluss zählt zu den teuersten Studienangeboten. An einzelnen Hochschulen können dafür Studiengebühren von über 25.000 EUR pro Jahr anfallen. Jedoch gibt es auch Angebote, die deutlich darunter liegen. Im internationalen Vergleich sind die in Deutschland anfallenden Studiengebühren privater Hochschulen moderat (vgl. ▶ Kap. 1) und liegen hinter Ländern wie USA, Australien, Neuseeland, Kanada, Hong Kong, Großbritannien und anderen (THE 2016).

Gebühren an privaten Hochschulen liegen in den verschiedenen Bundesländern durchschnittlich zwischen etwa 3900 EUR und 9300 EUR pro Studienjahr.

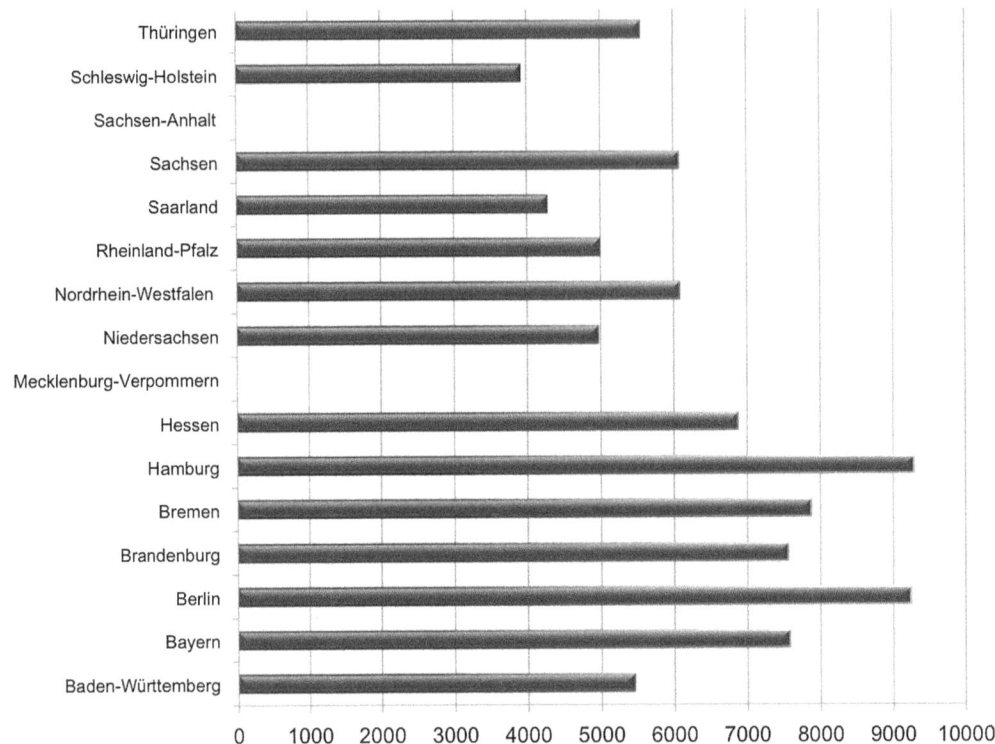

◘ Abb. 5.6 Durchschnittliche Gebühren (€/Jahr) über alle Studiengänge an privaten Hochschulen in den verschiedenen Bundesländern. Tagesaktuelle Angaben zu einem gewünschten Studiengang sind von den Hochschulen direkt erhältlich. In den Bundesländern Sachsen-Anhalt und Mecklenburg-Vorpommern sind zurzeit keine privaten Hochschulen mit einem Hauptstandort ansässig. Daher gibt es für diese Bundesländer keine Angaben. (Olle 2018)

5.4 Finanzierungsmöglichkeiten

Die Finanzierung des Studiums kann besonders an einer privaten Hochschule eine Herausforderung darstellen. Ein wesentlicher Kostenfaktor für ein Studium an einer privaten Hochschule sind die anfallenden Studiengebühren, die an staatlichen Einrichtungen nicht anfallen oder deutlich niedriger sind. Jedoch gibt es eine Reihe von Möglichkeiten, diese Kosten in den Griff zu bekommen.

Sowohl für ein Studium an einer staatlichen als auch an einer privaten Hochschule können unter bestimmten Bedingungen verschiedene Möglichkeiten der Studienfinanzierung (zum Teil auch kombiniert) genutzt werden:

- Antrag auf Leistungen nach dem BAföG, in der Regel zur Hälfte als Zuschuss und zur Hälfte als zinsloses Darlehen,
- ein Bildungskredit zu günstigen Zinsen, bei dem die Zahlungen monatlich im Voraus erfolgen,

5.4 · Finanzierungsmöglichkeiten

- eventuell ein Studienkredit oder Bildungsfonds als zusätzliche Finanzierungsmöglichkeit,
- Bewerbung um ein Stipendium oder Teilstipendium, das zum Beispiel Stiftungen, Hochschulen (auch private) und andere Institutionen vergeben.

Zu diesen verschiedenen Studienfinanzierungsmöglichkeiten geben wir Ihnen im Folgenden detaillierte Hilfestellungen.

Vielfach werden von den privaten Hochschulen verschiedene Finanzierungsoptionen für Studiengebühren angeboten. Dies reicht von monatlichen Zahlungen, semesterbezogenen Zahlungen, jährlichen Zahlungen bis hin zu Stundungen und der Option, die Studiengebühren erst nach dem Abschluss und dem Eintritt ins Berufsleben zu zahlen. Hier lohnt es sich, die spezifischen Angebote der Hochschulen genauer zu betrachten.

Frau Prof. Dr. Katharina Boele-Woelki von der Bucerius Law School äußert sich dazu wie folgt:

> » Uns ist es wichtig, dass ein Studium nicht am Geldbeutel scheitert. Wir bieten daher mehrere Varianten an, die Studienbeiträge zu zahlen. Eine der beliebtesten Optionen ist unser umgekehrter Generationenvertrag, bei dem die Studienbeiträge erst nach dem Studium und nach Erreichen eines bestimmten Mindesteinkommens gezahlt werden müssen.

Bei einem dualen Studium kann man, je nach Arbeitgeber, einen finanziellen Zuschuss zu den Studiengebühren erhalten, sodass diese zumindest teilweise übernommen werden können. Im dualen Studium verdient man auch bereits sein eigenes Geld. Darüber hinaus gibt es Finanzierungsmethoden wie BAföG oder Bildungskredite, die für die verschiedenen Studienformate genutzt werden können. Auch die Möglichkeit eines Stipendiums ist im dualen Studium an einer privaten Hochschule nicht ausgeschlossen (Ausbildungsplatz aktuell 2018).

Stipendien sind eine interessante Option, zusätzliche Mittel für das Studium einzuwerben und Ihr Studium im Inland oder im Ausland zu finanzieren. Der Stipendienlotse (▶ www.stipendienlotse.de) ist eine nicht kommerziell ausgerichtete Plattform des Bundesministeriums für Bildung und Forschung (BMBF) und gibt einen objektiven Überblick über eine Vielzahl bundesweiter und internationaler Stipendien im privaten und öffentlichen Bereich. Dort finden Sie das für Sie geeignete Stipendium anhand Ihrer Wunschkriterien.

Diese umfassende Stipendiendatenbank ist aktuell und lässt sich nach vielen verschiedenen Kriterien wie zum Beispiel Ausbildungsphasen sowie Studienfächern oder Zielregionen filtern. Der Stipendienlotse ist die zentrale Anlaufstelle für bundesweite

Der Stipendienlotse gibt einen objektiven Überblick über eine Vielzahl von Stipendien.

und internationale Stipendien im privaten und öffentlichen Bereich. Er umfasst eine immer weiter wachsende Anzahl von Stipendien, welche ständig gepflegt werden. Im Moment sind mehr als 1300 Stipendien registriert (Stand Mai 2018). Ihr finanzieller Hintergrund spielt dabei keine Rolle. Die genauen Informationen zu den jeweiligen Stipendien erhalten Sie aber nur direkt über den Kontakt des jeweiligen Stipendiengebers.

Neben Stipendien ist auch die Förderung durch den Staat eine möglicherweise passende Option zur Finanzierung Ihres Studiums. BAföG steht für „Bundesausbildungsförderungsgesetz" und ist dazu gedacht, Studierenden ein Studium zu ermöglichen. Das Geld bekommen die Studierenden vom Staat. Damit will die Bundesregierung Bildungsgerechtigkeit und Bildungschancen erhöhen.

> Sie müssen nur fünfzig Prozent der erhaltenen BAföG-Summe zurückzahlen.

Der Höchstsatz für Studierende, die nicht mehr bei ihren Eltern wohnen, liegt derzeit bei 735 EUR (Mai 2018). Eine Erhöhung dieses Höchstsatzes wird seit längerem von verschiedenen Seiten angemahnt und soll in absehbarer Zeit erfolgen. Die eine Hälfte ist dabei ein Zuschuss, die andere ein unverzinsliches Darlehen. Insgesamt müssen Sie nach dem Studium also nur fünfzig Prozent der erhaltenen Summe zurückzahlen. Das erhaltene BAföG muss nur bis zu einer Grenze von 10.000 EUR zurückbezahlt werden. Alles darüber hinaus schenkt Ihnen der Staat. Die Rückzahlung muss erst fünf Jahre nach Ende der Förderungshöchstdauer beginnen und kann hinausgeschoben werden, wenn Ihr eigenes Einkommen bestimmte Einkommensgrenzen nicht übersteigt. Hier noch einige wichtige Punkte in Kürze:

- BAföG ist eine finanzielle Unterstützung, mit der man eine Ausbildung ergreifen kann, die den eigenen Neigungen entspricht, auch wenn die Eltern sie nicht finanzieren können. Die Förderungshöchstdauer entspricht der Regelstudiendauer des jeweiligen Studiengangs.
- BAföG ermöglicht auch einen Aufenthalt im Ausland. Sowohl im Studium als auch für ein Praktikum.
- BAföG sieht auch einen Kinderbetreuungszuschlag vor, damit junge Eltern sich ihrem Studium möglichst sorgenfrei widmen können.

> BAföG ermöglicht auch einen Aufenthalt im Ausland. Sowohl im Studium als auch für ein Praktikum.

- BAföG können unter bestimmten Voraussetzungen auch Menschen erhalten, die ohne deutschen Pass in Deutschland leben. So können zum Beispiel Migranten und Geflüchtete mit dauerhafter Bleibeperspektive in Deutschland unterstützt werden.

▶ **Holen Sie sich digitale Unterstützung beim Ausfüllen Ihres BAföG-Antrags. Damit sparen Sie Zeit und gehen sicher, dass Sie den maximalen Förderbetrag erhalten können.**

5.4 · Finanzierungsmöglichkeiten

Die BAföG Hotline kann Ihnen persönlich weiterhelfen unter 0800-223 63 41. Kostenfrei ist sie erreichbar von montags bis freitags 8–20 Uhr.

Außerhalb des BAföG und unabhängig von etwaigem BAföG-Bezug gibt es auch Finanzierungsmöglichkeiten über verschiedene Banken, die mit privaten Hochschulen zusammenarbeiten wie beispielsweise die DKB-Deutsche Kreditbank AG, die Sparkassen, Volksbanken/Raiffeisenbanken und andere. Zudem gibt es einkommens- und bonitätsnachweisunabhängige Kreditangebote des Bundes und der staatlichen Förderbank KfW (Kreditanstalt für Wiederaufbau), wie im Praxisbeitrag zum Studienkredit der KfW beschrieben ist.

- **Der KfW-Studienkredit**

Mit dem KfW-Studienkredit ergänzen viele Studierende ihre Lebenshaltungskosten neben finanzieller Unterstützung durch Eltern, Nebenjobs und BAföG. Manchmal ermöglicht es der Kredit sogar erst, ein Studium aufzunehmen. In jedem Fall können sich Studierende mehr Zeit für ihr Studium nehmen. Warum der KfW-Studienkredit seit über elf Jahren erfolgreich Studierende an deutschen Hochschulen unterstützt, zeigt das folgende Interview mit dem Experten der KfW, Jürgen Meiner:

▪▪ **Studentin Julia, 22**
Ich habe mich gerade eingeschrieben und möchte meinen Studienwunsch verwirklichen. Meine Eltern können mich nur sporadisch unterstützen. Ich glaube nicht, dass mein Nebenjob ausreicht. Wofür kann ich den Studienkredit der KfW überhaupt in Anspruch nehmen und was kann ich damit finanzieren?

▪▪ **Jürgen Meiner**
Wenn Sie an einer staatlichen Hochschule oder einer staatlich anerkannten privaten Hochschule in Deutschland studieren, finanzieren wir mit dem KfW-Studienkredit Ihre Lebenshaltungskosten bis zu 650 EUR pro Monat. Den Antrag können Sie zu Beginn oder während des laufenden Studiums stellen.

Neben grundständigen Studiengängen finanzieren wir auch postgraduale Studiengänge und Promotionen. Die Förderung ist unabhängig vom Studienfach. Hierbei spielt es übrigens auch keine Rolle, ob das Studium in Vollzeit, Teilzeit oder berufsbegleitend absolviert wird. Selbst Fernstudiengänge sind förderfähig.

▪▪ **Student Tom, 24**
Das klingt einfach und logisch. Welche Voraussetzungen muss ich denn sonst noch erfüllen? Müssen beispielsweise meine Eltern für den Kredit bürgen?

■■ **Jürgen Meiner**

Die Förderung ist unabhängig von Einkommen und Vermögen, auch dem der Eltern. Auf die sonst bei einer Kreditvergabe üblichen Sicherheiten verzichtet die KfW. Ihre Eltern bürgen also keinesfalls für Ihren Kredit.

■■ **Studentin Sara, 21**

Wie viel kann ich denn insgesamt ausgezahlt bekommen? Unterstützt die KfW die gesamte Dauer meines Studiums?

■■ **Jürgen Meiner**

Abhängig vom Alter und der Art des Studiums kann die Auszahlung maximal vierzehn Semester lang erfolgen. Je nach aktueller Studien- und Lebenssituation kann der Auszahlungsbetrag alle sechs Monate flexibel zwischen 100 und 650 EUR angepasst werden. Wenn sie weniger brauchen, wächst die Darlehensschuld also nicht so hoch an. Aber sie haben die Sicherheit, dass sie wieder mehr bekommen können, wenn nötig.

■■ **Student Alex, 23**

Für meinen Studiengang ist ein freiwilliges Auslandssemester von Vorteil. Für das Auslandssemester werde ich von meiner Hochschule beurlaubt. Was passiert in dieser Zeit mit meinem Kredit?

■■ **Jürgen Meiner**

Während eines Urlaubssemesters werden die Auszahlungen gestoppt. Diese Semester werden nicht auf die Anzahl der geförderten Semester angerechnet. Nach dem Urlaubssemester erhalten Sie die Auszahlungen wieder. Insgesamt können Sie vier Urlaubssemester nehmen, einzeln oder zusammen.

■■ **Student Maik, 26**

Wie geht es denn weiter, wenn ich mein Studium beendet habe oder die Auszahlungen nicht mehr benötige? Muss ich den Kredit dann direkt zurückzahlen?

■■ **Jürgen Meiner**

Zunächst einmal können Sie die Auszahlung jederzeit beenden. Bevor die Rückzahlung beginnt, haben Sie in jedem Fall 18 Monate Zeit, um einen Job zu finden. Diese Zeit nennt sich Karenzphase. Auch in dieser Phase ist der KfW-Studienkredit flexibel, sie können zweimal im Jahr Sondertilgungen veranlassen oder die Karenzphase verkürzen, wenn Sie schon früher mit der Rückzahlung beginnen können. Nach der Karenzphase beginnt die Rückzahlungsphase für Ihren Kredit. Während dieser Phase können Sie die Rückzahlungsbeträge je nach aktueller Lebens- und Finanzsituation alle sechs Monate flexibel anpassen. Maximal haben Sie 25 Jahre Zeit, den Studienkredit zurückzuzahlen.

- **Mein Tipp**

Neben der Rückzahlung mit monatlichen festen Raten sind zusätzlich halbjährliche Sonderzahlungen möglich. Sondertilgungen sind kostenlos, verkürzen die Rückzahlungszeit und Sie sparen somit Zinsen.

Eine Studie von KfW Research erläutert: Die Bildungschancen sind in Deutschland stark von der sozialen Herkunft abhängig. Die Wahrscheinlichkeit ein Studium aufzunehmen, ist für Akademikerkinder dreimal so hoch wie für Kinder aus nicht akademischen Elternhäusern. Bei der Entscheidung für oder gegen ein Studium spielt auch die Möglichkeit der Finanzierung eine Rolle. Studierende mit niedrigem und mittlerem Bildungshintergrund waren unter den Kreditnehmern besonders stark vertreten. Einem großen Teil von ihnen wurde nach eigener Aussage die Bildungsinvestition in ein Studium überhaupt erst durch einen Kredit ermöglicht. Somit sind Studienkredite ein wichtiger Beitrag zur Chancengleichheit in der Hochschulbildung.

Seit Programmbeginn im Jahr 2006 konnte die KfW mit dieser Förderung bis jetzt rund 290.000 Studierende bei der Finanzierung ihres Studiums unterstützen. Aktuell nehmen ca. 100.000 Studierende monatliche Raten von durchschnittlich rund 500 EUR für einen Zeitraum von vier bis fünf Semestern in Anspruch.

Jürgen Meiner und andere KfW-Experten beraten Sie gerne kostenlos telefonisch unter 0800 5399003.

5.5 Erfolgreiche Lernstrategien

Wenn Sie sich für ein Studium entschieden haben, lohnt es sich, so früh wie möglich auch über Ihre eigene Selbstorganisation nachzudenken (Felder und Brent 2016). Dazu gehören neben einem guten Zeitmanagement besonders die richtigen Lerntechniken. Denn viele Studierende machen sich leider ihre eigenen Lernstrategien nicht wirklich bewusst. Sie lernen oft so, wie sie es kennen und es seit jeher gemacht haben. Manchmal klappt das auch gut. Manchmal machen sie sich das Lernen im Studium aber dadurch unnötig schwer. Denn sie haben unabsichtlich falsche Lerntechniken eingeübt. Haben Sie selbst schon einmal den Eindruck gehabt, dass das mit dem Lernen nicht so läuft, wie Sie es gerne hätten? Und waren Sie dann überzeugt, dass Sie einfach

> Machen Sie sich Ihre eigenen Lernstrategien bewusst.

zu faul oder nicht klug genug seien? Oft ist dies jedoch eine völlig falsche Selbsteinschätzung. Denn mangelnder Lernerfolg ist häufig auf die falschen Lernstrategien zurückzuführen.

Viele Hochschulen bieten daher zu den richtigen Lernstrategien auch Informationen im Netz oder Kurse an. Sie versuchen, den Studierenden dabei zu helfen, wie sie schneller und effektiver lernen können. Die Zahl der Ratgeber zum Thema Lerntypen und Lernverhalten ist groß. Absicht dieses Kapitels ist es daher nicht, Ihnen eine umfassende Einführung in moderne Lerntheorien zu geben. Für alle, die mehr wissen und weiterlesen wollen, empfehlen wir ein schönes Buch von Kira Klenke. Es heißt: „Studieren kann man lernen. Mit weniger Mühe zu mehr Erfolg". Es gibt hilfreiche Tipps, das Lernen beim Studieren zu verbessern (Klenke 2017). Alle in Kira Klenkes Buch vorgestellten Methoden, Techniken und Tricks sind darauf ausgelegt, dass Sie Ihren eigenen Lern- und Arbeitsstil entdecken und sich daran erinnern, was Ihre eigenen Ziele sind.

Buchempfehlung: Kira Klenke, Studieren kann man lernen. Mit weniger Mühe zu mehr Erfolg

Für eine wissenschaftliche Studie hat der Hochschulforscher Rolf Schulmeister hunderte Studenten Lerntagebücher führen lassen. Dann hat er nachgeschaut, wie die Studierenden in ihren Prüfungen abgeschnitten haben. Und das Ergebnis war überraschend. Die Personen, die am wenigsten Zeit fürs Lernen aufgewandt hatten, hatten oft die besten Prüfungsergebnisse. Die Studie ist (leider) keine Empfehlung für Faulheit. Sie ist vielmehr ein Hinweis darauf, dass konzentriertes, strategisch eingesetztes Lernen und gutes Zeitmanagement sich beim Lernen auszahlen. Der Forscher rät den Studierenden Folgendes:

> Ich muss erstens einmal sehen, dass ich eine sehr ruhige Umgebung habe, in der ich lerne, also alle Ablenkungen muss ich auch beseitigen. Ich muss mir dann auch wirklich vornehmen, wenn ich eine Stunde oder zwei Stunden lernen will, dass ich nichts anderes in dieser Zeit habe, was mich stören kann daran. Ich muss dann natürlich über bestimmte Lernstrategien verfügen, also zum Beispiel bestimmte Lesetechniken anwenden (Schulmeister 2012).

In diesem Kapitel geht es uns also darum, Ihnen unterschiedliches Lernverhalten bewusst zu machen. Und Ihnen dabei zu helfen, Ihre eigenen Lernstrategien zu erweitern.

Es gibt vielfältige Lerntypen.

Da die Menschen sehr unterschiedlich sind, gibt es auch vielfältige Lerntypen. Indem Sie Ihre Lernstrategien Ihrem persönlichen Lerntyp anpassen, können Sie Ihren Wissenserwerb und Ihre Lernergebnisse verbessern. Sie sollen nun herausfinden, wie Sie persönlich Wissen aufnehmen, abspeichern und wieder abrufen. Damit Sie Ihr eigenes Lernverhalten darauf abstimmen können, um schneller und effektiver zu lernen.

5.5.1 Die verschiedenen Lerntypen beim Studieren

Jeder Mensch braucht etwas anderes, um gut zu lernen. Mancher lernt besonders leicht, wenn ihm alles gut erklärt wird. Andere wiederum lernen dann am besten, wenn sie ihr eigenes Tempo bestimmen können und beispielsweise ein Buch zum Thema lesen. Wieder andere lernen besonders gut, wenn sie mit anderen über den Lernstoff reden können und sich in einer Lerngruppe austauschen.

Wissen sollten Sie vorab, dass die sogenannte Lerntypentheorie nur ein Teil des gesamten Lernprozesses berücksichtigt. Auf Frederic Vester geht die Unterscheidung nach Lerntypen zurück, die individuell am besten geeignet sind, Informationen aufzunehmen (Vester 2016). Es gibt natürlich noch viele andere Faktoren, die ebenfalls eine wichtige Rolle beim Lernen spielen. Die Motivation, die unterschiedlichen Interessen der Menschen, die Persönlichkeit des Lernenden sind weitere Faktoren, die den Lernprozess mit beeinflussen. Die Grenzen der Lerntypentheorie sind bekannt und nachvollziehbar. Denn diese Theorie berücksichtigt insbesondere die Seite der Informationsaufnahme. Richtig ist, dass beim Lernen aber auch die Aspekte der Lernorganisation sowie der Motivation und der Konzentration eine große Rolle spielen. Daher gibt es auch kritische Stimmen zu diesem Thema (Newton 2015; Newton und Miah 2017). Zum Weiterlesen empfehlen wir ein schönes Buch von Sabine Grotehusmann (2008).

Richtig ist es aber in jedem Fall, wenn Sie, unabhängig davon, welche Lernmethoden Sie bevorzugen, möglichst viele Sinne in Ihren Lernprozess mit einbeziehen. Je unterschiedlicher Sie sich Ihren Lernstoff aneignen, desto vielfältiger sind die Möglichkeiten des Erinnerns und Behaltens. Die Erinnerungsquote steigt also deutlich an, je mehr Sinne am Lernprozess beteiligt sind.

> Die Motivation, die unterschiedlichen Interessen der Menschen, die Persönlichkeit des Lernenden sind weitere Faktoren, die den Lernprozess mit beeinflussen.

Haben Sie sich schon einmal gefragt, wie Sie Ihre Sinne und Sinnesorgane gezielt beim Lernen einsetzen können? Unter einem Sinnesorgan versteht man ein Organ, das Informationen in Form von Reizen erfassen kann. Diese Reize werden durch Nerven in das Gehirn geleitet und dort verarbeitet, damit sie dem Menschen "bewusst" werden, damit dieser die Reize bemerkt. Der Mensch hat fünf Sinnesorgane: Haut, Augen, Ohr, Nase und Mund. Das Lernen kann sehr viel einfacher werden, wenn Sie Ihren eigenen Lerntyp kennen.

Denn je nach Lerntyp verwenden Sie unterschiedliche Sinne, um Inhalte besser zu erfassen, zu verstehen und sich merken zu können. Wenn Studierende schneller bzw. langsamer lernen, hat das oft nicht mit der Intelligenz der Menschen zu tun, sondern mit unterschiedlichen Lerntypen.

> Den eigenen Lerntyp kennen, ist wichtig.

Je nachdem, welches Sinnesorgane beim Lernen beteiligt ist, spricht man deshalb von dem Lerntyp, der durchs das Hören (auditiv) lernt, der durch das Sehen (visuell), durch das Reden (kommunikativ) oder durch die Bewegung (motorisch) lernt. Bei der Lerntypbestimmung geht es um Richtungen. Lerntypen sind in der Regel immer Mischtypen. Keiner der Lerntypen ist besser oder schlechter. Es gibt Menschen, die ohne Zeitdruck und aus eigener Motivation heraus am besten lernen. Andere brauchen den Zeitdruck sogar, um gut zu lernen. Manche mögen Musik im Hintergrund und andere brauchen absolute Stille. Es gibt sehr viele Misch-Lerntypen, die am besten in einer Kombination verschiedener Situationen und Umgebungen lernen. Zum effektiven Lernen ist eine möglichst große Beteiligung und Nutzung aller Sinne wichtig. Wenn Sie beispielsweise Informationen nicht gut über die Ohren aufnehmen, dann sollten Sie darauf achten, dass Sie Informationen unbedingt auch durch andere Lernmethoden aufnehmen. So werden Sie von den Informationen möglichst viel behalten. Hilfreich ist, wenn Sie sich den Lernstoff über möglichst viele Sinne einprägen und verarbeiten. Denn je mehr verschiedene Regionen im Gehirn beteiligt sind desto mehr gedankliche Verknüpfungen können zu dem Lernstoff hergestellt werden. Damit wiederum können Sie Ihre Aufmerksamkeit und Lernmotivation steigern und einen größeren Lernerfolg erzielen.

> **Es ist entscheidend zu wissen, wie man selbst am leichtesten lernt bzw. zu welcher Art Lerntyp man zählt.**

Am zuverlässigsten finden Sie Ihre individuelle Lernmethode heraus, indem Sie sich selbst beobachten und erinnern, auf welche Art und Weise Sie bisher die größten Lernerfolge erzielt haben. Deshalb stellen wir Ihnen nun die vier Lerntypen in Beispielen vor (siehe ► www.philognosie.net-Link im Serviceteil dieses Buches). Lernen Sie dabei Ihre eigenen Stärken kennen und holen Sie sich Anregungen, wie Sie diese beim Lernen nutzen können. Dann können Sie in Zukunft Informationen in der für Sie passenden Weise aufnehmen und im Gedächtnis verankern.

■ **Lernen durch Hören – Der auditive Lerntyp**
Leonard studiert Wirtschaftswissenschaften. Wenn der Dozent über den Börsencrash von 2008 erzählt, hört er gespannt zu und erzählt seiner Freundin am Abend in der Kneipe davon. Er kann sich daran erinnern, an welchem Tag und warum die Börse damals zusammengebrochen ist. Er kann gehörte Informationen gut verarbeiten und wiedergeben. Wenn sein Statistikdozent ein Diagramm an die Tafel malt, benötigt Leonard daher eine mündliche Erklärung.

Oft mögen auditive Lerntypen Hörbücher sehr gern. Auch Leonard hört lieber zu, als selbst zu lesen. Er führt oft Selbstgespräche beim Lernen. Es hilft ihm, sich den Stoff laut vorzusagen.

5.5 · Erfolgreiche Lernstrategien

Oder er erzählt seinen Freunden, was er am Tag zuvor in der Vorlesung gehört hat. So kann er sich das Gelernte besser einprägen. Lern-CDs können für ihn eine gute Ergänzung sein. Manchmal nimmt er sich sogar selbst welche auf. Auditive Typen sollten darauf achten, in einer ruhigen Umgebung zu lernen. Denn sie lassen sich von Geräuschen oder Musik schnell ablenken. Der auditive Lerntyp kann gehörte Informationen leicht aufnehmen, sie behalten und auch wiedergeben. Er kann mündlichen Erklärungen folgen und sie verarbeiten.

Lerntipps für das Lernen durch Hören – für den auditiven Lerntyp
- Sprechen Sie die Lerninhalte laut aus, z. B. beim Formeln lernen.
- Üben Sie beim Vokabeln lernen laut sprechend abwechselnd die deutschen und die fremdsprachlichen Wörter.
- Sprechen Sie auch beim Lernen von Regeln laut und lesen Sie die dazugehörigen Beispiele laut vor.
- Wenn Sie einen Lerninhalt beherrschen, tragen Sie ihn beim Kochen oder beim Essen der ganzen WG noch einmal vor. Das Gelernte wird so nachhaltig gesichert.
- Dichten Sie sich mit den neuen Lerninhalten Lieder. Singen Sie sich diese selbst und anderen wiederholt vor.

Lernhilfen: Audio-CDs, Hörbücher, Gespräche, Vorträge, Musik, ruhige Umgebung (keine Nebengeräusche)

- **Lernen durch Sehen – der visuelle Lerntyp**

Da ist zum Beispiel Daniel. Er studiert Kulturwissenschaften. Er sitzt in der Vorlesung und versucht zu verstehen, was sein Professor über den ersten Weltkrieg erzählt. Er interessiert sich sehr für Geschichte, aber es fällt ihm schwer, so lange zuzuhören. Erst als der Professor seinen Vortrag an der Tafel in Zahlen und Fakten schriftlich zusammenfasst, wird Daniel klar, was es mit dem Friedensvertrag von Versailles auf sich hat. Daniel ist ein visueller Lerntyp, er versteht durch Sehen. Um sich Wissen schnell anzueignen, braucht er das Schriftbild, Bilder, Zeichen und Zeichnungen oder Fotografien etc.

Da ist zum Beispiel auch Jule. Sie studiert Chemie. Sie muss das Kapitel zu der Mineraldüngung, die auf Justus von Liebig zurückgeht, nur einmal lesen und kann sich alles merken. Sie schreibt in der Vorlesung ganz viel mit und zeichnet sich Diagramme, um den Stoff besser zu verstehen. Jule hat Probleme, das Gehörte zu verarbeiten, wenn andere Studenten Referate halten. Oder wenn die Professorin etwas sehr ausführlich erklärt, ohne es an die Tafel zu schreiben, kann sie sich nur schlecht wieder daran erinnern.

Lerntipps für das Lernen durch Sehen – für den visuellen Lerntyp
- Machen Sie sich in der Vorlesung sehr viele Notizen.
- Malen Sie Tafelbilder ab.
- Suchen Sie im Internet nach Grafiken oder Bildern, die ein Thema verdeutlichen.

- Schreiben Sie vor Klausuren extra Lernzettel, auf denen Sie den Stoff noch einmal in Ihren eigenen Worten zusammenfassen.
- Legen Sie die Zettel an Orte, an denen Sie immer wieder vorbeikommen.
- In einem aufgeräumten Arbeitszimmer können Sie sich besser konzentrieren.
- Malen Sie Mindmaps und Bilder.
- Arbeiten Sie mit Videofilmen oder Fernsehbeiträgen zum Thema.

Lernhilfen: Bücher, Skizzen, Bilder, Lernposter, Videos, Lernkarteien

▪ Lernen durch Bewegung – Der motorische Lerntyp

Michaela studiert Gesundheitswissenschaften. In Biologie fällt es ihr leicht, gute Noten zu bekommen. Wenn sie an Abläufen direkt beteiligt ist oder sie beobachten kann, lernt sie leichter. In Biostatistik zum Beispiel hat Michaela immer sehr viele Fragen. Ihr reicht es nicht, nur eine Formel auswendig zu lernen. Sie muss das große Ganze kennen, um etwas wirklich zu verstehen. "Learning by doing"- der Satz trifft auf einen motorischen Lerntyp wie Michaela genau zu. Sie braucht Aktion und Bewegung, um einen Sachverhalt wirklich im Gedächtnis speichern zu können. Michaela lernt durch Bewegung. Sie ist der motorische Lerntyp.

Lerntipps für das Lernen durch Bewegung – für den motorischen Lerntyp
- Laufen Sie beim Lernen durch das Zimmer.
- Wippen Sie mit dem Stuhl.
- Bleiben Sie beim Lernen immer in Bewegung.
- Wiederholen Sie dabei den Lernstoff und ergänzen sie ihn durch Handbewegungen und Mienenspiel.
- Bauen Sie Dinge nach.
- Laufen Sie Entfernungen ab.
- Messen Sie Distanzen aus.
- Suchen Sie nach passenden Gegenständen zum Lernstoff.
- Bilden Sie Lerngruppen.
- Lernen Sie mit anderen zusammen.
- Spielen Sie Prüfungssituationen im Rollenspiel durch.

Lernhilfen: (rhythmische) Bewegungen, Nachmachen, Gruppenaktivitäten, Rollenspiele

▪ Lernen durch Gespräche – Der kommunikative Lerntyp

In Diskussionsrunden ist Johannes in seinem Element. Er studiert Bauingenieurwesen. Er will mit seinen Mitstudierenden über die Konstruktion von Baudämmen reden – auch wenn die anderen schon längst mit ihren Gedanken in der Disco sind. Wenn er über die Lerninhalte, die er sich aneignen muss, sprechen kann, lernt er am besten. Es hilft ihm, die Erklärungen anderer zu hören und selbst Fragen stellen zu können. Alleine zu lernen, fällt ihm schwer. Gerne bittet er einen Freund, ihn zu einem Thema abzufragen. Durch die im Gespräch verwendeten Argumente erinnert er sich später besser an den Stoff. Johannes lernt durch Kommunikation, durch den Austausch mit anderen. Er ist der kommunikative Lerntyp.

Lerntipps für das Lernen durch Gespräche – für den kommunikativen Lerntyp
- Stellen Sie im Seminar oder in der Vorlesung viele Fragen.
- Beteiligen Sie sich aktiv an den Veranstaltungen in der Hochschule.
- Bilden Sie Lerngruppen.
- Diskutieren Sie mit Ihren Kommilitonen den Stoff, widersprechen Sie, regen Sie andere zum Nachdenken an.
- Sprechen Sie mit anderen Erklärungen durch.
- Führen Sie Gespräche über die Lerninhalte, die Sie sich aneignen wollen.
- Spielen Sie Rollenspiele mit Mitlernenden.
- Nehmen Sie dabei sowohl die Position des Fragenden als auch des Erklärenden ein.

Lernhilfen: Dialoge, Diskussionen, Lerngruppen, Frage-Antwort-Spiele

Wenn Sie Ihre eigenen Lernerfolge verbessern wollen und selbst nicht herausfinden, welcher Lerntyp Sie sind, bitten Sie einen Freund oder eine Freundin um Unterstützung. Suchen Sie sich einen Lerninhalt, den Sie schwer verstehen und malen Sie dazu ein Bild (visuell), lesen Sie den Lernstoff vor (auditiv), reden Sie mit Ihrem Freund darüber und lassen Sie sich den Lerninhalt von ihrer Freundin erklären (kommunikativ) oder machen Sie gemeinsam ein Experiment dazu, verwenden Sie Gesten, gehen Sie dabei im Zimmer auf und ab (motorisch). Bei welcher Lernmethode haben Sie den Stoff am einfachsten verstanden? Es gibt zahlreiche Angebote im Internet, Ihren eigenen Lerntyp zu identifizieren. Sie finden unsere Tipps zum Weiterlesen am Ende des Buches.

Niemand lernt nur mit „einem Sinn". Die meisten Menschen vereinen mehrere Typen in sich. Experten raten dazu, beim Lernen möglichst viele Sinne anzusprechen. Denn so wird die Erinnerungswahrscheinlichkeit wesentlich erhöht. Wenn man in sich also Teile des Lerntyps, der über das Hören und das Gespräch funktioniert, entdeckt, kann man die jeweiligen Lerntipps einfach mischen. Menschen sind sinnliche Wesen und erleben die Welt immer über alle Sinne.

5.5.2 Schlaf und Pausen für das effektive Lernen nutzen

Jetzt werden Sie sich fragen, warum Sie etwas über das Schlafen und über Pausen wissen sollen. Es geht doch ums Studieren in unserem Buch. Richtig. Genau deshalb. Wenn Sie nämlich erfolgreich studieren wollen, ist auch ein gesunder Schlaf eine ganz wichtige Grundlage. Ebenso wie die Kunst, die richtige Pausenstrategie für sich zu entwickeln.

Fangen wir mit dem Schlaf an. Die Wissenschaft weiß längst noch nicht alles über den Schlaf. Unumstritten ist, dass während des Schlafes hoch komplexe neurobiologische Rhythmen und Prozesse ablaufen, die der Körper braucht, um sich regenerieren zu können (Stickgold und Walker 2013). Informationen aus der Wachphase werden verarbeitet. Aber warum dabei das Bewusstsein abgeschaltet wird, wissen wir noch nicht. Früher nahm man an, es gäbe im Gehirn ein bestimmtes Zentrum für den Schlaf. Heute geht man davon aus, dass mehrere Gehirnregionen zusammenwirken, um den Schlafverlauf zu steuern.

Schlaf macht schlauer.

In wissenschaftlichen Untersuchungen zeigte sich, je weniger die Versuchspersonen geschlafen hatten, desto schlechter waren ihre Lernergebnisse (Takeuchi et al. 2014). Björn Rasch ist ein Wissenschaftler, der sich mit dem menschlichen Schlaf beschäftigt. Er hat herausgefunden, dass aber nicht nur die Länge, sondern auch die Qualität des Tiefschlafs die Gedächtnisleistung beeinflusst (Rasch und Born 2013). Eine besondere Form von Hirnwellen beeinflusst den Lernerfolg besonders.

> » Wenn man eine schlafende Person im EEG (Messung der summierten elektrischen Aktivität des Gehirns) misst, tauchen Aufzeichnungen auf, die einer Wollspindel ähneln. Genau diese Schwingungen machen eine Art Zeitraum auf, der besonders günstig für die Reaktivierung von Informationen ist (Rasch und Born 2013).

Und diese Reaktivierung des Wissens führt laut Rasch dazu, dass das Gelernte besser gespeichert wird (Reichert 2018).

Für das effiziente Lernen ist es also wirksam, eine ganze Nacht Schlaf einzulegen, um den erlernten Stoff zu festigen.

Mindestens sechs Stunden Schlaf sind für Lernerfolge notwendig.

Eine Nacht durchzuschlafen bringt also mehr, als die Nacht durch zu lernen, oder nur eine kurze Schlafpause einzulegen, um dann weiter zu lernen. Wir regenerieren uns im Schlaf. Weil das Gehirn während des Schlafes trotzdem beeindruckend aktiv ist, verbraucht der Körper auch in der Ruhephase Energie. In der Tiefschlafphase, die laut Schlafforscher Rasch ganz besonders wichtig für eine gute Gedächtnisleistung ist, bildet unser Körpersystem Blut und Eiweißstoffe. Es lässt Wunden heilen. Hormone und Enzyme füllen die Feuchtigkeitsdepots der Haut wieder auf. Deshalb fühlen wir uns nach dem Schlaf nicht nur subjektiv gestärkt und erfrischt, wir sind es auch.

Genauso wichtig wie ein regelmäßiger und gesunder Schlaf für Ihren Lernerfolg ist, ist dies aber auch die richtige Pausenstrategie. Wir haben an den verschiedensten Orten auf der ganzen Welt Menschen beim Lernen unterstützt. Dabei haben wir festgestellt, dass es eigentlich egal ist, ob Sie im kalten Winter in Kanada, in der Hitze Australiens oder an einem Herbsttag im schönen Südens Deutschlands lernen. Wichtig ist immer, dass zum richtigen Zeitmanagement auch und besonders die richtige Pausenstrategie gehört.

Die wenigsten Studierenden arbeiten acht oder neun Stunden an einem Lerntag wirklich durch. Denn Unterbrechungen sind für Ihre Konzentration notwendig und sinnvoll. Pausen sind eine Auszeit. Sie sind Zeit für Sie selbst, in der Sie durchatmen und zu neuen Kräften kommen. Emily Hunter und Cindy Wu sind der Frage nachgegangen, wie man am meisten aus seiner Pause herausholen kann (Hunter und Wu 2015). Sie fanden bei einer wissenschaftlichen Untersuchung heraus, dass die Studienteilnehmer am meisten von Pausen profitierten, wenn sie diese am Vormittag einlegten. Diese Pausen wirkten sich wesentlich positiver auf Energie, Konzentration und Motivation aus als Pausen, die später an einem Lerntag eingelegt wurden. Eine genaue Länge für die perfekte Pause konnten die Forscher nicht festlegen. Aber sie empfahlen, lieber mehrere kleine als nur eine größere Pause pro Lerntag einzulegen (Hunter und Wu 2015; Zeibig 2015).

> Pausen sind wichtig für den Lernerfolg.

In Ihrem Lernplan sollten Sie daher ausreichend Pausen berücksichtigen. In diesen Pausen können Sie wieder neue Kraft für die weiteren Aufgaben schöpfen und das erlernte Wissen sacken lassen. Ihre Lernplanung sollte unbedingt auch besonders angenehme Freizeitaktivitäten und kleine Belohnungen nach Erreichen eines Zwischenziels enthalten. Die Lernmotivation steigt nämlich ungemein, wenn Sie schon während des Lernens wissen, dass nach getaner Arbeit eine angenehme Abwechslung auf Sie wartet.

Verschiedene Pausenformen
Speicherpausen
Dauern nur 10 bis 20 min. Sie dienen dazu, einen bestimmten Lerninhalt im Kopf abzuspeichern. Egal, ob Sie gelesen oder geschrieben haben, atmen Sie am Ende einer Seite oder eines Kapitels einmal tief durch!

Wechselpausen
Drei bis fünf Minuten sollten Sie pausieren, wenn Sie von einem Lerninhalt zum nächsten wechseln. Mit etwas Abstand auf das gerade Gelernte können sich neue Blickwinkel ergeben. Schließen Sie die Augen und nehmen Sie eine entspannte Körperposition ein.

Entspannungspausen
Eine einzelne Lerneinheit sollte höchstens 90 min dauern. Dann sollten Sie mindestens 15 min pausieren, sonst können Ermüdungserscheinungen auftreten. Das Gehirn nimmt dann keine neuen Inhalte mehr auf. All das, was Sie zum Abschalten bringt, ist gut. Gymnastik, einen Tee kochen, kurz an die frische Luft gehen. Aber Telefonate oder das Surfen im Internet sollten unterbleiben.

Erholungspausen
Wenn man vier Stunden gelernt hat, ist eine längere Pause nötig, um wieder Energie zu tanken. Dann ist es sinnvoll, den Arbeitsplatz für ein oder zwei Stunden zu verlassen. Eine Erholungsphase kann beispielsweise gut mit

einer Mittagspause verbunden werden. Obst, Gemüse und leichte Kost sind besonders empfehlenswert. Ein kleiner Spaziergang nach dem Essen ist eine gute Möglichkeit, zu entspannen und neue Energie zu tanken (siehe ▶ www.pruefungsratgeber.de-Link im Serviceteil dieses Buches).

Die vier Pausenstrategien für Ihren Lernerfolg

Strategie 1
Schalten Sie während der Pause wirklich ab. Ihr Gehirn braucht Ruhe und Erholung.

Strategie 2
Surfen Sie nicht im Internet! Spielen Sie nicht am Handy! Sehen Sie nicht fern! Vermeiden Sie zusätzliche Überforderungen für das Gehirn. Sie wirken dem Lernerfolg entgegen.

Strategie 3
Wechseln Sie den Ort, bewegen Sie sich, wechseln Sie ihre Körperposition. Bringen Sie Ihren Kreislauf und Ihre Atmung in Schwung und entlasten Ihre Schultern und Ihre Augen.

Strategie 4
Belohnen Sie sich! Ihre Pause ist nicht dazu gedacht, um andere Aufgaben zu erledigen. Vermeiden Sie Routinearbeiten in der Pause. Erholung und Erfrischung von Körper und Geist treten dann ein, wenn Sie in der Pause Dinge tun, die Spaß machen und auf die Sie sich schon während des Lernens freuen können.

> **Tipps**
>
> 7. Wenn Sie das passende Studienfach und die richtige Hochschule gefunden haben, überschlagen Sie die Gesamtkosten des Studiums. Dabei sollten Sie auch die zu erwartende Studiendauer und die Beschäftigungsfähigkeit nach dem Abschluss berücksichtigen. Prüfen Sie dann die verschiedenen Finanzierungsmöglichkeiten.
> 8. Organisieren Sie Ihr Studium so, dass Sie sowohl effiziente Studienzeiten, aber auch noch Zeit zur Erholung und für Freizeit einplanen. Ein gutes Zeitmanagement und die richtigen Lerntechniken verhelfen Ihnen zu einem zügigen Abschluss und sind auch später im Berufsleben hilfreich.

Literatur

Ausbildungsplatz aktuell. 2018. Duales Studium an privaten Hochschulen Vorteile und Finanzierungsmöglichkeiten. *ausbildungsplatz aktuell*.

Dräger, Jörg, und Ziegele Frank. 2014. *Hochschulbildung wird zum Normalfall. Ein gesellschaftlicher Wandel und seine Folgen*. Gütersloh: CHE Centrum für Hochschulentwicklung.

Felder, Richard M., und Rebecca Brent. 2016. *Teaching and learning STEM: A practial guide*. San Francisco: Jossey-Bass.

Literatur

Grotehusmann, Sabine. 2008. *Der Prüfungserfolg – Die optimale Prüfungsvorbereitung für jeden Lerntyp.* Offenbach: Gabal.

Hüning, Lars, Lisa Mordhorst, Ronny Röwert, und Frank Ziegele. 2017. *Hochschulbildung wird zum Normalfall – Auch in räumlicher Hinsicht?* Gütersloh: CHE Centrum für Hochschulentwicklung.

Hunter, Emily M., und Cindy Wu. 2015. Give me a better break: Choosing workday break activities to maximize resource recovery. *Journal of Applied Psychology* Advance on: 1–10.

Immowelt AG. 2018. *Mietspiegel in Deutschland.* ▶ immowelt.de.

Klenke, Kira. 2017. *Studieren kann man lernen,* 4. Wiesbaden: Springer Gabler.

Landeshauptstadt München Sozialreferat. 2017. *Mitspiegel für München 2017.* München.

Middendorff, Elke, Beate Apolinarski, Karsten Becker, Philipp Bornkessel, Tasso Brandt, Sonja Heißenberg, und Jonas Poskowsky. 2017. *Die wirtschaftliche und soziale Lage der Studierenden in Deutschland 2016 – 21. Sozialerhebung des Deutschen Studentenwerk.* Bonn: BMBF.

Newton, Philip M. 2015. The learning styles myth is thriving in higher education. *Frontiers in Psychology* 6:1908.

Newton, Philip M., und Mahallad Miah. 2017. Evidence-based higher education – Is the learning styles "Myth" important? *Frontiers in Psychology* 8:444.

Olle, Wolf. 2018. *Klasse statt Masse: Mit uns findest du deine private Hochschule.* ▶ privathochschulen.net.

Rasch, Björn, und Jan Born. 2013. About sleep's role in memory. *Psysiological Review* 93:681–766.

Reichert, Inka. 2018. *Schlau im Schlaf.* ARD: Planet Wissen.

Schulmeister, Rolf. 2012. *Lernen muss nicht lange dauern – Hamburger Pädagoge untersucht Zeitaufwand und Erfolg beim Lernen.* Köln: Deutschlandradio.

Statista. 2018. *Städte mit den höchsten Mietpreisen für Wohnungen in Deutschland im 4. Quartal 2017 (in € pro qm). Statista.*

Stickgold, Robert, und Matthew P. Walker. 2013. Sleep-dependent memory triage: Evolving generalization through selective processing. *Nature Neuroscience* 16:139–145.

Stuttgart Landeshauptstadt. 2018. *Mietspiegel 2017/2018 der Landeshauptstadt.*

Takeuchi, Masashi, Hisakazu Furuta, Tomiki Sumiyoshi, Michio Suzuki, Yoko Ochiai, Munehito Hosokawa, Mie Matsui, und Masayoshi Kurachi. 2014. Does sleep improve memory organization? *Frontiers in Behavioral Neuroscience* 8:1–8.

THE. 2016. *Cheapest places to study at a top university. Times Higher Education.*

Vester, Frederic. 2016. *Denken, Lernen, Vergessen – Was geht in unserem Kopf vor, wie lernt das Gehirn, und wann lässt es uns im Stich?,* Bd. 37. München: dtv.

Zeibig, Daniela. 2015. *Die beste Zeit für Pausen ist vormittags..* ▶ https://www.spektrum.de/news/die-beste-zeit-fuer-pausen-ist-vormittags/1365447.

Ausblick auf ein erfülltes Berufsleben

6.1 Ihr Einstieg ins Berufsleben – 186

6.2 Das Berufsleben erfolgreich gestalten – 195
6.2.1 Soft Skills trainieren – 195
6.2.2 Halbwertzeit des Wissens erfordert lebenslanges Lernen – 197

6.3 Fazit – 202

Literatur – 205

© Springer Fachmedien Wiesbaden GmbH, ein Teil von Springer Nature 2019
A. Doll, A. P. Hansen, *Die Managerschmieden*, https://doi.org/10.1007/978-3-658-21250-6_6

Zusammenfassung

Mit einem Ausblick auf ein erfülltes Berufsleben rundet das sechste Kapitel unser Informationspaket zum Studieren an privaten Hochschulen in Deutschland ab. Sie bekommen Tipps für Ihren Karrierestart von Experten aus der Praxis. Und Sie bekommen Hinweise, wie Ihre Vorstellungen und die Ihres Arbeitgebers in Einklang gebracht werden können. Wir lenken Ihren Blick auf die Zusammenarbeit mit anderen Menschen und erläutern, wann der Einsatz eines Coaches sinnvoll sein kann. Als letzten Schliff unseres Ratgebers erhalten Sie einen Ausblick auf Veränderungen in der Arbeitswelt. Und wir geben Ihnen Tipps, wie Sie sich im Laufe Ihres Berufslebens erfolgreich auf die vernetzte Welt einstellen können.

6.1 Ihr Einstieg ins Berufsleben

Nach Ihrem Studium wird es darum gehen, eine gute Position zu erhalten oder eine eigene Firma zu gründen. Da private Hochschulen schon zu Beginn des Studiums durch das NC-unabhängige Auswahlverfahren versuchen sicherzustellen, dass die Studieninteressierten auch wirklich für das Studium geeignet sind, sind Sie auch später sehr gut aufgestellt. Nur, wenn das Studium zu einem erfolgreichen Abschluss führt, hat es sich für die Hochschule und die Studierenden gelohnt. Darüber sind sich die Lehrenden im Klaren – die Ausbildung der Studierenden steht im Mittelpunkt. Denn wenn man erhebliche private Mittel für Studiengebühren aufwendet, fragt man sich als Studierender natürlicherweise, ob es sich lohnt dieses Geld einzusetzen. Auf diese Frage antwortet Prof. Dr. Tobias Engelsleben, Präsident der Hochschule Fresenius klar mit ja und führt aus:

> » Private Hochschulen ermöglichen es, dass man in seinem „Wunschfach" studiert. Wer dadurch seine persönlichen Zielsetzungen besser erreichen kann, wird immer sagen, dass sich das Privatstudium gelohnt hat. Auch kann ein solches Studium Wartezeiten senken und damit schneller zum Berufseinstieg inklusive gesteigertem Gesamtlebenseinkommen führen. Ferner sind private Hochschulen oft besser darin, den direkten Zugang ihrer Absolventen zum Arbeitsmarkt sicherzustellen.

Private Hochschulen ermöglichen es, das eigene Wunschfach ohne Numerus-Clausus-Beschränkungen und Wartezeiten zu studieren.

Schon das Auswahlverfahren sorgt für eine Gruppe von Gleichgesinnten, die – leistungswillig und motiviert – gemeinsam studieren. Dadurch wird es möglich, Studierende so auszubilden, dass sie sich langfristig für Neues interessieren und sich darin auch weiterbilden wollen. Durch die Pflege eines Netzwerks Studierender

6.1 · Ihr Einstieg ins Berufsleben

untereinander und mit Partnern aus Wirtschaftsunternehmen entsteht nicht nur in der Ausbildung Praxisnähe, sondern auch ein enger Kontakt zu potenziellen Arbeitgebern. Dies gilt nicht nur für ein duales Studium, bei dem Sie bereits einen Vertrag mit einem Unternehmen haben. Auch die anderen Studienformate privater Hochschulen sind praxisnah und auf den am Arbeitsmarkt gefragten Bedarf abgestimmt. Oftmals bestehen B2B- (Business-to-Business) Vereinbarungen zwischen Hochschulen und Unternehmen, das heißt, dass die Hochschule Ausbildungsleistungen für Personal des Unternehmens übernimmt, die zu einem Hochschulabschluss oder benötigten Zertifikat führen können. Durch diese wirtschaftsnahe Ausbildung ist die Beschäftigungsfähigkeit der Absolventen privater Hochschulen meist sehr gut.

Durch solche Studienformate entsprechen die privaten Hochschulen – trotz aller Vielfältigkeit der Hochschulen untereinander – den immer wieder formulierten Forderungen nach einer praxisnahen Ausbildung an Hochschulen (Anger et al. 2010; FAZ 2018). Viele private Hochschulen bieten „Career Services" an, die Studierende auf herausfordernde Positionen vorbereiten und sie beim Einstieg in die Arbeitswelt unterstützen. Auch andere Formen von Vorbereitung auf den Berufseinstieg werden angeboten, wie Florian Gehm (Bachelor- und Masterabsolvent der Zeppelin Universität) berichtet:

» Das Mentorenprogramm mit jeweils einem Coach aus Wissenschaft und Praxis bietet immer wieder Möglichkeiten, den akademischen und beruflichen Werdegang zu reflektieren. So war es mir bereits während des Studiums möglich, mich gezielt auf einen späteren Berufseinstieg vorzubereiten – auch mit Unterstützung außerhalb des universitären Umfelds. Besonders mein Praxiscoach aus der Medienbranche hat mich bei der Suche nach Praktika unterstützt und mich auf meinen Berufseinstieg vorbereitet. Deswegen bin ich überzeugt davon, dass ein Studium an der Zeppelin Universität einen wichtigen Mix aus Wissen, Fähigkeiten und Perspektiven vermittelt, um mit optimalen Voraussetzungen ins Berufsleben zu starten. Durch die geringe Studierendenzahl und das gute Betreuungsverhältnis bietet eine private Universität dafür einen optimalen Rahmen, den viele staatliche Universitäten nicht leisten können.

Aus Sicht einer Personalvermittlerin in der Hotel- und Gastronomiebranche beschreibt Gisela Willmes von LHC International GmbH ihre Rekrutierungserfahrungen.

» Bei der Vermittlung von Kandidaten in geeignete Positionen achte ich im Erstgespräch zuallererst darauf, wie und wo sich die Person selbst sieht und wie sie sich einschätzt. Auch wenn mir der Lebenslauf bereits vorliegt, erfahre ich so oft noch wichtige Details über die Persönlichkeit eines Kandidaten. Im besten Fall entsteht aus der Kombination von Lebenslauf und persönlichem Gespräch schon ein Profil, welches ich mit vakanten Stellen abgleichen kann. Im zweiten Schritt folgt das Matching. Kandidat, Stelle und Team müssen bestmöglich zusammenpassen. Dieses Vorgehen empfehle ich auch Studieninteressierten. Wer sich für Studiengänge im Bereich Hotellerie und Gastronomie interessiert, sollte sich zunächst bewusst machen, warum es genau diese Branche sein soll und welche beruflichen Ziele mit einem Studium verfolgt werden. Sie sollten sich immer fragen: Ist das meine Leidenschaft? Brenne ich für den Beruf? Und stehe ich mit voller Überzeugung dahinter? Denn um ein gestecktes Ziel zu erreichen, muss die Motivation stimmen. Ist das grundsätzlich geklärt, stellen sich weitere Fragen. Beispielsweise, ob eine nationale oder internationale Karriere angestrebt wird. Im Hospitality-Sektor ist eine internationale Karriere durchaus üblich, da viele Hotel- oder auch Restaurantketten international tätig sind. Dabei sollte man berücksichtigen, welche Eigenheiten Jobs in dieser Branche mit sich bringen. Viel Reisen, Mehrsprachigkeit, Wochenenddienste und vieles mehr. Ist die Antwort auf die Frage „Will ich das?" immer noch ein „Ja", sollte man sich eine Hochschule suchen, die gezielt auf ein internationales Umfeld vorbereitet. Dies erfolgt zum einen natürlich über die Studieninhalte, andererseits auch über die Unterrichtssprache. Ein komplett englischsprachiger Studiengang ist für die spätere Arbeit im Ausland zielführender als auf Deutsch. Als Beispiel für eine Hochschule mit starkem Fokus auf Internationalität fällt mir die IUBH Internationale Hochschule ein. Ein multikultureller Campus, integrierte Auslandsaufenthalte und Praktika in internationalen Unternehmen: Kann man dies bei einem Bewerbungsgespräch für einen Job im Ausland ins Feld führen, ist das ein großes Plus.

Hinweise für einen erfolgreichen Karrierestart gibt Ihnen Caroline Stanski von der StepStone Deutschland GmbH im nachfolgenden Beitrag. Sie erklärt Ihnen, wie Sie die Suche nach dem ersten Job erfolgreich gestalten können.

Karrierestart
Von der Jobsuche bis zum Vertragsangebot:
Die Wahl des ersten Jobs bestimmt nicht selten den Verlauf mehrerer Karrierejahre. Sie haben durch die Wahl Ihres Studienschwerpunktes, Ihrer Projektarbeiten und der intensiven Auseinandersetzung mit einem bestimmten Thema im Zuge Ihrer Abschlussthesis eine individuelle Spezialisierung erlangt. Neben den fachlichen Kenntnissen haben Sie im Rahmen Ihres Studiums

6.1 · Ihr Einstieg ins Berufsleben

ebenfalls erlernt, strukturiert und selbstständig zu arbeiten sowie umfassende Problemlösungsfähigkeiten gewonnen – Qualifikationen, die Sie in jedem Beruf brauchen. Ergänzt durch erste Erfahrungen aus Praktika ergibt sich ein für Unternehmen sehr attraktives Profil, welches Sie nur noch mit einer persönlichen Note versehen und gekonnt in Szene setzen müssen.

Planen Sie für Ihre Jobsuche ausreichend Zeit ein und setzen Sie sich realistische Ziele, um nicht entmutigt zu sein, wenn der Gesamtprozess eventuell länger dauert als zunächst vermutet. Von der Recherche nach der passenden Stellenanzeige, dem Versand der Bewerbung über einen meist mehrstufigen Auswahlprozess bis zu einem möglichen Arbeitsvertrag, vergehen nicht selten mehrere Monate. Definieren Sie für sich Kriterien (zum Beispiel Region, Arbeitsinhalte, Entwicklungschancen etc.), die Ihnen bei Ihrem zukünftigen Job bzw. Arbeitgeber wichtig sind, um zielgerichtet nach passenden Jobs zu suchen. Setzen Sie Prioritäten und legen Sie für sich fest, bei welchen Kriterien Sie kompromissbereit wären, um die Suche nicht zu sehr einzugrenzen. Wo finden Sie aber am besten die passende Stelle? Unternehmen setzen ganz klar auf Online-Stellenanzeigen, welche sie bevorzugt in Online-Jobplattformen sowie auf ihrer eigenen Webseite einstellen. Eine Online-Jobplattform mit umfangreichen ergänzenden Informationen zu Unternehmen und Karrieremöglichkeiten ist ein idealer Einstieg in die Jobsuche.

Passende Stelle gefunden? Dann geht es an die Erstellung Ihrer Bewerbungsunterlagen. Mit ihnen vermitteln Sie dem Personaler den ersten Eindruck von Ihrer Person und Ihren Qualifikationen, ordentliche Bewerbungsunterlagen und ein professionelles Foto sind damit unabdingbar. Am meisten Aufmerksamkeit schenken Personaler dem Lebenslauf. Er ist somit Ihre Visitenkarte und zugleich eine Eintrittskarte zum weiteren Bewerbungsprozess. Überzeugt Ihr Lebenslauf, sind Sie der Einladung zum Vorstellungsgespräch sehr nahe. Nutzen Sie diesen aktiv, um dem Unternehmen gerade die für die angestrebte Stelle relevanten Informationen in ansprechender und übersichtlicher Form zu vermitteln. Zweitwichtigstes Dokument ist das Anschreiben. Stellen Sie in diesem heraus, weshalb genau Sie für die ausgeschriebene Stelle geeignet sind – sehen Sie dieses als eine Ergänzung zu Ihrem Lebenslauf und liefern Sie die für die ausgeschriebene Stelle relevanten Hintergrundinformationen zu Ihren Qualifikationen, Erfahrungen und Ihrer Motivation. Einen weiteren wichtigen Bestandteil stellen Arbeitszeugnisse dar, denn die im Rahmen von Praktika gesammelten Erfahrungen sind für viele Unternehmen ein entscheidendes Kriterium bei der Auswahl von Berufseinsteigern.

Der überwiegende Teil deutscher Unternehmen freut sich über eine Bewerbung per E-Mail, viele sind aber auch offen für andere Bewerbungswege, wie z. B. den Verweis auf Online-Profile oder Online-Lebensläufe. Für Bewerber bringt ein Online-Profil gleich doppelt Vorteile: Neben einer zeitsparenden Alternative für eine Bewerbung bietet ein solches auf einem Karriereportal wie StepStone die Möglichkeit, von Unternehmen direkt gefunden zu werden. Voraussetzung für eine erfolgreiche Nutzung der Online-Profile ist, dass sie öffentlich sichtbar und stets aktuell gepflegt sind. Bewerber müssen generell damit rechnen, dass sich Unternehmen im Internet über Kandidaten informieren, sodass die Aktualität des beruflichen Profils auch aus diesem Grunde wichtig ist. Die Überprüfung Ihrer sozialen Netzwerke, privaten Blogs und Einträge bei Google ist folglich zu empfehlen, um auch hier einen positiven Eindruck zu hinterlassen.

Haben Sie den ersten Schritt erfolgreich gemeistert und eine Einladung zum Vorstellungsgespräch erhalten, so gilt es, den Personaler und/oder Ihren potenziellen Vorgesetzten im persönlichen Gespräch von sich zu überzeugen. Grundsätzlich bewerten Unternehmen persönliche Eigenschaften, soziale Kompetenzen und die Passfähigkeit zur Unternehmenskultur als die wichtigsten Auswahlkriterien bei Berufseinsteigern. Während die schriftliche

Bewerbung in erster Linie nach formellen Kriterien bewertet wird, sind die Vorstellungsrunden die perfekte Plattform, Ihre Gesprächspartner von Ihren persönlichen Eigenschaften anhand von Beispielen in diversen Situationen zu überzeugen. Zeigen Sie im Gespräch auf, wo Sie entsprechende Schnittstellen zur Unternehmenskultur feststellen können und wieso gerade Sie zu dieser Kultur passen.

Caroline Stanski (Managerin Hochschulmarketing), StepStone Deutschland GmbH

> Auf dem Arbeitsmarkt hat man als Absolvent einer privaten Hochschule eher die Qual der Wahl zwischen attraktiven Positionen.

Exemplarisch erläutert Meinhard Weizmann, Geschäftsführer der Bucerius Law School zu den Karrierechancen seiner Absolventen: *„An der Bucerius Law School erreichen rund 80 Prozent der Absolventen ein Prädikatsexamen. Entsprechend haben sie keinerlei Probleme auf dem Arbeitsmarkt, im Gegenteil stellt sich oft die Qual der Wahl zwischen mehreren attraktiven Karriereoptionen."* Auch belegen internationale Rankings, wie das Business School Ranking der Financial Times, die hervorragenden Chancen von Absolventen eine gute Position zu bekommen, sagt Prof. Dr. Markus Rudolf, Rektor der WHU.

> » Durch eine Kombination aus praxisnaher akademischer Ausbildung und unserem ausgezeichneten Netzwerk und Career Service bereiten wir unsere Studierenden optimal auf herausfordernde Positionen in allen Wirtschaftsbereichen vor." Prof. Dr. Stephan Stubner, Rektor der HHL Leipzig Graduate School of Management sieht es ähnlich. Er beschreibt die Jobaussichten seiner MBA-Absolventen so: „Fünfundneunzig Prozent haben innerhalb von drei Monaten nach Studienabschluss einen Job oder stecken mitten in der Entwicklung eines eigenen Businessplans, über vierzig Prozent bekommen ein Jobangebot vor ihrer Graduierung.

Vielen Absolventen helfen neben der erworbenen fachlichen Kompetenz auch die in Praktika und die meist in Auslandsaufenthalten erworbenen Erfahrungen. Der richtige Mix an Kenntnissen, Kompetenzen und erfahrungsbasiertem Lernen wird an privaten Hochschulen vermittelt, um den Pioniergeist der Studierenden zu wecken. Sie werden ermuntert, Selbstständigkeit zu wagen und beispielsweise ein „Start-up" zu gründen – vielfach unter Nutzung digitaler Technik.

Benedikt M. Quarch, Staatsexamen und M.A.-Absolvent der EBS Law School und derzeitiger Doktorand an der EBS hat diesen Sprung gewagt und ist heute Geschäftsführer von Geld-für-Flug GmbH. Er beschreibt seine Erfahrung so:

> » Der stetige Austausch mit der Praxis und insbesondere die Verzahnung von Jura und BWL haben mich bestens gewappnet, um mit zwei Schul- und Studienfreunden mein Start-up Geld-für-Flug.de zu gründen. Da die EBS schon immer eine Unternehmeruniversität gewesen ist,

haben auch und gerade die wirtschaftswissenschaftlichen Vorlesungen diesen Geist vermittelt. Das findet sich gewiss nur hier. Bei Geld-für-Flug.de haben wir bereits zaheiche Mitarbeiter, die an privaten Hochschulen studieren oder studiert haben. Diese zeichnen sich stets durch ein besonders großes Verantwortungsbewusstsein und eine schnelle Auffassungsgabe aus. Private Hochschulen sind daher – aus meiner Sicht als Arbeitgeber – bestens geeignet, sehr fähige und gut ausgerüstete Mitarbeiter hervorzubringen.

Allerdings gibt es keine Hochschule, die ihre Studierenden auf *die* Managerkarriere vorbereiten kann. Jeder findet letztlich seinen ganz individuellen Einstieg ins Berufsleben und geht seinen eigenen Weg. Sie können sich aber sehr gut auf diesen Weg vorbereiten und gute Voraussetzungen für den Aufbau Ihres Startups oder den Weg hin zu Ihrer Führungsposition schaffen.

Florian P. Meyer ist heute Associate, in der Investment Banking Division bei Goldman Sachs und sieht sein 2012 abgeschlossenes B.Sc.-Studium an der Frankfurt School of Finance and Management als Türöffner für seinen an der London Business School 2013 erzielten M.Sc., den er 2017 erneut an der Frankfurt School mit einem LL.M. ergänzt hat:

» Im Rückblick war das Studium in Frankfurt für mich eine hervorragende Entscheidung. Ausbildungskonzept und Inhalte des Studiums haben mir optimal die Entwicklung meiner Interessensgebiete ermöglicht und meine Berufstätigkeit während des Studiums ebnete mir die direkte Aufnahme in den Master of Finance der London Business School, welcher ansonsten mehrjährige Berufserfahrung nach dem ersten Studium erfordert. Das Studium in kleinen Gruppen ermöglicht einen interaktiven Dialog in der Vorlesung und eine konzentrierte Lernerfahrung. Die Betreuung durch die Professoren ist sehr gut und hilft nicht nur im Studium selbst, sondern bietet auch Möglichkeiten, den weiteren Werdegang kritisch zu reflektieren. Ein weiterer Vorteil ist die Möglichkeit, das Studium berufsintegriert zu absolvieren. Es gibt nur sehr wenige Optionen in Deutschland, ein Studium an einer renommierten Hochschule mit einer Berufstätigkeit zu verbinden. Dies in Verbindung mit dem fachlichen Schwerpunkt der Frankfurt School auf Banking & Finance war ein zentraler Vorteil meines Studiums." Studierenden, die eine vergleichbare berufliche Ausrichtung anstreben, rät er: "Es ist wichtig, frühzeitig einen Fokus zu entwickeln, in welchem Umfeld man später tätig sein möchte. Neben der akademischen Spezialisierung sind hier vor allem Praktika der Schlüssel. Während des Bachelors sollten möglichst viele Praktika absolviert werden, um berufliche Interessen auszuloten und den Berufseinstieg vorzubereiten. Nach dem Studium zählt zunächst fachliche Exzellenz. Spezialisten- und Führungskarrieren sind dabei nur begrenzt ein Widerspruch, denn die Übernahme höherer Verantwortung erwächst vor allem zu Beginn der Karriere aus soliden Fachkenntnissen.

Was die Personalrekrutierung angeht, so wird meist kein Unterschied gemacht, ob jemand an einer privaten oder öffentlichen Hochschule studiert hat. Letztlich kommt es auf Ihre Persönlichkeit und Fähigkeiten an. Es ist jedoch so, dass viele der Absolventen von privaten Hochschulen den richtigen Mix erlernt haben. Monika Rimmele, Senior Director Government Affairs bei Siemens Healthineers basiert ihre Rekrutierungsentscheidungen auf folgende Kriterien:

> » Für mich macht es bei der Personalrekrutierung keinen Unterschied, ob die Bewerber von privaten oder staatlichen Hochschulen kommen. Was ich bei Bewerbern am wichtigsten finde, sind praxisnahe Erfahrungen und Kompetenzen, Neugier, interkulturelle Kompetenzen und im Besonderen Reife und Lebenserfahrung, beispielsweise durch Auslandsaufenthalte und das Meistern unbekannter Situationen. Wenn ich an mein Studium an der Hertie School denke, kann ich sagen, dass alle Kommilitonen diese Stärken und Charakteristika mitgebracht haben.

Alexander Doll ist heute im Konzernvorstand der Deutschen Bahn AG und hat uns in einem Interview über seine Erfahrungen an privaten Hochschulen Folgendes berichtet:

Aus der Praxis: Interview mit Alexander Doll

Alexander Doll schloss sein Betriebswirtschaftsstudium an der Frankfurt School of Finance and Management 1994 mit einem Diplom ab. Er vollendete 1997 seinen MBA an der Goizueta Business School of Emory University, Atlanta. Bis März 2018 war er Deutschland-Chef der Investmentbank Barclays. Seit April 2018 ist er Konzernvorstand Güterverkehr und Logistik, Deutsche Bahn AG.

- **Was war für Sie der größte Vorteil des Studiums an einer privaten Hochschule?**

Die Verbindung von Praxis mit Theorie war für mich ein entscheidender Vorteil. Private Hochschulen lehren nach einem straffen, gut organisierten und praxisorientierten Prinzip, welches enge Kontakte zu den Professoren ermöglicht. Es gibt genügend Möglichkeiten, auf alle Fragen Antworten zu bekommen. Die Professoren – aber auch die Verwaltung – sorgen dafür, dass das Studium problemlos durchgezogen werden kann.

- **Worauf sollten zukünftige Studierende bei der Hochschulwahl achten?**

Viele Studierende achten auf das Ranking. Meines Erachtens zählt dies bei kleinen Hochschulen aber weniger, da sie durch ihre geringe Größe meist bei solchen Verfahren benachteiligt sind. Wichtiger für das erfolgreiche Studium sind die kleinen Studiengruppen bei privaten Hochschulen, der enge Kontakt zu den Professoren und die intensivere Betreuung der Studierenden. Die Praxisorientierung und gute Betreuung sind absolut wichtig und ein Schlüssel zum Erfolg. Dadurch wird man gemeinsam mit den Kommilitonen zum Lernen motiviert. Man sollte die Zeit aber auch mal für etwas anderes nutzen, was einem Spaß macht, aber nicht Teil des regulären Studiums ist.

- **Haben sie weiterhin engen Kontakt zu Ihren Kommilitonen?**

Ja, ich habe weiterhin Kontakt zu Kommilitonen, aber diese sind im Wesentlichen persönlicher Natur. Bei US Business Schools werden die Kontakte zu Ehemaligen vergleichsweise intensiver gepflegt als in Deutschland. Alumni werden für viele Aktivitäten der Universität genutzt. Dies scheint sich auch in Deutschland langsam zu ändern, besonders bei privaten Hochschulen.

- **Sind aus Ihrer Sicht private Hochschulen Managerschmieden?**

Dies ist natürlich ein etwas provokanter Titel. Sie sind zum Teil Managerschmieden. Aber nicht jeder Student einer privaten Hochschule wird Manager. Und es gibt ebenso gut ausgebildete Leute, die ihr Studium an staatlichen Hochschulen in München, Mannheim oder anderswo absolviert haben. Studenten an öffentlichen Hochschulen müssen sich während ihres Studiums mehr eigeninitiativ durchsetzen und selbst organisieren. Dies kann auch eine wertvolle Erfahrung für das spätere Berufsleben sein. Bei Rekrutierungen setze ich daher auf einen Mix von Absolventen privater und öffentlicher Hochschulen.

- **Welche Tipps möchten Sie unseren Lesern für die Arbeitswelt mit auf den Weg geben?**

Man muss offen sein! Das ist ganz wichtig. Ebenso wie das Interesse an Menschen. Man muss sich selber auch infrage stellen. Wenn man sich selbst analysiert und reflektiert, stellt man fest, was einen auszeichnet – was sind die Stärken und Schwächen. So kann man seinen Platz finden und nicht dem Peter-Prinzip folgen. Gelegenheiten kommen dann automatisch und man sollte sich nicht vom Erfolg berauschen lassen.

Die richtige Position zu finden, ist eine Sache. Aber das Umfeld muss auch stimmen. Nur dann fühlt man sich langfristig wohl.

> Die Arbeitsatmosphäre und Unternehmenskultur sind wichtig, um sich bei der Arbeit wohl zu fühlen.

Es geht nicht nur darum, ob Sie für eine Position qualifiziert sind und ob Sie eine inhaltlich interessante Aufgabe finden. Es geht auch darum, dass Sie sich in einer Arbeitsatmosphäre wohl fühlen und die Unternehmenskultur zu Ihnen passt. Können Sie sich mit den Werten Ihres zukünftigen Arbeitgebers identifizieren? Passen diese so gut zu Ihnen, dass Sie sich für die Sache engagieren können? Dies sind einige Fragen, die Sie sich stellen sollten. Außerdem interessiert dies auch Ihren potenziellen Arbeitgeber. Anastasia Hermann von StepStone Deutschland nennt das den „Cultural Fit".

Cultural Fit
Unternehmenskultur – Die Relevanz des Cultural Fit bei der Jobsuche
Die richtigen Mitarbeiter waren schon immer die Basis für den Erfolg eines Unternehmens. In der heutigen Wissensgesellschaft, in der sich Markt- und Wettbewerbsumfelder immer schneller verändern, werden die Mitarbeiter zur wichtigsten tragenden Säule. Gleichzeitig verändert sich das Rollenverständnis der Fachkräfte grundlegend. Die Zeiten, in denen man erst mit der ersten Management-Position richtig Verantwortung übernehmen konnte, sind vorbei. Heutzutage möchten Fachkräfte möglichst selbstbestimmt arbeiten – und Unternehmen von den Ideen aller Mitarbeiter profitieren. Genau das macht jeden einzelnen Mitarbeiter so wichtig wie nie zuvor. Die Suche nach geeigneten Talenten ist für Unternehmen zur obersten Priorität geworden, was eine gute Nachricht für Young Professionals ist.
Doch was macht – abgesehen von der fachlichen Qualifikation – eine Fach- oder Führungskraft zum besten Kandidaten für ein Unternehmen bzw. auch umgekehrt ein Unternehmen zum besten Arbeitgeber für eine Fachkraft? Eine mögliche Antwort auf diese Frage ist der Cultural Fit, also der Grad der Übereinstimmung zwischen Unternehmen und Mitarbeitern bzw. Bewerbern in Bezug auf Denkmuster, Verhaltensweisen, Normen und Werte. Nur wenn der Cultural Fit stimmt, können sich Fachkräfte entwickeln und das Unternehmen von ihren Qualifikationen wirklich profitieren lassen, wie StepStone in der Studie „Recruiting mit Persönlichkeit" herausgefunden hat. Eine positive Unternehmenskultur ist kein esoterisches Wohlfühlthema, sondern eine unverzichtbare Basis für eine gute Performance eines Unternehmens: In Bereichen, in denen eng zusammengearbeitet wird – und dazu gehören mittlerweile nahezu alle Abteilungen in modernen Unternehmen – entscheiden Kommunikationsformen und Verhaltensmuster über Erfolg und Misserfolg. Fühlen sich Kollegen wertgeschätzt und als Teil eines Teams, das an einem Strang zieht, erhöht sich automatisch die Mitarbeitermotivation und damit die Produktivität. Sieben von zehn Fachkräften meinen, dass Unternehmen, die der Persönlichkeit der Bewerber eine große Bedeutung beimessen, insgesamt erfolgreicher sind. Es ist ein ausgeprägter Zusammenhang zwischen einer starken Identifizierung mit der Unternehmenskultur und der Jobzufriedenheit zu verzeichnen. Eine fehlende Identifikation ist dagegen ein gewichtiger Grund für einen Jobwechsel: Mehr als jeder Zweite hat schon einmal ein Unternehmen wegen einer unpassenden Kultur verlassen.
Die hohe Relevanz gilt auch für die Jobsuche: 93 % der Bewerber sagen, dass der Cultural Fit für sie ein wichtiger bis sehr wichtiger Faktor bei der Jobsuche ist, für die Hälfte der Kandidaten ist dieser sogar der wesentliche Entscheidungsfaktor bei der Wahl des zukünftigen Arbeitgebers. Bei der Suche nach qualifiziertem Personal reicht es heute nicht mehr aus, potenzielle Mitarbeiter mit attraktiven Verträgen auszustatten, ihnen einen schicken Firmenwagen vor die Tür zu stellen oder ihnen satte Prämien zuzusagen,

denn ein guter Cultural Fit ist Bewerbern sogar wichtiger als ein gutes Gehalt. Mit zunehmender Erfahrung wird dieser Aspekt noch wichtiger: Spätestens mit der ersten unglücklichen Erfahrung in Bezug auf den Cultural Fit wissen Arbeitnehmer die Bedeutung eines solchen zu schätzen.

Doch was heißt das in der Praxis? Wie erhält man einen Eindruck von der Kultur eines potenziellen Arbeitgebers? Und wie kann man prüfen, ob diese mit den eigenen Wertvorstellungen und Denkmustern übereinstimmt? Kandidaten in Deutschland können sich leider noch nicht darauf verlassen, von Unternehmen ein authentisches Bild der Unternehmenskultur im Bewerbungsprozess präsentiert zu bekommen. Viele Bewerber informieren sich im ersten Schritt anhand der Stellenausschreibung und der Karriereseite über das Unternehmen. Allerdings sind viele Arbeitgeber an diesen Stellen eher sparsam mit Informationen zu dessen Kultur und kommunizieren eher generische oder wenig glaubwürdige Aussagen. Unternehmen, die sich mit allen relevanten Informationen bspw. im Rahmen eines Unternehmensprofils auf Online-Jobplattformen präsentieren, heben sich direkt als attraktive Arbeitgeber ab. Authentische Eindrücke von Mitarbeitern, dem Standort und Räumlichkeiten oder Beispiele aus dem Unternehmensalltag oder Projektgeschehen geben Bewerbern die Möglichkeit, sich ein Bild des potenziellen Arbeitgebers und von dessen Kultur zu machen und damit schon im ersten Schritt den Cultural Fit abzugleichen. Einen weiteren Eindruck können sich Bewerber anhand von Arbeitgeberbewertungen verschaffen, wobei auch diese einem Glaubwürdigkeitscheck unterzogen werden sollten. Am Ende darf nicht vergessen werden: Ein guter Cultural Fit ist im beiderseitigen Interesse – Bewerber sollten sich nicht scheuen, Fragen hinsichtlich der Unternehmenskultur zu stellen und sich ebenfalls authentisch präsentieren, um böse Überraschungen nach dem Unternehmenseintritt zu vermeiden.

Dr. Anastasia Hermann – Head of Research, StepStone Deutschland GmbH

6.2 Das Berufsleben erfolgreich gestalten

Stimmt der Aufgabenbereich, passen Unternehmen, Position und Bezahlung, so wird es dennoch immer wieder Konflikte im Arbeitsalltag geben, insbesondere wenn man Personalverantwortung hat. Erfahrene und erfolgreiche Führungskräfte sind in der Lage, sich selbst infrage zu stellen. Sie überprüfen ihre Wirkung auf andere. Sie fragen sich, welche Atmosphäre sie selbst erzeugen. Sie sollten offen für Kritik sein und ihr Verhalten situativ anpassen können.

6.2.1 Soft Skills trainieren

Um Konflikte so gut wie möglich zu lösen, kann es im Laufe eines Berufslebens hilfreich sein, Rat von außen einzuholen. Diese Aufgabe wird oft von erfahrenen Coaches übernommen. Im folgenden Einschub erhalten Sie einige Hinweise zum Thema Coaching.

Coaching
Tipps aus der Coaching-Perspektive

Entscheidet sich ein Mensch für den Einsatz eines Coaches, geht es darum, bei einem Arbeitgeber oder in der Selbstständigkeit erfolgreich als Führungskraft zu agieren. Die persönliche Wirkung soll verbessert und zwischenmenschliche Konflikte gelöst werden. Man versucht mit beruflichen und privaten Erwartungen Schritt zu halten. Häufig werden im Verlauf des Coachings dann Ursachen für empfundenen Stress oder wahrgenommene Defizite am Arbeitsplatz identifiziert. Zu spät lernen viele Führungskräfte, dass fachliches Wissen und angenommenes Verhalten aus der eigenen Lebenserfahrung nicht ausreichen. Soziale Kompetenzen spielen für den beruflichen Erfolg eine entscheidende Rolle.

Es stellt sich die Frage, welche intersubjektiven Kompetenzen jungen Menschen frühzeitig neben den kognitiven Fähigkeiten vermittelt werden sollten, um den Anforderungen moderner Berufswelten gerecht zu werden. Hier sind unsere drei wichtigsten Tipps für Sie:

1. Die eigene Wirkung auf andere kennen und weiterentwickeln
   Sind wir uns der persönlichen Wirkung auf andere Menschen bewusst, kennen wir unseren Anteil an einer gelungenen oder misslungenen zwischenmenschlichen Interaktion? Wie Menschen sich in einer bestimmten Situation des Lebens gegenüber anderen verhalten, welche persönliche Note sie in einem ersten Eindruck hinterlassen, wird durch angenommene Verhaltensmuster angelegt. Alle subjektiven guten und schlechten Erfahrungen, alle vermittelten Werte und Konventionen beeinflussen, ob ein Mensch einladend, offen und konstruktiv oder eher abweisend in den Kontakt mit anderen Menschen geht. Sich grundsätzlich der eigenen Wirkung bewusst zu sein, ist genauso ein Geschenk wie regelmäßiges Feedback anderer Menschen anzunehmen. Selbstbesinnung und Feedback sind unsere Orientierungspunkte, eigene Talente verantwortlich im Umgang mit anderen einzusetzen und Wirkungsdefizite abzubauen.

2. Aktiv das „Betriebsklima" mitgestalten
   Ob ein Arbeitsplatz als attraktiv empfunden wird, hängt nicht alleine von finanziellen Aspekten, reizvollen Aufgaben oder dem Erfolg des Unternehmens ab. Eine bedeutende Rolle spielen die persönlichen Gefühle und Stimmungen aller beteiligten Menschen einer Organisation, die Einfluss nehmen auf die emotionale Qualität eines Gespräches, das Zusammenwirken einer Abteilung oder die Atmosphäre insgesamt. Was intern als Unternehmenskultur erlebt wird, beeinflusst in der Außenwirkung das Image und die Attraktivität eines Arbeitgebers. Menschen neigen dazu, in unangenehmen Begegnungen mit Vorgesetzten, Kollegen oder Mitarbeitern betroffen oder ablehnend zu reagieren und „spiegeln" das negative Verhaltensmuster anderer. Ebenso kann die negative Stimmung einer Abteilung oder die belastete Atmosphäre des gesamten Unternehmens dazu führen, dass Menschen sich emotional isolieren, ihre Produktivität verlieren oder sogar ihre Arbeit als psychische Belastung erleben. Eine nicht messbare Dimension emotionaler Aspekte einer Organisation nimmt somit Einfluss auf etwas Messbares wie den Unternehmenserfolg. Übernehmen Menschen jedoch im persönlichen Kontakt mit anderen eine aktive Verantwortung für die Qualität einer Beziehung oder die Stimmung insgesamt verändert sich ihre Perspektive. Wir haben die Wahl, ob wir passiv menschliche oder thematische Defizite in einer Organisation registrieren, oder in das Geschehen

eingreifen und zur aktiven Quelle eines einladenden und produktiven Betriebsklimas werden.
3. Atmosphärisches Gespür trainieren
Meistens ist es eine Frage von Sympathie oder Antipathie, ob Beziehungen gelingen, schwierig werden oder sogar abgelehnt werden. Da Menschen danach streben, die eigene Bestätigung im anderen Menschen zu finden, bewerten sie die Qualität einer menschlichen Verbindung nach subjektiven Kriterien. Diese werden aus den eigenen Erfahrungen, Werten und Verhaltensmustern gespeist. Empfinden wir Antipathie, ergeben sich häufig destruktive Verhaltensketten, die auf diesen Mustern aufgebaut sind und kaum variiert werden. Erleben wir eine ablehnende Haltung des anderen, reagieren wir mit hoher Wahrscheinlichkeit ebenfalls ablehnend, was in den meisten Fällen zum Aufbau von Distanz oder einer grundsätzlichen Abneigung führt. Findet eine Begegnung in einer angenehmen und verbindenden Form statt, wird schnell Sympathie aufgebaut. Im Bewusstsein dieser menschlichen Automatismen ist es lohnenswert, der atmosphärischen Einstimmung auf ein Gespräch oder sozialen Kontakten in der Gruppe den gleichen Stellenwert zu geben, wie der inhaltlichen Vorbereitung. Gehen wir mit atmosphärischer Offenheit in einen sozialen Kontakt, sind wir weniger anfällig für destruktive Automatismen. Wird eine Situation schwierig, haben wir die Wahl unseren Gesprächspartner oder einen Gruppenprozess jederzeit mittels einer atmosphärischen Intervention positiv zu überraschen.

Ralf Wiemann, Geschäftsführer der Imperative Art GmbH, Bonn

6.2.2 Halbwertzeit des Wissens erfordert lebenslanges Lernen

Mit dem Begriff „Halbwertzeit des Wissens" soll verdeutlicht werden, dass sich die Menge an Erkenntnissen immer schneller erhöht. Mittlerweile geht man davon aus, dass sich die Erkenntnisfülle alle fünf Jahre verdoppelt (Walter 2013). Somit reicht das einmal erlernte Wissen in einem immer schneller werdenden technologischen Wandel nicht mehr langfristig aus, um allen Herausforderungen gerecht zu werden.

Daher haben sich viele private Hochschulen in Deutschland zur Aufgabe gemacht, Wissensvermittlung mit Kompetenzerwerb zu verbinden (siehe Interview und Gastbeiträge zu neugiergetriebenem Lernen und Bildung 4.0). In der Lehre messen sie daher der Weiterentwicklung der Fähigkeit, komplexe Zusammenhänge zu erfassen ebenso große Bedeutung zu wie dem Erwerb von Soft Skills. Auf den rasanten Anstieg des menschlichen Wissens, das insbesondere durch die Nutzung neuer Technologien generiert wird, versuchen viele private Hochschulen mit neuen Lehr- und Lernformaten und aktuellen Studienangeboten zu reagieren.

Viele private Hochschulen verbinden Wissensvermittlung mit Kompetenzerwerb.

Im folgenden, am 26. April 2018 geführten, Interview beschreibt der Präsident der CODE University, Manuel Dolderer die innovativen didaktischen Ansätze zur Entwicklung von Digitalkompetenz.

Aus der Praxis: Interview mit Manuel Dolderer zu neugiergetriebenem Lernen

- **Die Code University wurde 2017 gegründet und am 14. Juli vom Bundesland Berlin staatlich anerkannt. Sie ist also eine sehr junge Hochschule, die neue Konzepte in der Lehre verfolgt. Was ist das Besondere der Code University?**

Bei der Code University stehen die Studierenden im Zentrum. Statt nur Wissen zu vermitteln, geben wir den Studierenden die Möglichkeit, sich die Kompetenzen für ihre zukünftigen beruflichen Aufgaben angeleitet zu erarbeiten. Dies geschieht über neugiergetriebene individuelle Lernerfahrungen.

- **Kompetenzen kann man aber nur auf Basis bestimmter Kenntnisse erarbeiten. Wo kommen diese Kenntnisse her?**

Wie an vielen Hochschulen, gibt es auch bei uns ein Auswahlverfahren. Dadurch bekommen wir einen guten Eindruck von der Vorerfahrung und der Motivation der Bewerberinnen und Bewerber. Die Vorerfahrung bilden wir schon zu Beginn des Studiums in den individuellen Kompetenzprofilen der Studierenden ab. Im Verlauf des Studiums unterstützen wir die Studierenden kontinuierlich dabei, ihren eigenen Lernfokus zu definieren und auf dieser Basis Praxisprojekte auszuwählen, an denen sie im Verlauf eines Semesters mitarbeiten möchten. Die Lernerfahrung der Studierenden erfolgt über die Bearbeitung dieser Projekte in kleinen Teams. Die Ideen für die Projekte entwickeln wir zum Großteil mit unseren Unternehmenspartnern und bereiten sie dann nach internen Kriterien für den Lehrbetrieb auf. Dabei sind die Projektbeschreibungen auch sehr offen formuliert, wodurch die studentischen Teams die Probleme erst einmal identifizieren müssen, bevor sie mit kreativen Problemlösungen beginnen können, was ein wichtiger Teil der Lernerfahrung ist. Die Professorinnen und Professoren unterstützen die Studierenden auf vielfältige Weise bei ihren individuellen Lernerfahrungen. Sie sollen Freude daran haben, ihre Kreativität im Team einzusetzen, um zu einer Lösung zu kommen. Dazu setzen wir auf einen anderen Typ Professor, der präzise beobachten muss und ein Gespür dafür entwickelt, in der jeweiligen Situation die richtigen Anregungen für die Studierenden zu geben. Wenn man so will, kann man dies als eine Art Coaching beschreiben.

- **Aber sicher können die Studierenden nicht alles selber erarbeiten und kommen an Grenzen, oder?**

Ja, natürlich kommt das Team irgendwann nicht mehr weiter. Daher haben wir wöchentliche „Guild Meetings", wo Studierende aus verschiedenen Teams zusammenkommen und man durch gemeinsames Analysieren der Probleme den Studierenden die entscheidenden Lernimpulse vermittelt, um weiterzukommen. Die Professoren moderieren diesen Austausch und sorgen dafür, dass sich die Diskussionen in eine produktive Richtung entwickeln und alle Studierenden hilfreiche Lernimpulse mitnehmen. Die praktische Anwendung von Kompetenzen in der Projektarbeit lässt natürlich auch Bedarf an theoretischer Erweiterung erkennen. Die Professoren haben die Aufgabe, nicht einfach konkrete Antworten zu geben, sondern die Studierenden mit Hinweisen zur Auseinandersetzung mit Theorien und Methoden zu motivieren, die ihnen helfen, ihre Probleme grundsätzlich zu verstehen und in Zukunft selbstständig lösen zu können. Da die Studierenden die praktische Relevanz der Theorien und Methoden erkennen können, lernen sie den Stoff meist schneller und behalten ihn auch, da sie ihn unmittelbar für ihr Projekt brauchen. Wir vermitteln also nicht einfach nur anwendungsbezogenes Wissen, sondern die Studierenden lernen durch das ständige Wechselspiel von Anwendung und Reflexion – aus Erfahrung wird Erkenntnis!

- **Wie können Sie in diesem System Kompetenzen evaluieren?**

Um dem selbstbestimmten und neugiergetriebenen Lernen einen Rahmen zu geben und Lernfortschritt messbar zu machen, erhalten alle Studierenden zu Beginn ihres Studiums ein individuelles Kompetenzprofil. Dieses Kompetenzprofil entwickeln sie im Verlauf ihres Studiums kontinuierlich weiter. Man kann das im weitesten Sinne mit den Eigenschaften einer Figur in einem Computerspiel vergleichen. Zu Beginn des Studiums wird mit dem Kompetenzprofil eine Art Character Sheet erstellt, das die individuellen Kompetenzen repräsentiert. Im Rahmen des Studiums lernen die Studierenden kontinuierlich und erarbeiten sich so neue Kompetenzen bzw. höhere Level in bestehenden Kompetenzen. Das Erreichen eines neuen Levels wird jeweils gemeinsam von Professoren und Studierenden festgestellt.

- **Ihre Studiengänge sind auf die Entwicklung von Digitalkompetenz ausgerichtet und Sie wollen „digitalen Pioniergeist" wecken. Warum haben Sie dann Ihre Hochschule als Campus aufgebaut – also analog?**

Ja, wir wollen unsere Studierenden anregen, digitalen Pioniergeist zu entwickeln. Das ist nicht einfach nur eine Kompetenz, sondern eine Haltung, eine Persönlichkeitsentwicklung, die soziales Miteinander und die Zugehörigkeit zu einer Gemeinschaft benötigt. Auch die Entwicklung von echter Teamfähigkeit und interkultureller Kompetenz braucht das soziale Miteinander in einer internationalen Gemeinschaft. Daher bieten wir auch alle Studiengänge auf Englisch an, was gleichzeitig die Campussprache ist. In grundständigen Studiengängen halten wir es aus diesen Gründen für wichtig, direkten Austausch zu ermöglichen. Wir können uns aber auch für die Zukunft Mischformen vorstellen, d. h. teilweise ein Präsenzstudium an einem Ort für eine gewisse Zeit kombiniert mit längeren Online-Lernphasen.

Manuel Dolderer, Präsident der CODE University

Der digitale Wandel verändert auch das Lernen wie kaum eine andere gesellschaftliche Entwicklung. Daher wird es nicht darum gehen, in der Lehre Analoges durch Digitales zu ersetzen. Sondern Lernformate sollten vielmehr unter Einsatz aller aktuellen didaktischen und digitalen Möglichkeiten optimiert werden (Dräger et al. 2017).

> Die Hochschule der Zukunft wird zunehmend Partnerin der Studierenden im Prozess des lebenslangen Lernens.

Die Hochschule der Zukunft wird sich aber auch viel stärker als bisher mit einer neuen Rolle auseinandersetzen müssen. Mit der Rolle der Hochschule als Partnerin der Studierenden im Prozess des lebenslangen Lernens. Gleich welchen Berufseinstieg Sie wählen, werden Sie im Laufe Ihres gesamten Berufslebens einen ständigen Bedarf an akademischer (Weiter-)Bildung haben. Und dieser sollte qualitätsgesichert und personalisiert gedeckt werden. Mit überprüfbarer Qualität der Inhalte und der Form sollte dieses lebenslange Lernen auf Ihre ganz individuellen Bedürfnisse abgestellt sein. Und in diesem Prozess können Hochschulen zu wichtigen Partnern ein Leben lang werden (Pellert 2018).

Prof. Dr. Ottmar Schneck beschreibt in seinem Beitrag die veränderte Lebens- und Arbeitswelt des Menschen. Und er fordert Konsequenzen für die Hochschullehre.

Bildung 4.0
Digitalisierung verändert die Welt
Wenn wir heute allgegenwärtig von Digitalisierung sprechen, so sind vielfältige Entwicklungen gemeint, die nicht nur in einem Trend oder einer Prognose zusammenfassbar sind. Dabei sind u. a. persönliche, politische, kulturelle und wirtschaftliche Veränderungen spürbar, die wir als digitale Transformation bezeichnen und unser gesellschaftliches Zusammenleben sowie die Art der Arbeitsleistung betreffen.
Wenn unser fahrerloses Transportsystem bei der Auslieferung von Waren im Regen automatisch die Fahrweise anpasst, diese Witterungsverhältnisse an eine Onlineplattform meldet und diese wiederum mit lernenden Algorithmen Warnmeldungen als Bezahldienstleistungen abrufbar macht, dann vernetzen sich Lebens- und Arbeitswelten digital. Wenn Reisen online gebucht werden und Waren zunehmend online gekauft werden, verschwinden ganze Branchen von Dienstleistungen und deren Arbeitsplätze. Neue, vermeintlich moderne Arbeitsplätze entstehen, die neue und andere Kompetenzen und damit neue veränderte Aus- und Weiterbildungsformate erfordern.
Nun verändern sich aber auch Menschen an sich mit der Digitalisierung und es sind neue Bildungsformate nicht nur an veränderte Arbeitsbedingungen anzupassen. Ein neues Forschungsfeld Cyber Psychologie beschreibt

diese Veränderungen, die sich in Wahrnehmungs-, Konzentrations- und Verhaltensänderungen ausdrücken. Wenn wir also später von Bildung 4.0 sprechen, so sind nicht nur die exogenen Faktoren der Lebens- und Arbeitswelt, sondern auch die individuelle Veränderung der Menschen zu beachten. So ist eine Wahrnehmungs-Diffusion zu beobachten, die das Verschwimmen von Realität und Virtualität beschreibt. Wer sich privat oder am Arbeitsplatz in virtuellen Welten bewegt, wird die Realität anders wahrnehmen. Lebens- und Arbeitswelten verändern sich also ebenso wie die Menschen in diesen Umgebungen, sodass die Diskussion um eine adäquate Bildung beide Aspekte berücksichtigen muss.

Digitalisierung verändert die Arbeitswelt
Wenn künftig Rasenroboter automatisch den Rasen mähen und viele dieser digitalen Elemente mit anderen Dingen des Internets verknüpft sind. (IOT = Internet of Things), wird auch die Herstellung dieser Produkte einer neuen Logik folgen. In „Dark Factories" ist in der Tat kein Licht mehr nötig. Denn Automation und Robotik bestimmen gänzlich den Produktionsprozess. Sie werden in einer Industrie namens 4.0 zur Realität werden. Gut und meist akademisch ausgebildete Menschen, die nur noch Prozesse steuern oder programmieren, sind hierfür nötig. Ein Werker, der konventionell im Taylor'schen Sinne die Räder an den Rasenroboter schraubt, ist hingegen entbehrlich. Neue Mensch-Maschine-Interaktionen sind zu erlernen und zu beherrschen. Gegebenenfalls wird in manchen Prozessen sogar ein lernendes IT-System den Menschen dominieren bzw. ihn nur noch als Entscheidungsträger benötigen. Dabei ist kein Mensch mehr nötig, der durch eine klassische Ausbildung Wissen erlangt hat, das in Wikis und bei ALEXA kostenlos und jederzeit verfügbar ist, sondern Anwendungs- und Konzeptions-Know-How, welches das Wissen zum richtigen Zeitpunkt aus einer zuverlässigen Quelle zu nutzen weiß.

Digitalisierung benötigt Bildung 4.0
Wenn Arbeitswelten sich dahin gehend verändern, dass Prozesse komplexer, dynamischer und intelligenter werden, können Menschen also nicht weiter traditionell ausgebildet und nur wissend sein. Agilität und Virtualität als Gegenentwurf zur bisherigen Planung und Organisation müssen erlernt und eingeübt werden. Jahrzehnte wurden Managementmethoden entwickelt und verbreitet, in denen die Zukunft prognostiziert und Strategien und Pläne entwickelt wurden. In einer digitalen und wenig berechenbaren Welt werden diese Managementmethoden nicht mehr ausreichen. Während viele Jahre Planer, Controller und Projektmanager ausgebildet wurden, sind nun agile „Digital Leader" gefragt, welche die digitale Transformation gestalten können. Es benötigt Menschen, die ein hohes Maß an Reflexion des eigenen Tuns aufbringen und die ständige Hinterfragung von Bestehendem nicht als Risiko begreifen, veränderungsbereit sind und handlungskompetent.

Gerade die Handlungskompetenz wird in allen neuen didaktischen Konzepten hervorgehoben. So hat die private Hochschulgruppe der SRH das sogenannte CORE-Prinzip (Competence Oriented Research And Education) entwickelt, das eben diese Kompetenz- statt Wissensorientierung fordert. Diese und andere Didaktiken mit vergleichbaren Ansätzen setzen konsequent auf die Vermittlung von Handlungskompetenz, die durchaus auf Selbst-, Sozial-, Methoden- und Fachkompetenz aufbaut, aber eben die erstere in den Fokus stellt. Lehr- und Lernmethoden werden konsequent auf diese Handlungskompetenz ausgerichtet und drücken sich in problembezogenen Blockstrukturen einer ganzheitlichen Beleuchtung einer Fragestellung als einer fragmentierten funktionalen Wissensvermittlung aus.

Sequenzielles Lernen ist dabei ein wesentliches Schlagwort der neuen Bildungswelt 4.0 und bedeutet zum Beispiel real oder online ein ganzheitliches Durchleuchten eines Themas in Blöcken.

Individuelle Lernprofile und Lernmanagementsysteme entwickeln sich und sind für eine digitale Generation attraktiv, die nach Flexibilität, Individualität und Mobilität fragt.

Prof. Dr. Ottmar Schneck, Rektor und Geschäftsführer der SRH Fernhochschule – The Mobile University

6.3 Fazit

Die Innovationsleistung Deutschlands wird erheblich durch ein leistungsstarkes Bildungs- und Wissenschaftssystem sowie die forschende Wirtschaft ermöglicht. Investitionen in Bildung und Forschung sind daher eine wichtige Voraussetzung für Wachstum, Wettbewerbsfähigkeit und gesellschaftliche Entwicklung. Die Hochschullandschaft in Deutschland ist in den letzten zehn Jahren vielfältiger geworden. Auf der einen Seite hat durch zusätzliche Finanzierung des Staates eine verstärkte Herausbildung von Forschungsuniversitäten stattgefunden. Forschungsstarke Universitäten und außeruniversitäre Institute sind wichtig, um die Innovationskraft eines Landes aufrechtzuerhalten und zu stärken. Sie bilden Spitzenforscher aus und betreiben freie und erkenntnisgeleitete wissenschaftliche Forschung in allen ihren Zweigen.

> Über 90 % der aktuell ca. 2,8 Millionen Studierenden in Deutschland streben einen beruflichen Werdegang außerhalb wissenschaftlicher Forschung an.

Die Öffnung der Hochschulen als Folge der Bologna-Reform und der politisch gewünschten Akademisierung der Bevölkerung haben ein Hochschulstudium zum Normalfall werden lassen. Über 90 % der aktuell ca. 2,8 Millionen Studierenden in Deutschland streben einen berufsqualifizierenden Abschluss und einen beruflichen Werdegang außerhalb wissenschaftlicher Forschung an. Deutlich weniger als 10 % der Studierenden beendeten im Wintersemester 2014/15 eine Promotion als Grundlage für eine wissenschaftliche Karriere (Hähnel und Schmiedel 2016; Statistisches Bundesamt 2015; Stifterverband 2017). Bei Studierenden eines Jahrgangs aus Nicht-Akademiker Familien sind es sogar nur etwa 1 % (Stifterverband 2017).

Aufgrund ständig steigender Komplexität in der Arbeitswelt ist es heute wichtig, neben Wissen im Studium auch Kompetenzen zu erwerben. Damit ist gemeint, anhand praktischer Beispiele zu lernen, wie komplexe Problemlagen aus der Arbeitspraxis souverän bewältigt werden können. Besser noch ist es, sie sich bereits im Studium in einer Gruppe selbst zu erarbeiten.

> Exzellenz in der Lehre ist Zukunftsplanung und Gestaltung einer Wissensgesellschaft.

Natürlich kann die Hochschulausbildung nicht die Aufgabe übernehmen, kleinteilige Abläufe in Unternehmen zu vermitteln. Gerade die Fähigkeit der Analyse von komplexen Situationen und auf der Basis akademischer Bildung über Transferleistungen auch neue Herausforderungen zu bewältigen, ist eine wichtige Komponente eines Hochschulstudiums. Persönlichkeitsbildung, gesellschaftliches Engagement und auf ethischen Grundsätzen basiertes Handeln sind ebenso Komponenten, die eine zeitgemäße Hochschulbildung beinhalten sollte. Um diese Ziele zu erreichen, ist es jedoch essenziell, dass die Lehre an einer Hochschule als prioritär angesehen wird. Denn Exzellenz in der Lehre verbunden mit Kompetenzvermittlung ist Zukunftsplanung und Gestaltung einer Wissensgesellschaft. An den Hochschulen wird die nächste Generation von Führungskräften in Wissenschaft, Wirtschaft und Gesellschaft geformt.

Genau dies haben viele private Hochschulen erkannt: Sie stellen die Studierenden in das Zentrum des hochschulischen Handelns. Der Erfolg gibt ihnen Recht. Private Hochschulen sind seit mehr als zehn Jahren das am stärksten wachsende Segment in der deutschen Hochschullandschaft. Da Hochschulbildung an staatlichen Hochschulen kostenfrei ist, ist dies besonders bemerkenswert. Schließlich müssen Studierende an privaten Hochschulen Studiengebühren zahlen. Studierende, die nicht über die notwendigen finanziellen Mittel verfügen, nehmen es sogar auf sich, diese Gebühren später in ihrem Berufsleben zurückzuzahlen.

> Private Hochschule stellen Studierende ins Zentrum hochschulischen Handelns.

Mittlerweile hat die Anzahl von Studierenden an privaten Hochschulen in Deutschland annähernd zehn Prozent erreicht. Somit kann kaum noch von Nischen gesprochen werden, die sie besetzen. Dies gilt weder für die Fächer noch für die Studierenden.

Viele der Praxisbeispiele in diesem Ratgeber haben gezeigt, dass die Lehre bei privaten Hochschulen groß geschrieben wird. Die gesamte Verwaltung ist darauf ausgerichtet, sie zu unterstützen. Es wird viel getan, um es für die Studierenden leicht zu machen, zu studieren. Wenn administrative Probleme aufkommen, werden sie schnell gelöst. Professoren und Dozenten kennen ihre Studierenden meist mit Namen und sind bemüht, alle Fragen zum Lehrstoff zu beantworten. Kleine Lerngruppen fördern die Teamarbeit. Praxisnaher Unterricht, Fallbeispiele, die in konkreten betrieblichen Zusammenhängen entwickelt werden, sowie Praktika bereiten die Studierenden auf die Arbeitswelt vor. Hybridstudiengänge sind dabei oft besonders interessant, da gerade interdisziplinäre und auch transdisziplinäre Ansätze für bestimmte Aufgaben sehr hilfreich sein können, aber bei anderen Hochschulen aufgrund von oftmals strengen fachlichen Abgrenzungen seltener umgesetzt werden können. Dabei kommen bei privaten Hochschulen das notwendige Fachwissen und die dazugehörige Methodik nicht zu kurz. Diese Form des Lehrens führt oft zu einem erfahrungsbasierten oder auch neugiergetriebenen Lernen, das die Studierenden nicht nur motiviert, sondern zu besonders guten Leistungen treibt und die Kommilitonen ansteckt.

> Erfahrungsbasiertes und neugiergetriebenes Lernen motiviert die Studierenden und steigert die Leistungsbereitschaft und -fähigkeit.

Sie werden nicht mit überfüllten Vorlesungen und Seminaren konfrontiert. Professoren nehmen sich Zeit für Sie. Wie man es auch aus dem angelsächsischen System kennt, werden Sie angesehen *„als Kunden der Universität, die hilfreiche Alumni werden* *können"* (Novotny 2018). Sie bekommen das Gefühl, dass Sie willkommen sind. Entsprechend gering ist an privaten Hochschulen auch die Anzahl derer, die ihr Studium ohne Abschluss abbrechen. Sie erhalten mithilfe der Lehrenden das nötige akademische Rüstzeug für Ihre zukünftige Position. Sie werden in Ihrer persönlichen Netzwerkbildung unterstützt, die oft – auch auf der Grundlage eines gemeinsamen Wertekanons – ein Leben lang trägt.

Dennoch sind private Hochschulen nicht für jeden geeignet. Wenn Sie noch nicht genau wissen, was Sie studieren wollen und erst ein Gefühl für verschiedene Fachrichtungen bekommen möchten, sind Sie sicher besser bei einer staatlichen Hochschule aufgehoben. Oder wenn Sie sich beispielsweise für Grundlagenforschung interessieren, jahrelang in ein Thema vertiefen möchten und in einem Spezialgebiet wissenschaftliche Anerkennung suchen, sollten Sie eher eine der besten staatlichen Hochschulen – vielleicht eine Exzellenz-Hochschule – in Deutschland auswählen. Im ingenieurwissenschaftlichen Bereich gibt es beispielsweise staatliche technische Universitäten erster Güte ebenso wie andere Exzellenz-Hochschulen in Deutschland in weiteren Fächern. Diese bieten auch aufgrund ihrer Ausstattung eine erstklassige wissenschaftliche Ausbildung und ebenso gute Promotionsmöglichkeiten an. Obwohl auch private Universitäten oder ihnen gleichgestellte Hochschulen gute Forschung betreiben, ist die Tiefe und Breite der wissenschaftlichen Ausbildung nicht mit der bei staatlichen Spitzenuniversitäten zu vergleichen. Mit fast zwei Drittel der Studiengänge im Bereich der Rechts-, Wirtschafts- und Sozialwissenschaften sind private Hochschulen besonders für Studieninteressierte in diesen Fächergruppen eine interessante Option. Aber gut ein Drittel der bei privaten Hochschulen angebotenen Studiengänge bietet auch in anderen Fächern interessante Studienmöglichkeiten.

> Digitale Ausbildungsformen und IT-Kompetenzen müssen fester Bestandteil akademischer Bildung sein.

Das Hochschulsystem in Deutschland ist vielfältiger geworden. Digitalisierung und Globalisierung werden immer neue Herausforderungen mit sich bringen. Denn neue technologische Methoden wirken sich oft auch auf die Entwicklung neuer Forschungsfragen und Forschungsgebiete aus. Beispielsweise haben neue Hochdurchsatzmethoden in den Lebenswissenschaften, die sogenannten Omics-Technologien, den Gegenstand der Forschung selbst verändert. Sie haben zu völlig neuen Forschungsfragen geführt. Denn mithilfe dieser Technologien können nun riesige Datenmengen zum Erbgut und zu Proteinen sowie zu Stoffwechselprodukten erhoben werden. So entstanden neue Forschungsfelder zum Beispiel in der Medizin und in den Pflanzenwissenschaften (Karczewski und Snyder 2018; Wang et al. 2018). Diese neuen Möglichkeiten, beispielsweise in den Lebenswissenschaften, stellen hohe Anforderungen an die technische und informationstechnische Ausstattung, aber ganz besonders auch an die Ausbildung an Hochschulen.

Ähnlich verhält es sich in anderen Fachgebieten. Gefordert ist nun auch die Integration digitaler Ausbildungsformen, um umfassende IT-Kompetenzen zum festen Bestandteil akademischer Bildung werden zu lassen.

Private Hochschulen sind als integraler Bestandteil des Hochschulsystems bereit, sich diesen Anforderungen zu stellen und werden zunehmend auf das gesamte Hochschulsystem wirken. Sei es nur durch weiteres Wachstum, sei es durch neue innovative Studienformate, Studiengänge oder durch digitale Angebote für das „Cyber-Learning" der Zukunft.

Wenn Sie das richtige akademische Rüstzeug für ein klar definiertes Berufsfeld praxisnah und in motivierender Atmosphäre erhalten möchten, dann liegen Sie mit der Entscheidung für ein Studium an einer privaten Hochschule in Deutschland richtig. Eine Erfolgsgarantie gibt Ihnen niemand. Mit einem Studium an einer privaten Hochschule können Sie jedoch sehr gute Voraussetzungen dafür schaffen, Ihr eigenes Berufsziel zu erreichen. Lassen Sie sich von den Erfolgsgeschichten in unserem Ratgeber ermutigen und starten Sie gut vorbereitet in ein erfülltes Berufsleben!

Tipps

9. Bemühen Sie sich, in Ihrem Studium Digitalität mit Internationalität zu verbinden. Beides wird Sie durch ihr ganzes Berufsleben begleiten. Sie sollten von Anfang an in diesen beiden Bereichen gut aufgestellt sein.
10. Seien Sie offen für Neues, lassen Sie sich inspirieren, reflektieren Sie Ihr eigenes Handeln und Ihre Wirkung auf andere. Bleiben Sie so flexibel, dass Sie Gelegenheiten erkennen können, mit denen Sie Ihr Berufs- und Privatleben optimieren können.

Haben Sie Fragen?
▶ global.campus@icloud.com

Literatur

Anger, Christina, Axel Plünnecke, und Jörg Schmidt. 2010. *Bildungsrenditen in Deutschland – Einflussfaktoren, politische Optionen und volkswirtschaftliche Effekte*. Köln: BMBF Bildungsforschung.

Dräger, Jörg, Julius David Friedrich, Lisa Mordhorst, Ulrich Müller, und Ronny Röwert. 2017. Hochschulen brauchen Strategien für das digitale Zeitalter. In *Zukunft und Aufgaben der Hochschulen*, Hrsg. Rat für Forschung und Technologieentwicklung, 263–278. Wien: Lit Verlag.

FAZ. 2018. Wirtschaft fordert von Unis mehr Praxisnähe. *Frankfurter Allgemeine Zeitung*, 13. April.

Hähnel, Sascha, und Sven Schmiedel. 2016. *Promovierende in Deutschland.* Wiesbaden: Statistisches Bundesamt.

Karczewski, Konrad J., und Michael P. Snyder. 2018. Integrative Omics for Health and disease. *Nature Reviews Genetics* 19: 299–310. ▶ https://doi.org/10.1038/nrg.2018.4.

Novotny, Rudi. 2018. Bologna Reform. *Zeit Campus*, 16. Mai.

Pellert, Ada. 2018. Die Hochschule als Partnerin des Lebenslangen Lernens. In *Hochschule der Zukunft*, Hrsg. Ulrich Dittler und Christian Kreidl, 101–116. Wiesbaden: Springer VS.

Statistisches Bundesamt. 2015. *Bildung und Kultur – Studierende an Hochschulen.* Wiesbaden: Statistisches Bundesamt.

Stifterverband. 2017. *Höhere Chancen durch höhere Bildung?* Essen: Stifterverband für die Deutsche Wissenschaft.

Walter, Ulrich. 2013. Mythos "Halbwertszeit des Wissens." *Welt*, 7. Aug.

Wang, Ying, Pei Xu, Xiaohua Wu, Xinyi Wu, Baogen Wang, Yunping Huang, und Yaowen Hu. 2018. GourdBase: A genome-centered multi-omics database for the bottle Gourd (*Lagenaria siceraria*), an economically important cucurbit crop. *Scientific Reports* 8 (1): 1–8. ▶ https://doi.org/10.1038/S.41598-018-22007-3.

Serviceteil

Anhang zum Online-Weiterlesen und Recherchieren – 208

Glossar – 209

Sachverzeichnis – 213

© Springer Fachmedien Wiesbaden GmbH, ein Teil von Springer Nature 2019
A. Doll, A. P. Hansen, *Die Managerschmieden*, https://doi.org/10.1007/978-3-658-21250-6

Anhang zum Online-Weiterlesen und Recherchieren

Alle Verlinkungen und Verweise auf Webseiten wurden bei Redaktionsschluss (22. Mai 2018) sorgfältig überprüft und waren zu diesem Zeitpunkt aktuell und valide.

Für Veränderungen, die die Betreiber der angesteuerten Webseiten nach dem 22. Mai 2018 an ihren Inhalten vornehmen oder für mögliche Entfernungen solcher Inhalte übernehmen der Verlag und die Autoren keinerlei Gewähr.

Zudem haben der Verlag und die Autoren auf die Gestaltung und die Inhalte der gelinkten Seiten keinerlei Einfluss genommen und machen sich deren Inhalte nicht zu eigen.

▶ http://monitor.icef.com/2017/11/canadas-international-student-enrolment-surged-2016/
▶ http://rankings.ft.com/businessschoolrankings/masters-in-management-2017
▶ http://uis.unesco.org/en/topic/international-standard-classification-education-isced
▶ http://www.bachelor-studium.net
▶ http://www.lernenmitspass.org/lerntypen.html
▶ http://www.management-studium.net
▶ http://www.oecd.org/education/education-at-a-glance-19991487.htm
▶ http://www.studieren-im-netz.org
▶ http://www.studieren.org/private-hochschule/
▶ http://www.tudag.de/der-gesellschafter/gff/
▶ http://www.zeit.de/2016/44/studium-private-hochschulen-wachstum-zielgruppe-nicht-akademikerhaushalt
▶ https://internationaleducation.gov.au/research/International-Student-Data/Pages/InternationalStudentData2016.aspx#Pivot_Table
▶ https://nces.ed.gov/fastfacts/display.asp?id=372
▶ https://wirtschaftslexikon.gabler.de
▶ https://www.bafög.de
▶ https://www.bafög.de/de/bildungskredit-110.php
▶ https://www.bmbf.de/pub/Das_BAfoeG.pdf
▶ https://www.fernstudiumcheck.de
▶ https://www.gesundheitsindustriebw.de/de/fachbeitrag/aktuell/die-neuen-herausforderungender-omics-technologien/
▶ https://www.immonet.de
▶ https://www.immowelt.de
▶ https://www.internationales-management-studieren.de/infos/private-oder-staatliche-hochschule/
▶ https://www.kfw.de/inlandsfoerderung/Privatpersonen/Studieren-Qualifizieren/Finanzierungsangebote/KfW-Studienkredit-(174)/
▶ https://www.kfw.de/inlandsfoerderung/Privatpersonen/Studieren-Qualifizieren/KfW-Studienkredit/index-4.html
▶ https://www.mystipendium.de/studium/lerntypen
▶ https://www.philognosie.net/lerntypen/vier-lerntypen-und-wie-sie-am-effektivsten-lernen#die_vier_lerntypen_1_lernen_durch_hoeren_der_auditive_lerntyp
▶ https://www.privathochschulen.net/hochschulen
▶ https://www.psychologie-studieren.de/infos/staatlich-oder-privat-studieren/
▶ https://www.pruefungsratgeber.de
▶ https://www.stipendienlotse.de
▶ https://www.studenten-wg.de/M%FCnchen,mietspiegel.html
▶ https://www.studium-ratgeber.de/hochschularten-im-vergleich.php
▶ https://www.study-in.de/de/
▶ https://www.studycheck.de
▶ https://www.stuttgart.de/img/mdb/item/148047/121761.pdf
▶ https://www.timeshighereducation.com/student/news/cheapest-places-study-top-university
▶ https://www.ukcisa.org.uk/Research–Policy/Statistics/International-student-statistics
▶ https://www.wohnungsboerse.net/mietspiegel-Muenchen/2091

Glossar

AACSB The Association to Advance Collegiate Schools of Business verbindet Pädagogen, Studenten und Unternehmen und betreibt Qualitätssicherung von Hochschulausbildung im Bereich Business. Sie wurde 1916 gegründet, hat 1600 Mitglieder und weltweit etwa 800 Business Schools akkreditiert.

Akademisierung Dieser Begriff bezieht sich auf die akademische Weiterentwicklung von Ausbildungsberufen durch entsprechende Studiengänge an Hochschulen. Er wird verwendet, um die Steigerung der Studienanfänger- und Hochschulabsolventenquote und die Steigerung der Durchlässigkeit zwischen beruflicher Bildung und Hochschulbildung sowie den wachsenden Anteil akademisch gebildeter Bevölkerungsanteile zu beschreiben.

Akkreditierung Die Akkreditierung im Hochschulbereich ist ein länder- und hochschulübergreifendes Verfahren der Begutachtung von Studienangeboten in Bachelor- und Masterstudiengängen staatlicher oder staatlich anerkannter Hochschulen.

Akkreditierungsagentur Zulassung Die Zulassung einer Akkreditierungsagentur erfolgt unter der Voraussetzung ihrer Registrierung im European Quality Assurance Register for Higher Education (EQAR) durch den Akkreditierungsrat. Für ihre Zulassung durch den Akkreditierungsrat muss eine Agentur nachweisen, dass sie zuverlässig in der Lage ist, Verfahren der Programm- und Systemakkreditierung regelgerecht durchzuführen und auf der Grundlage eines vom Akkreditierungsrat vorgegebenen Rasters ein aussagekräftiges Gutachten mit Beschlussempfehlung zu erstellen. Ist eine Agentur registriert, wird zunächst davon ausgegangen, dass diese Voraussetzung erfüllt ist. Stellt sich in der Praxis heraus, dass eine Agentur die Anforderungen (dauerhaft) nicht erfüllt, verliert die Agentur ihre Zulassung.

Akkreditierungsagenturen Folgende Agenturen sind in Deutschland derzeit zugelassen: AAQ (Schweizerische Agentur für Akkreditierung und Qualitätssicherung), ACQUIN (Akkreditierungs-, Certifizierungs- und Qualitätssicherungs-Institut), AHPGS (Akkreditierungsagentur für Studiengänge im Bereich Gesundheit und Soziales), AKAST (Agentur für Qualitätssicherung und Akkreditierung kanonischer Studiengänge), AQ (Austria Agentur für Qualitätssicherung und Akkreditierung Austria), AQAS (Agentur für Qualitätssicherung durch Akkreditierung von Studiengängen), ASIIN (Akkreditierungsagentur für Studiengänge der Ingenieurwissenschaften, der Informatik, der Naturwissenschaften und der Mathematik), evalag (Evaluationsagentur Baden-Württemberg), FIBAA (Foundation for International Business Administration Accreditation), ZEvAZentrale Evaluations- und Akkreditierungsagentur Hannover).

Akkreditierungsrat Die „Stiftung Akkreditierungsrat" mit Sitz in Bonn ist eine gemeinsame Einrichtung der Länder für die Akkreditierung und Qualitätssicherung in Studium und Lehre an deutschen Hochschulen. Die Länder nehmen durch die Stiftung ihre Aufgaben im Rahmen der Qualitätssicherung und -entwicklung gemeinsam wahr und kommen damit ihrer gesamtstaatlichen Verantwortung im Hochschulbereich für die Gewährleistung der Gleichwertigkeit einander entsprechender Studien- und Prüfungsleistungen sowie Studienabschlüsse und der Möglichkeit des Hochschulwechsels nach.

AMBA Association of MBAs. Die Organisation wurde 1967 als Akkreditierungsorganisation gegründet. Sie akkreditiert MBA-, DBA- und Master-Studiengänge in über 70 Ländern.

Assessment-Center Ein Assessment-Center ist ein strukturiertes Personenauswahl- und Personenbewertungsverfahren, das zur Bewertung und Rekrutierung eingesetzt wird. Es werden dort in Einzel- oder Gruppentests Fähigkeiten und Eigenschaften geprüft, die als wichtig angesehen werden. Meist werden dazu Situationen aus der Praxis nachgestellt, in denen sich die Teilnehmer behaupten müssen.

Augmented Reality Augmented Reality (AR) bedeutet erweiterte Realität. Darunter versteht man die Anreicherung der dreidimensionalen Umgebung mithilfe von Daten, die sich beispielsweise als virtuelle Bilder darstellen können.

Autodidaktisch bedeutet eigenständiges Lernen.

B2B steht für Business to Business und bezeichnet Geschäftsbeziehungen zwischen mindestens zwei Unternehmen.

Bildungsrendite Individuelle Bildungsrenditen stellen den finanziellen Ertrag einer Bildungsinvestition als den prozentualen Zuwachs an Einkommen dar, der durch eine zusätzliche Bildungsinvestition einer Person erzielt wird. Das heißt der Zugewinn an Arbeitseinkommen in Prozent als Folge einer Bildungsmaßnahme.

Bologna-Prozess siehe Bologna-Reform.

Bologna-Reform Als Bologna-Reform wird die Harmonisierung von Studiengängen und -abschlüssen in Europa bezeichnet, die auf die Schaffung eines einheitlichen Europäischen Hochschulraums gerichtet ist. Dabei soll sie die internationale Mobilität der Studierenden in Europa erleichtern. Als wesentliches Element beinhaltet die Reform die Schaffung eines zweistufigen Systems berufsqualifizierender Studienabschlüsse (Bachelor und Master). Zur fortlaufenden Qualitätssicherung im Hochschulbereich und zur Sicherung der Beschäftigungsfähigkeit am Arbeitsmarkt wurde das European Credit Transfer System (ECTS) eingeführt. Die Bologna-Reform wird auch oft als Bologna-Prozess bezeichnet. Der Name geht auf eine 1999 von 29 Bildungsministern in Bologna unterzeichnete Erklärung zurück.

Chatroom Ein Chatroom ist ein virtueller Raum im Internet, in dem man sich unterhalten kann.

Cloud Computing Cloud Computing bezeichnet die Bereitstellung von Software, Rechnerleistung oder bestimmten Dienstleistungen über das Internet – d.h. IT-Infrastruktur über ein Rechnernetz bereitzustellen.

Deep Learning Hierbei handelt es sich um eine Art von Optimierungsmethoden künstlicher neuronaler Netze, um tiefgehendes Lernen zu ermöglichen.

DEG Deutsche Investitions- und Entwicklungsgesellschaft mbH. Sie gehört zur KfW-Bankengruppe und finanziert als Entwicklungsbank Investitionen privater Unternehmen in Entwicklungs- und Schwellenländern.

Digitalität Dieser Begriff wird verwendet, um Phänomene zu beschreiben, die durch die Digitalisierung entstehen. Der Begriff wird meist im geisteswissenschaftlichen Bereich genutzt.

DIHK Der Deutsche Industrie und Handelskammertag ist ein eingetragener Verein, dessen Mitglieder die deutschen Industrie- und Handelskammern sind. Er vertritt die Interessen der gewerblichen Wirtschaft gegenüber Entscheidern in der Bundespolitik und europäischen Organisationen.

Diploma Supplement Dieser Begriff steht für Diplomzusatz und stellt eine Studiengangerläuterung dar. Im Zusammenhang mit dem Bologna-Prozess wurde eine Nachweisführung über den Abschluss eines Studiums eingeführt. Damit soll jeder Studiengang entsprechend des ECTS- Systems klassifiziert werden können. Die Gliederung des Dokuments folgt einer Vorgabe der HRK.

ECA European Consortium for Accreditation in Higher Education ist ein Zusammenschluss europäischer Akkreditierungsagenturen. Durch gegenseitige Anerkennung von Beschlüssen bezüglich der Begutachtung von Studiengängen soll die Anerkennung von Abschlüssen und damit die Mobilität von Studierenden in Europa unterstützt werden.

ECTS Steht für „European Credit Transfer System" und steht für das Europäische System zur Übertragung und Akkumulierung von Studienleistungen. Es ist ein europaweites Instrument zur Erhöhung der Transparenz von Studien und Kursen. Es soll helfen, die Anerkennung von Studienleistungen im europäischen Hochschulraum zu erleichtern.

ENQA European Association for Quality Assurance in Higher Education unterstützt die Entwicklung und den Erhalt der Qualitätssicherung von Akkreditierungsorganisationen. ENQA fördert die Entwicklung von Qualitätsstandards im Bereich der Hochschulbildung.

EQUIS Hierbei handelt es sich um eine international tätige Akkreditierungsorganisation, die Studiengänge und Institutionen im Bereich Management evaluiert und das Ziel hat, den weltweiten Standard für eine Managerausbildung weiter zu erhöhen.

ESG Man hat sich in Europa auf die "Standards and Guidelines for Quality Assurance in the European Higher Education Area" (ESG) verständigt. Damit sind die formalen Eckpunkte der Qualitätssicherung sowie Kernelemente wie die Expertenbegutachtung/Peer Review international einheitlich in Europa vorgegeben.

European Credit Transfer System siehe ECTS

Exzellenzinitiative war ein 2005/2006 erstmals angebotenes Förderprogramm des Bundes und der Länder für Deutschland. Es ist seit 2017/2018 durch die Exzellenzstrategie abgelöst worden, deren Förderung 2019 beginnen wird.

Fokus-Typ Dieser Begriff wird in der 21. Sozialerhebung des Deutschen Studentenwerks verwendet und bezieht sich auf Studierende, die nicht verheiratet sind, alleine wohnen bzw. wirtschaften, noch keinen ersten Hochschulabschluss erlangt haben (außer Bachelorabschluss bei Masterstudierenden) und in einem Vollzeit-Präsenzstudium eingeschrieben sind. Studierende, die angeben, mit Mitbewohnern in einer Wohngemeinschaft zu leben, wirtschaften in der Regel für sich alleine und zählen ebenfalls zum Fokus-Typ. Nicht dazu gehören Studierende, wenn sie mit dem Partner/der Partnerin, mit Kind(ern) und/oder (Groß-)

Glossar

Eltern zusammen wohnen (siehe ▶ http://www.sozialerhebung.de/download/21/Soz21_glossar.pdf).

FuB war die staatliche Versicherung der DDR, für die die KfW die Rechtsnachfolge übernommen hat.

Hochschulrektorenkonferenz siehe HRK.

HRK Die Hochschulrektorenkonferenz ist ein freiwilliger Zusammenschluss der deutschen Hochschulen. Die HRK vertritt die Hochschulen gegenüber der Politik und der Öffentlichkeit.

Humboldt'sches Bildungsideal Darunter versteht man die Einheit von Forschung und Lehre an Universitäten und gleichgestellten Hochschulen. Das Bildungsideal geht zurück auf Wilhelm von Humboldt (1767–1835).

Inklusionsdynamik Als soziologischer Begriff umschreibt Inklusion das Konzept der gleichberechtigten und selbstbestimmten Teilhabe in der Gesellschaft. Hier bezieht es sich auf den Bildungszugang.

Internet-Forum Ein Internet-Forum ist eine Art digitales „Schwarzes Brett", auf dem Nachrichten verbreitet und Diskussionen über diese Nachrichten angeregt werden.

IPEX-Bank GmbH Sie ist eine Tochter der KfW und im Bereich Projekt- und Exportfinanzierung tätig.

ISCED International Standard Classification of Education; hierbei handelt es sich um eine standardisierte Vorgabe der UNESCO (United Nations Scientific and Cultural Organization) zur Erfassung von Bildungsdaten.

KfW Die Abkürzung steht für Kreditanstalt für Wiederaufbau. Sie ist die weltweit größte nationale Förderbank und nach der Bilanzsumme die drittgrößte Bank Deutschlands. Sie ist eine Anstalt öffentlichen Rechts und bildet zusammen mit ihren Töchtern DEG, IPEX-Bank und FuB die KfW-Bankengruppe.

Kollaborationssoftware Kollaborationssoftware, die oft auch soziale Software genannt wird, ermöglicht den Nutzern an einem Vorhaben gemeinsam in einer Gruppe zu arbeiten, zu kommunizieren und das Vorhaben zu verwalten.

Kultusministerkonferenz ist ein Zusammenschluss politischer Organe, der die Bildungs- und Kulturpolitik der Bundesländer koordinieren soll.

Massification ist ein Begriff, der die weltweite massive Zunahme an Studierenden im Hochschulbereich beschreibt.

MOOC Massive open online course: Dabei handelt es sich um einen modernen Videokurs mit Onlineinteraktion und digitalen Prüfungen.

Non-Profit-Organisation (NPO) Hierbei handelt es sich laut dem Gabler Wirtschaftslexikon um Organisationen, die weder erwerbswirtschaftliche Firmen noch öffentliche Behörden der unmittelbaren Staats- und Kommunalverwaltung sind.

Numerus Clausus Der Numerus Clausus, abgekürzt NC, stellt eine Zulassungsbeschränkung an staatlichen Hochschulen dar. Der NC wird eingesetzt, um in bestimmten Fächern die Anzahl der Studierenden zu regulieren, wenn die Nachfrage die Kapazitäten in diesen Fächern übersteigt.

OECD Steht für Organisation für wirtschaftliche Zusammenarbeit und Entwicklung (Organisation for Economic Co-operation and Development). Sie ist eine zwischenstaatliche Wirtschaftsorganisation mit 35 Mitgliedern, die 1961 gegründet wurde und ihren Sitz in Paris hat.

Omics Der Begriff kommt aus dem Griechischen und wird für Teilgebiete der Biologie als Suffix genutzt. Er bezieht sich auf Gebiete, die die Analyse von Gesamtheiten ähnlicher Einzelelemente beinhalten. So beschäftigt sich beispielsweise Genomic mit der Erforschung der Gesamtheit der Gene – dem Genom – eines Organismus. Als Omics-Technologien werden Techniken bezeichnet, die diese Forschung ermöglichen. Beispiele für weitere Gebiete sind: Transcriptomics, Proteomics, Metabolomics, Lipidomic, Glycomic usw.

Peer-Review-Verfahren Das Peer-Review-Verfahren ist ein Verfahren zur Qualitätssicherung einer Arbeit durch unabhängige Gutachter aus dem gleichen Fachgebiet.

Prädikatsexamen der Juristen In Jura gelten Examen mit einer Note von mindestens „Voll befriedigend" als Prädikatsexamen.

Seminar Ein Seminar ist eine Lehrveranstaltung, die Wissen interaktiv in meist kleinen Gruppen vermittelt.

Simulation Bei Simulationen werden Versuche an einem Model durchgeführt, um dadurch mehr über das reale System zu erfahren.

Virtual Reality Darunter versteht man vollständig Computer generierte Umgebungen.

WBT Web Based Training oder webbasiertes Lernen. Unter diesem Begriff lassen sich Internet basierte Lernformate zusammenfassen. Es handelt sich dabei um eine spezielle Form des E-Learning.

Wearables sind mobile Computertechnologien, die man am Körper tragen kann, wie Smartwatches, Smartphones oder Datenbrillen.

Webinar Ein Webinar ist ein Seminar, das über das World-Wide-Web gehalten wird.

Wissenschaftsrat Der Wissenschaftsrat ist ein wichtiges Instrument zur Förderung der Wissenschaft in Deutschland. In ihm wirken Wissenschaftler sowie Repräsentanten des öffentlichen Lebens gleichberechtigt mit den Vertretern von Bund und Ländern zusammen. Sie stehen im Dialog über zentrale Fragen des deutschen Wissenschaftssystems. Träger des Wissenschaftsrates sind die Regierungen des Bundes und der sechzehn Länder. Das Gremium besteht aus zwei Kommissionen, der Wissenschaftlichen Kommission und der Verwaltungskommission, die in der Vollversammlung zusammentreten und dort gemeinsame Beschlüsse fassen.

Wissensdiffusion Wissensdiffusion beschreibt die Einführung und Verbreitung von Wissen und Innovationen in einem sozialen System.

Wissensgesellschaft Bezeichnet eine auf Wissen basierte Gesellschaftsform in hoch entwickelten Ländern, in der individuelles und kollektives Wissen zur Grundlage des Zusammenlebens werden.

Zeitmanagement Unter Zeitmanagement versteht man alle Maßnahmen, die ein jeder einsetzen kann, um Zeit möglichst effizient und produktiv zu nutzen.

Sachverzeichnis

A

Abbrecherquoten 8, 15, 60, 142
Akademisierung 26
– der Gesellschaft 13
Akkreditierung 76, 77
Angebote, digitale 63
Arbeitslosenquote 5
Arbeitslosigkeit 147
Arbeitswelt 4.0 148
Architektur 117
Assessment-Center 37
Aufwerter 135
Augmented Reality 64

B

Bachelor 48, 74, 77, 93, 107, 112, 117
BAföG 168–171
Bauingenieurwesen 116, 117
Berufsausbildung 36, 46, 47
Berufsgruppen 149
Berufsorientierte 136
Beschäftigungsfähigkeit 22
Betreuung, individuelle 8
Betriebswirtschaftslehre 8, 65, 78, 79, 87, 89, 106
Bildung
– 4.0 197, 200, 201
– personalisierte 74
Bildungsausgaben 11
Bildungsdienstleister 30
Bildungsgerechtigkeit 18
Bildungskredit 169
Bildungsraum, europäischer 74
Bildungsrendite 149, 151
Bildungsstandards 26
Blended Learning 62, 66, 68, 135
Bologna 3, 13, 27, 74, 75, 202
Branchen 128, 151
Breitenausbildung 13
Bundesinstitut für Berufsbildung (BIBB) 10
Business to Business (B2B) 62, 105, 187

C

Cloud Computing 64
Coaching 45

D

Design 124
Designmanagement 124
Deutsche Industrie- und Handelskammer (DIHK) 10
Digitalisierung 21, 22, 25, 26, 42, 46, 64, 67
Diploma Supplement 75
Distance
– Education 62, 65, 66
– Learning 21, 62, 68, 132
Durchschnittseinkommen 148

E

Eignungstest 37
Elektrotechnik 116, 117
Eliteausbildung 12
Employability 22
European Credit Transfer System 75
Executive Master of Business Administration 90
Exzellenzinitiative 12

F

Fernhochschule 62, 63, 86
Fernstudium 37, 41, 46, 58, 60–62, 64, 70
Flexibilität, örtliche 66
Flexible 135
Forschungsexzellenz 13
Forschungsuniversität 12, 14
Fotografie 124

G

Gehaltsentwicklung 148
Gehaltsstruktur 128
Geisteswissenschaften 138
Gesundheitswissenschaften 7, 13, 79, 81, 101, 103–105, 128, 138
Grafik 124
Grafikdesign 125

H

Hochschulabschluss 36, 46
Hochschulrahmengesetz 5
Hochschulrektorenkonferenz 10, 79
Humanmedizin 79, 81, 101, 103, 138
Humboldtianer 136
Hybridstudiengänge 78, 89, 98

I

Informatik 80, 88, 117, 119
Ingenieurwissenschaften 7, 81, 116, 138
Inklusionsdynamiken 12
Internationalisierung 23, 26

J

Jura 8, 85

K

Kombinations-Studiengänge 78
Kommunikationsdesign 124
Kommunikationstechnik 117
Krankenversicherung 165
Krankenvollversicherung 165
Kulturwissenschaften 80, 81, 94, 106, 111, 112, 138
Kultusministerkonferenz 19
Kunst 81, 123, 138
Kunsthochschule 142
Kunstwissenschaften 81, 123, 125, 138

L

Law-, Governance- und Business Schools 8
Lebenshaltungskosten 158, 165, 167
Lebensverdienst 5, 36
Lehruniversität 14
Lernen
– lebenslanges 64
– neugierbasiertes 67
Lernmanagementsystem 21
Lernmaterialien, interaktive 63
Lernstrategie 173
Lerntyp 175, 177, 179
– kommunikativer 179
– motorischer 178

M

Managementstudiengänge 134
Maschinenbau 116, 117
Massenausbildungssystem 12
Master 77, 94, 95, 100, 108, 113, 125
– of Business Administration (MBA) 90
Mathematik 7, 80, 81, 88, 118, 119, 121, 138
Media 124
Medien 124, 125
Medizin 7, 13
Medizinstudium, numerus-clausus-freies 102
Miete 159, 162, 165
Mode 124

N

Nanodegrees 23, 24, 61
Naturwissenschaften 7, 80, 81, 119–121, 138
Netzwerkbildung 45
Notendurchschnitt 36
Numerus Clausus 36, 78, 142

O

Online-Programm 21
Onlinestudium 62, 63
Ortsunabhängigkeit 65

P

Pausen 181
Präsenzhochschule 62
Präsenzstudium 40, 41, 43, 46, 66, 90, 124, 132, 156
Promotion 143
Promotions-Studiengang 119

Q

Qualitätskontrolle 6
Qualitätsprüfung privater Hochschulen 75
Qualitätssicherung 74, 75
Qualitätssiegel 75–77, 128
Qualitätsstandard, europäischer 75

R

Ranking-Agentur 30
Rechtswissenschaften 81, 84, 94

S

Sandwich-Studium 46
Selbstdisziplin 59
Selbststudium 59, 60
Sozialwissenschaften 7, 79, 81, 94, 97, 98, 112, 138
Spezialisten 136
Sprachwissenschaften 94, 110, 111
Statistik 88
Steigerung der Studienangebote 13
Stipendium 169, 170
Studentenleben 46, 66
Studienabbrecherquoten 14
Studienformat 2
Studiengebühren 27, 158, 167–169
Studienkredit 169, 171
Studium
– ausbildungsintegriertes 57
– berufsintegriertes 57
– duales 41, 47, 48, 58, 106
  – Vor- und Nachteile 55
– praxisintegriertes 57

T

Technik 7
Technische Betriebswirtschaft 68
Teilzeit-Präsenzstudium 43, 45

U

Universität 142, 143

V

Verdienstmöglichkeiten 147, 151
Verfahrenstechnik 117
Vernetzungsmöglichkeiten 45
Verwaltungsfachhochschule 140
Virtual Reality 64, 80
Virtuelle Fachhochschule (VFH) 24
Volkswirtschaftslehre 87
Vollbeschäftigung 5
Vollzeit-Präsenzstudium 43, 45, 105
Vollzeitstudium 37

W

Weiterbildung 6, 25, 64
Weiterbildungsanbieter 23
Weiterbildungsstudienangebote 21
Wirtschaftsinformatik 119
Wirtschaftsingenieurwesen 117
Wirtschaftspsychologie 78, 112
Wirtschaftswissenschaften 81, 83, 87–89, 92, 94, 96
Wissenschaftsrat 6, 76, 77
Wissensgesellschaft 13
Wohnheime 162

Z

Zahnmedizin 101
Zertifikatskurs 23, 25, 138

GPSR Compliance
The European Union's (EU) General Product Safety Regulation (GPSR) is a set of rules that requires consumer products to be safe and our obligations to ensure this.

If you have any concerns about our products, you can contact us on

ProductSafety@springernature.com

In case Publisher is established outside the EU, the EU authorized representative is:

Springer Nature Customer Service Center GmbH
Europaplatz 3
69115 Heidelberg, Germany